名师教学思想与教学艺术丛书

“一讲三化策略教学模式”探索

——如何实现“教，是为了不教”

鲁　兵
籍桂华　编著

中国林业出版社

图书在版编目（CIP）数据

“一讲三化策略教学模式”探索/鲁兵，籍桂华编著. —北京：中国林业出版社，2012.10

（名师教学思想与教学艺术丛书）

ISBN 978－7－5038－6748－4

Ⅰ.①一… Ⅱ.①鲁… ②籍… Ⅲ.①课堂教学－教学研究－中小学
Ⅳ.①G632.421

中国版本图书馆CIP数据核字（2012）第218587号

出版：中国林业出版社（100009 北京西城区德胜门内大街刘海胡同7号）
E-mail：Lucky70021@sina.com **电话**：010－83283569
发行：新华书店北京发行所
印刷：河北三河祥达印刷厂
印次：2012年10月第1版第1次
开本：787mm×960mm 1/16
印张：17.5
字数：300千字
定价：30.00元

《名师教学思想与教学艺术丛书》

编 委 会

名师教学思想与教学艺术丛书

——《“一讲三化策略教学模式”探索》

编 委 会

《名师教学思想与教学艺术丛书》

总　序

顾明远

教学既是一种科学活动，又是一种艺术活动。科学讲究规则，艺术则讲究创造。教学需要遵循教学的规则，要了解学生的年龄特征、知识基础、课程内容的重点和难点，但更重要的是要把这些因素之间的关系处理得当，而这些因素又是随时会变动的，所以教学要创造；创造并非不要规则，但更重要的是精神，科学和艺术都需要精神，教学也需要精神，教学的精神就体现在教育的理念中，体现在教师的观念和智慧中；科学是可以重复的，可以借用的，艺术是不能重复和借用的，需要自己去创造，就像艺术家做一幅画，哪里需要浓墨渲染，哪里只是轻描淡写，只能艺术家自己构思，自己运笔，别人是替代不了的。因此，作为一名教师，设计一堂好课首先要有正确的教育理念，不断钻研，不断琢磨，要因人因事因时而变，灵活运用各种教学方法，巧妙地运用自己的教学智慧。这就是创造，这就是教学艺术。

名师是一名教育家，也可以说是一名教育艺术家。名师的成功，得益于他们认真学习、钻研教育教学理论，并结合我国国情，不断探索教学规律，这就是他们的科学活动；名师的成功，还得益于他们不断总结反思、创造新的经验，也就是他们的艺术活动，因而取得了令人瞩目的成绩。在教学实践中，他们不但课上得好，受学生欢迎，而且有良好的教育素养和文化底蕴。他们在教学之余，善于总结，勤于写作，在教育界有一定名气。他们不断进取的敬业精神和创新精神，值得广大教师学习。

教育部部长袁贵仁在《教育家成长丛书》座谈会上强调："要认真研究总结并大力宣传广大优秀教师的教学经验，这是整个教育战线的共同财富，要对他们的思想、经验进行总结、提炼。"《名师教学思想与教学艺术丛书》的出版，无疑是为广大教师做了一件好事。

《名师教学思想与教学艺术丛书》总主编王增昌同志担任《中国教育报》"教学版"编辑20余年，在该版开设了"特级教师教学特色"、"名师教学艺术"等专栏，他与不少特级教师有密切联系，并对一些名师的教学艺术形式有一定研究。《名师教学思想与教学艺术丛书》约请的作者主要是全国各地至今仍活跃在教学第一线的著名特级教师。每位作者写一册，内容包括本人教学思想、教改实验，均以课例说明观点。《名师教学思想与教学艺术丛书》特点是理论联系实际，具有较强的可操作性。这套丛书的出版，将对广大教师树立正确的教学理念，明了教学既是科学又是艺术的真谛，更好地实施课改实验，大幅度提高教学质量有一定帮助。

優秀教師的教育思想和
教學經驗是教育界的
寶貴資源和共同財富

名師教學藝術叢書

二○○七年一月 振有

郭振有　中国教育学会常务副会长、原国家副总督学、教育部督导办主任

前言

“教而不研则浅，研而不教则空。”几年来，宁江区教师进修学校带领全区教师，行走在“高效”教研之路上。2008 年，正值我区（吉林省松原市宁江区）全面进入新课程改革的第六年，面对新课程改革取得的诸多成绩，教师们没有浅尝辄止，也没有沾沾自喜，而是把视角定格在成绩背后的深层思考。经历一段时间的调研、听课，针对课堂中的低效甚至无效环节，提出了高效性课堂教学研究的课题。为了探索“高效课堂”的教学模式，数年来，我们基于问题，源于学生，为了学生，立足课堂，大刀阔斧，踏踏实实搞研究。作为校长，带领宁江区教师进修学校的教研员，成立了课题研究小组，申报了中国教育学会“十一五”科研规划重点课题：“名师教学思想与教法研究”的子课题——《高效性课堂教学策略研究》，并组织全区教师进行课堂教学改革实验，于 2009 年 1 月正式开始实施。

课题以研究学习策略为切入点和突破口，以主题教研形式，历经三年的研究实践，于 2011 年 10 月 28 日成功结题。总结提炼的“一讲三化策略教学模式”得到与会专家组的认可和高度评价。专家组认为：这是实现高效课堂的根本保证，也是实现“教，是为了不教”的最佳途径。

“一讲三化策略教学模式”中的“一讲”，即讲解策略；“三化”，即强化策略、内化策略、活化策略。课堂教学中不仅仅向学生“讲”学习策略、学习方法，更重要的是“训练”策略、方法。伟大的教育家陶行知先生说过：“大凡世界上的先生可分为三种，第一种：只会教书；第二种：教学生。这两种都不好，好的是第三种：不是教书、不是教学生、而是教学生学。”我们认为：“教学生学”即教“学”，这里的“学”指的就应该是学习策略。我们的“一讲三化策略教学模式”就是围绕这个中心开展教学研究的。“教，是为了不教”是教学的理想境界，我们在教研的实践中研究“教”，研究“学”，研究“模式”，并不在于“教”、“学”和“模式”本身，而正是为了追求这一教育理想境界：“不教而教”“无模而模”。

我们的研究实验从开始的中小学各一所实验学校，发展到后来的中学两所、小学四所学校，到最后全区中小学的推广深化研究。全区中小学课堂正在奏响高效课堂的和谐乐章，每一节课都在和着“一讲三化策略教学”的主旋律，拨动“好效果”的音符，踏出“高效益”的节奏，彰显真正的以学生为本、尊重生命、为学生的学而研究“教”的教育理念。

实验研究走到今天只能说是在漫漫教研征途中迈出了一小步，“关山初渡尘未洗，策马扬鞭再奋蹄”。本书的出版发行，就算是对我们来时路的盘点总结，也想把它呈献给教育同仁，作为“他山之石”携手教研，并期许能致远方。

参加本书编写的人员有鲁兵、籍桂华、程永祥、盛昌青、王永波、包冬梅、徐凤侠、王云香、袁兰香、王科生、孙文龙、闫志荣、潘凤云、王轶群、苏晓红、于晓艳、顾纯刚、孟庆玉。

本书编写的过程中参阅并吸纳了国内外学者的研究成果，在此表示诚挚的谢意！

由于我们水平有限，书中难免出现纰漏或错误，恳请专家学者和中小学教师不吝赐教。

吉林省松原市宁江区教师进修学校　鲁 兵
2012 年 6 月

目录

第二章 “一讲三化策略教学模式”的基本操作

第三章 “一讲三化策略教学模式”的课堂教学应用

第一章　“一讲三化策略教学模式”概论

一、“一讲三化策略教学模式”的缘起

（一）形成背景

《基础教育课程改革纲要（试行）》关于基础教育课程改革的具体目标指出：“改变课程过于注重知识传授的倾向，强调形成积极主动的学习态度，使获得基础知识与基本技能的过程同时成为学会学习和形成正确价值观的过程……”胡锦涛主席在全国教育工作会议上指出，“要创新人才培养模式，适应国家和社会发展需要，遵循教育规律和人才成长规律，注重学思结合、知行统一、因材施教，创新教育教学方法，倡导启发式、探究式、讨论式、参与式教学，激发学生好奇心，发挥学生主动精神，鼓励学生进行创造性思维，改变单纯灌输式的教育方法”。如何将落实“双基”的过程变成学会学习和形成正确价值观的过程，如何创新人才培养模式、创新教育教学方法，如何培养学生自主学习的意识和能力，这些问题可以归结为一个重点问题，即如何实现教与学的高效，因此，开展高效课堂教学研究成了基础教育课程改革的必然要求。

就目前看，国内外有很多专家、学者在研究高效课堂。其中，天津市教育科学研究院基础教育研究所王敏勤教授提出，“提高课堂教学效率的五大方略”，尤其是处理教材的方法对我们启发很大。国内很多学校也都在研究并形成了一些高效课堂的教学模式，像江苏洋思中学“先学后教，当堂训练”课堂教学模式、山东杜郎口中学“10 + 35”模式、山东昌乐二中“271”模式、山东兖州一中“循环大课堂”等，但是这些模式或做法，都不能直接地用来解决宁江区中小学课堂教学中存在的实际问题。所以，开展高效课堂教学研究也是宁江区进一步深化新课程改革的必然要求。

我区自实施新课程以来，课堂教学悄然发生着变化：教材的编排更加丰富多彩；学生的学习兴趣日渐浓厚；学生在课堂上的主动参与意识日益增强，同时，教学手段的现代化、教学资源的多元化也给教师的课堂教学带来了诸多的便捷。但在教学中很多教师受“传统课堂教学模式”的影响，对新课程理念理解得片面、肤浅，不能按照课程标准和编者的意图挖掘教材、处理教材和使用教材，不能准确确定教学目标，不能围绕教学目标设计教学活动，教学设计缺乏整体性，课堂教学中还存在偏、浅、浮、泛、碎、弱、空、假等教学浪费现象。这些浪费现象导致在课堂教学中学生练习不到位，双基得不到落实，能力得不到发展；教学评价内容单一，缺乏激励性和启发性，甚至有些教师还是权威者，缺乏对学生学习方法的引导等等。这些问题直接影响着课堂教学质量，制约了教学效益和效果的提高。种种困惑，引发了我们教研人员对目前课堂教学的深层思考，怎样才能更好地解决这些问题？培训和教研各部门分头对各自的工作重新确定研究思路、研究方法和达成目标。从基层调研做起，深入学校，跟踪研究领导干部、教师、学生的实际工作和学习情况，边看边听边问边体会，然后形成调研报告，提出建议。综合起来，我们认为解决困惑的关键就是要系统地研究课堂教学高效性原理，密切关注课堂教学，努力提高课堂教学质量，形成高效教学策略体系，指导学生进行有效学习，最终达到教学效果最优化，实现“教，是为了不教”的理想境界。为此我们研究制定了“高效性课堂教学研究”实施方案，试图通过对课堂教学模式、方法、策略的系统研究，努力构建起各学科高效性课堂教学模式，强化校本教研与管理，努力促进教师专业成长，提升课堂教学效益，以解决当前课堂效益较低的实际问题，从而有效促进学生的全面和可持续发展，同时把教师专业化发展落到实处。为了保证研究的科学性和高效性，我们向中国教育学会“十一五”科研重点课题“名师教学思想与教法研究”总课题组申报选题，我们的构想得到课题组的认可和大力支持，于2009年1月立项成功，成为“名师教学思想与教法研究”的子课题。在课题组的指导下，我们把高效课堂研究的突破口放在了学习策略研究上，努力建构“一讲三化策略教学模式”。

（二）概念界定

1. 高效课堂

高效课堂就是在有效教学的基础上，达成教与学过程与结果的效果好、效率高、效益大，实现新课程三维目标落实的最优化，实现学生的可持续发展。具体来说，效果好，即在合理的时间内完成规定的教学和学习内容，学生掌握了学习策略，学懂了，学会了。效率高，即相对于教师的教学投入，在单位时间内学生的受益量最大化。主要表现在：课堂容量、课内外学业负担等方面。效益大，即课堂教学对学生的进步和未来发展影响最大。主要表现在：学习方法、学习能力和学习品质等诸多方面。只有效果好、只有效率高或只有效益大的课堂，都不是真正意义上的“高效课堂”。只有三者的和谐统一，“高效课堂”才能形成。

2. 学习策略

学习策略是指学习者在学习活动中有效学习的规则、方法、技巧及调控方式。它既可以是内隐的规则系统，也可以是外显的操作程序与步骤。根据学习策略涵盖的成分，可将学习策略分为资源管理策略、认知策略、自我监控策略和自学策略。

3. 教学模式

教学模式是在一定教学思想或教学理论指导下建立起来的较为稳定的教学活动结构框架和活动程序。

在“一讲三化策略教学模式”中，学习策略是途径，教学模式是手段，高效课堂是目的。检验学习策略和教学模式质量的标准就是课堂的高效性程度。

（三）“一讲三化策略教学模式”的主要理论依据

1. 认知心理学理论

认知心理是输入和输出之间发生的内部心理过程，认知心理学相当于信息加工心理学，包括对知觉、注意、记忆、表象、思维和语言的研究，它将人看作是一个信息加工的系统，认为认知就是信息加工，包括感觉输入的编码、储存和提取的全过程。认知大体可分为三个范畴，一是感知，二是表象，三是概念。由此，认知心理学认为学生的学习也是一个认知过程，能够影响这一过程的最主要因素与形式是教给学生学习策略，也叫认知策略。掌握学习策略是学生学会学习的根本标志。我们的研究就是以此理论为基础，从学生的认知心理出发，来研究学生的“学”和教师的“教”。

2. 学习策略理论

建构主义学习观认为，学习过程不是学习者被动学习知识，而是积极地构建知识的过程。强调教学应该创设一种鼓励学习者自我积极构建知识的学习环境。提供多元化的信息源和基于真实情况的学习经验。在构建主义的学习环境中，学习者是主动的、积极的、合作的，并达到逐渐自我控制学习过程，教学活动的中心是学生而不是教师，不是由教师把知识简单地传递给学生，而是帮助学生建构知识结构，引导学生掌握解决一类知识的方法、策略。尤其是同化、顺应、平衡、图式等理论，为我们的研究提供依据。

3. 教学模式理论

教学模式是在一定教学思想或教学理论指导下建立起来的较为稳定的教学活动结构框架和活动程序。作为结构框架，突出了教学模式从宏观上把握教学活动整体及各要素之间内部的关系和功能；作为活动程序则突出了教学模式的有序性和可操作性。教学模式具有相对稳定性，还具有动态开放的特点，有一个产生、发展、完善的过程，从建模、立模、用模到破模。教学有法而教无定法，没有一成不变的教学模式，也没有放之四海而皆准的教学模式。它的不断创新与改革，正是其得以有效实施的重要保证，也是教学模式发展的理想境界。有了这一理论支撑，我们的研究才更坚定地追求着“有模之模”“无模之模”的美好状态。

（四）“一讲三化策略教学模式”的研究目的

根据中小学各学科教育教学的具体特点，我们从高效性课堂教学理念出发，试图构建一种高效性课堂教学的框架，形成“一讲三化策略教学模式”，并为课堂教学行为的高效性提供有价值的建议，实现师生负担轻、实现课堂教学的效率最大化、效益最优化的目标，进一步提高我区的教育教学质量，提升我区中小学教师和学生的综合素质。

（五）“一讲三化策略教学模式”的研究内容

以打造高效课堂为核心，遵照“理论—实践—反思—跟进”的原则，立足基层，依托课堂，树立“以学生发展为本”的教育教学理念，切实突出学生的主体地位，以更新教育理念，以研究和解决课堂教学中的实际问题，总结提升教学经验和模式为重点内容，实现“轻负担，高质量；低耗时，高效益”的目的。

在课题研究中我们主要侧重以下问题的研究：

（1）高效性课堂背景下的备课和教学设计。

（2）课堂提问的高效性。

（3）课堂训练的高效性。

（4）课堂教学预设与生成的高效性。

（5）创设教学情境的高效性。

（6）课堂教学师生互动与对话的高效性。

（7）对课堂教学进行高效的调控。

（8）高效性课堂教学评价。

（9）信息技术与学科整合的高效性。

（10）学生自主、合作、探究学习的高效性。

（11）课堂教学学生参与的高效性。

（12）高效性课堂背景下“一讲三化策略教学模式”研究。

（六）“一讲三化策略教学模式”的主要研究方式、方法

1. 研究方式

（1）联动开展：由各学科教研员负责，各校教师全员参与，各教研组联合开展。研究步骤如下：通过调研，找准影响学校课堂教学高效性的主要原因—以问题为研究对象制定研究方案—实施研究方案—总结、调整方案—达到问题解决。

（2）注重应用：在实施中注重应用性的研究，通过移植、整合、改进、优化等手段，有针对性地归纳整理出提高课堂教学实效性的有效策略，并创造性地应用于教学实践中，对理论的应用要做到基于学校，为了学生，教学相长。

（3）辐射跟进：以实验基地校研究为主，其他学校为辅。在积累了一定的研究经验后再逐步推广到各个学科。形成一定规律性策略和模式之后再辐射到其他学校。

2. 研究方法

实施过程中力求在行动中研究，在研究中行动。主要运用实践反思、文献借鉴、调查研究、经验总结等方法进行。

（1）实践反思：即在教与学的过程中，边实践，边探索，边反思，边完善，把教学实践与总结反思紧密地结合起来，边归纳，边总结，最终探索出提高课堂教学效益的有效方法，积累丰富的高效性课堂教学的实践经验，建构“一讲三化”高效课堂教学模式。实施的思路为“问题—计划—

实施—评价—反思—调整—再实施—总结"。

（2）文献借鉴：通过查阅、收集、分析、综合有关课堂高效教与学策略的科研文献材料，获取所需信息。多角度、多渠道开展对资料的比较研究，借鉴已有研究成果和经验教训，找到新的生长点，防止重复研究，避免和少走弯路。

（3）调查研究：一是调查高效教与学策略实施的现状和发展前景，努力使研究的目标和操作更加有针对性和实用性，切合学生实际，提高实效；二是调查实验过程中高效课堂教与学策略的变化发展，为构建新的教学模式提供事实依据。

（4）案例研讨：抓好教学案例研讨，从教学案例中总结高效课堂教与学的经验，找出存在的问题和解决的方法。把观课、说课、上课、议课和反思结合起来，努力提高教师的自我觉察水平和诊断能力。

（5）经验总结：边实验边总结，形成阶段性总结，力争使教学中好的经验能得以推广。

（七）"一讲三化策略教学模式"实践研究的突破口

我们把研究的突破口和切入点定位在学习策略的研究上。

我们认为要想达到课堂学习的高效，前提必须找到课堂教学中存在的低效和中效的问题，然后寻求解决办法，建构高效课堂教学的模式。反思我们的中小学课堂教学，课程改革以来，就落实课程目标而言，由片面追求升学而一味地强调基础知识、基本技能的教学，到过分追求情感、态度、价值观目标在课堂中的呈现，导致课堂由"死气沉沉"到"热热闹闹"，其实效性何在？高效课堂无从谈起。追根溯源，课堂教学没有切实从学生出发，没有研究课堂的主体，我们的教学对象——学生。如果从学生出发研究课堂教学，思考教学目标的落实，那么一定要关注"过程与方法"目标，即在引导学生学习的过程中既要教给学生知识，这里的知识包括：陈述性知识、程序性知识和策略性知识。更要教给学生获取知识的方法、策略，授之以渔，同时在这个过程中潜移默化地影响学生的情感、态度、价值观，这样学生自主学习能力的形成是伴随知识学习和情感熏陶的过程，这样新课程对课堂教学提出的"三维目标"才能得以充分落实，才能实现学生"能学、会学、乐学、善学"，最终实现我们教学的最高境界"教，是为了不教"的终极目标。于是，我们从课堂存在的症结入手，以学习策略研究为切入点和突破口，开展高效课堂教学的实践性研究，建构“一讲三化策略教学模式”。

（八）“一讲三化策略教学模式”研究的基本形式

“一讲三化策略教学模式”研究的基本形式是主题教研。

二、“一讲三化策略教学模式”的研究过程

“一讲三化策略教学模式”的形成，孕育在高效性课堂教学课题研究的全过程。整个课题研究分三个阶段进行：

（一）准备阶段（2009年1月~2009年4月）

准备阶段主要完成以下几方面的工作。

1. 深入基层学校，进行调研

进修学校各教研部门分别深入基层学校，进行问卷、座谈、观议课等，有针对性的了解全区中小学教学现状和教学中存在的问题，了解学科教学中无效和低效现象及产生的原因，形成问题集，从中梳理和筛选出最突出和亟待解决的问题，为确定实验方案和初期的理论培训及整体活动的有效实施做好准备。

2. 制定实验方案，确定实验基地

在调研分析的基础上制定了“全区中小学打造高效课堂实验方案”，成立了课题研究领导小组，进行课题申报、开题和立项。立项后课题组做了大量基础性准备工作，包括课题的选题与论证、实验基地的确定（实验小学、新城中学），研究方案的制定、责任分工、召开开题会等，其中重点是制定各级（区、校）课题研究的实施方案，做好课题分工。确保课题的实施顺利进行。

3. 培训学习，提高研究者素养

（1）举办全区中小学校长等领导干部“打造高效课堂”系列培训班

一是举办了全区中小学校长“打造高效课堂”培训班，各中小学校长及所有教学领导参加了培训学习。先后包括：①召开了全区“高效性课堂教学”管理规程研讨会。找出导致课堂低效的管理症结，反思本校教学管理存在的问题，研究探讨“高效性课堂教学”的管理规程，为打造高效课

堂提供管理指导和制度保障。我们因需施训，举办了“打造高效课堂”系列培训班，每次培训，各中、小学校长及所有教学领导都达到150余人。进行了《高效——课堂教学永恒的追求》《走进观课议课——实现有效研修》《专业知识——观课议课的基础》3个专题的讲座。通过培训进一步提升了中小学业务领导研究教学、指导教学、管理教学的能力，助推了“高效课堂教学”研究活动的深入开展。②进修学校鲁兵校长从高效课堂的提出、高效课堂的理论依据、高效课堂的界定以及我们该如何打造高效课堂进行了科学前沿的阐述。鲁兵校长的讲座既有宏观的整体指导，更多的是微观探究；既是业务辅导，还是任务部署。阐述的是高效课堂的精髓，探视的是学科策略的实质。可以说，既是继续教育的一次通识培训，也是高效课堂的专题辅导，更是学习策略的进一步明晰。此次培训有效地引领和指导基层学校领导的管、教师的教和学生的学，推动了全区打造高效课堂活动向纵深发展。

松原市宁江区教师进修学校鲁兵校长讲座

二是宁江区中小学校长赴海南学习考察活动。2010年7月15日，宁江区中小学校长一行36人，由进修学校鲁兵校长带队赴海南参加了中小学校长素质提高培训班。听取了两个讲座：海南省中小学教师继续教育培训中心主任、海南师大继续教育学院院长关文信教授的讲座《校长的三项修炼——中小学校长的素质修养与行为》和天津耀华中学心理教育专家、武汉大学特聘心理学教授、心航路大教育网创办人张丽珊教授的讲座《师生走向身心和谐之旅》。培训班结束后，又参加了“吉、琼”两地校长暑期论坛“校长领导力的培养与提升”，宁江区有3位校长代表发言：实验中学校长马文华的发言题目是《现代办学环境下校长领导力

鲁兵校长带队赴海南参加吉·琼两地校长论坛

的提升》；实验小学校长娄玉香的发言题目是《走研培强校之坦途，敲教师成长之重音》；第一中学刘伟斌校长的发言题目是《提高校长的管理能力》。3 位校长的发言都得到了海南师大吉布荣书记的高度评价。这次培训学员参与积极性高，学习认真，学习效果好，受到了培训组织者的好评。此次海南之旅极大地调动了校长们进一步深入研究高效课堂的热情。

三是中小学领导干部赴长春参加“全国教学名师巡讲暨中小学语文、数学课堂教学观摩活动”。2010 年 10 月 16 ~ 17 日，宁江区各中小学校长、教学领导参加了中国教育学会教育机制研究分会组织举办的“全国教学名师巡讲团赴长春讲学活动暨中小学语文、数学课堂教学及观摩活动”。活动中参会者既领略了名师的教学风采，同时也学习了前沿实用的教育教学思想和理论。通过学习观摩并结合深入的思考，进一步提高了中小学领导研究和指导课堂教学的能力和水平，进而推进了各校“打造高效课堂”活动的深入开展。

（2）加强教研员的培训和学习。

“打铁还需自身硬”，为了提高教研员的理论水平和业务能力，在对课题充分理解的基础上，我们要求教研员加强自身学习，开展读书活动。先后阅读了《有效教学》《学科有效教学》《课堂教学中的问题与对策》等与课题相关的书籍及《中国教育报》上刊登的与高效课堂相关的文章，要求教研员联系高效性课堂的内涵和评价标准，消化理解，自觉把高效教学的理论融入到已有的理论体系中，指导教学。读书的同时，每学期摘抄 1 万字以上的读书笔记，撰写读书心得，加深对高效性课堂内涵的理解，促进自身理论水平的提高。

为了开阔教研员的视野，学校积极为教研员创造外出学习的机会，先后组织教研员参加了在长春东北师范大学附属中学召开的“生命教育与学校课程改革现场会”，在辉南县召开的“全国小学高效课堂研讨会”等省内外开展的课堂教学现场会和研讨会。读书、学习激发了大家的研究热情，为全区开展实验研究奠定了理论基础。

（3）对实验教师进行培训。

为提高实验教师的研究能力，我们分别对各校实验教师进行培训。先后在各校进行了实验方案的解读培训、高效性课堂理论培训、利用开学初教材研究期间就“如何进行教材知识归类、如何寻找解决同类问题策略、如何构建图式”等进行专题辅导。每次培训都安排近期任务，提出要求。

培训的同时，还采取多种方式敦促教师沉下来，静心钻研业务。

教研员培训①

教研员培训②

教研员培训③

教研员培训④

①营造书香校园，鼓励教师读书。在教师成长的过程中，我们要求教师具备三个功底，即扎实的专业知识功底，足够的相关学科知识功底，广博的社会知识功底。要求实验教师订阅教育教学报刊，制订个人读书计划，撰写读书笔记，每学期至少要发表一篇与课题研究相关的有价值的教育教学叙事或教学随笔。

②鼓励教师在学习中研究，在研究中学习，并结合自己承担的子课题，做到“四学”。即基本理论笃学、专业知识深学、修身知识勤学、急需知识爱学。

③借助外力，让教师在专业引领下成长。我们十分注重优秀教师专业引领作用。提倡实验学校解放思想，广交朋友，力求汲取新的信息，指导自己的工作。一是采取“走出校门，广博吸纳，他山之石，为我所用”的方式，要求各校挤出有限资金，选派领导、实验老师外出学习，回来后传递信息，上示范课、样板课，以点带面，使先进的教学理念在示范课上得到彰显。二是请进来，我们每年都要邀请省、市、区专家到宁江区讲座，指导交流，让实验教师在专业引领中感悟教育真谛，广泛深入的学习提高了教师的素质。

海南师范大学关文信教授来校指导实验工作

东北师范大学刘海民教授来校讲座

东北师范大学张向葵教授来校讲座

松原市教育学院宋景文教授来校指导实验工作

（二）实施阶段（2009 年 4 月 ~2011 年 8 月）

1. 理论引领

为促进教师的专业成长和业务进步，加快教师课题研究的步伐，我们开展了阶梯式网络状的系列教师队伍培训。

（1）开展了中小学学科教师全员参与的高效性课堂教学策略专题培训：针对部分教师对高效课堂的理解不全面，教研中有畏难情绪的现象，从 2010 年 3 月起，我们围绕“高效性课堂教学研究实验方案解读”这一主题进行了全区中小学各学科的集中培训。培训主要从学科课堂教学中、低效现象分析，打造高效性课堂课题研究的意义，高效课堂的内涵，高效课堂的特征，各学科打造高效性

盛昌青副书记在打造“高效课堂”培训会上讲座

籍桂华副校长在打造“高效课堂”培训会上讲座

程永祥副校长在打造“高效课堂”培训会上讲座

课堂的研究内容，高效性课堂教学研究策略等几个方面对教师进行了培训。通过培训，提高了全体教师参与高效性课堂教学研究的积极性，他们充分认识到了打造高效性课堂活动的重大意义，明确了课题研究的方向和内容。这对于推进课题研究后续活动的开展具有重要意义。

（2）分学科进行了学习方法和学习策略专题辅导：课题研究的初期，很多学校和老师做了很多尝试，但是成效不高。老师们多次反映不知从何入手，不知如何操作。因此我们把“学习方法和学习策略研究”作为高效性课堂教学研究的切入点和突破口。区教师进修学校鲁兵校长亲自为教研员和全区的名师、骨干教师进行培训，就课堂教学的 4 个因素 6 种关系进行了深刻剖析，引领大家转变观念，把学习策略研究作为核心要素进行高效性课堂研究。在此基础上，各学科围绕高效课堂如何以学习方法和学习策略为突破口这一专题对全区教师进行了专题辅导。通过培训，教师进一步转变了观念——由原来的重视教师的教，转变为更加关注学生的学，即：学生学什么，怎么学，怎样学得轻松、自主、高效。很多教师会后交流时说以前的教学中机械重复太多，现在才认识到教学的目的不只是单纯的为使学生获得知识，而是以知识为载体，向学生渗透技能、技巧和方法，以后在教学实践中一定会加强学习策略的研究，注重对学生学习方法的指导，使学生真正成为学习的主

宁江区进修学校鲁兵校长在进行学习策略讲座

体和主人。

（3）加强集体备课：为使课题研究顺利进行，我们对教师的备课特别重视，制定了“三·三备课模式”，即个人备课、科组备课、集体备课3种形式；学期备课、单元备课和课时备课3种方法。学期备课，由教研员先对教师进行教材辅导，指导教师如何从学习方法和学习策略的角度整体把握教材，然后再引领教师进行集体备课。集体备课前要求教师进行自备课，集体备课时由骨干教师做中心发言人，其他教师集思广益，给予补充。中心发言人要把知识归类，按照“课标”对所教学段的要求去驾驭教材，从编者的角度去钻研教材、感知教材、理解教材，明确所备内容在本单元、本册书、本学段及整个知识体系中的地位和作用，画出知识结构图，形成图式，理清教学目标，阐明教学方法，重点突出图式等学习策略指导。通过这种形式，提高了教师对教材的深度理解、灵活把握、自由驾驭能力，加深了高效性课堂教学理念在实践中的落实。

教研员课题实施中指导教师备课①

教研员课题实施中指导教师备课②

教研员课题实施中指导教师备课③

教研员课题实施中指导教师备课④

2. 政策支持

区教育局徐中清局长在大会上讲话

宁江区教育局对课题研究高度重视，给予了极大支持。一是在2009年3月教育局提出打造高效课堂4点要求，即高效性课堂是达标的课堂；高效性课堂是精讲精练的课堂；高效性课堂是面向全体的课堂；高效性课堂是和谐的课堂。局长亲自在全区校长会上明确部署，严格要求，并以红头文件的形式下发到各校，加强学习，强化落实。二是确保落实，教育局把此项工作纳入年终督导检查，并进行了专项督导检查、专项总结。确保实验工作抓得准，落得实。

3. 开展研究

（1）小学业务领导干部指导课堂教学能力训练活动：业务领导除了参加通识培训学习之外，还进行了高效课堂教学能力专项训练活动。以有效地指导各校的高效课堂教学研究工作。2010～2011年先后开展两轮领导干部指导课堂教学能力集中训练活动。每次活动按照上课（观课）—说课—议课—总结提升4个环节展开。第一轮来自城区小学的9位教学领导，第二轮来自农村8位教学领导，他们亲自执教，呈现了一节节别具匠心、扎实高效的课堂，展示了教学领导高超的教学技能和独特的教学风采，讲课之后9位教学领导进行了精彩的说课。议课环节中，各位领导本着直面问题，以学论教的议课原则，针对每节课的主题进行了深入的交流探讨，教研员适时地评价引领，并进行了总结提升。

领导干部训练活动中风华村小校长在作课

领导干部训练活动中朝阳村小校长在课堂上与学生互动

领导干部训练活动中区教育局局长亲临现场观课

我区承办的省干训现场会上校长们在议课

这样的实践训练活动，无论是形式还是内容，在宁江区干训史上，都是一次次极有意义的尝试和创新，通过实践训练，可以使教学领导进一步明确课堂教学改革的方向，提高指导课堂教学的能力，实现对高效课堂教学更有价值的引领。组织实践训练活动，是打造学校专业领导团队的重要举措，也是聚焦课堂引领教学走向高效的必要手段，必将对我区小学高效课堂教学建设的进一步提高起到引领与推动的作用。期间，对于“一讲三化策略教学模式”形成具有重要意义的一次活动，即 2011 年 5 月 18 日，吉林省中小学校长培训“案例教学”现场会。

其中有一个观课环节，语文学科是由实验小学旺彩慧老师展示了一节长春版四年级语文课《野荷塘》。准备这节课的过程中，我们坐下来认真反思总结，不断修正，多次磨课，终于悟出写景文章图式教学的基本思路：在这节课中，我们出示了小学语文写景文章的图式，旺老师围绕图式的主题，在各环节讲解这个图式，让同学们感知这个图式，然后通过各种训练活动强化这个图式，这样学生才能吸收这个图式，在布置课后作业时，让学生按照这个图式自学同一体裁的写景文章，这就是图式的迁移，要求人人过关。我们更清晰地认识到策略教学应遵循“讲策略、强化策略、内化策略和活化策略”的程序和原则。这标志着我区以

旺彩慧老师在作课

“一讲三化策略教学模式”已经初步形成，也使得高效课堂的研究工作在一步步得以充分落实。

（2）教研各部门积极开展打造高效课堂的实践研究

在对教师素质进行培养提高的基础上，教研员深入到基地校，以课堂为主阵地，狠抓高效性课堂理念在教师教学实践中的落实，共同研究，反复指导，使高效的理念真正成为教师的所思所想，推动教师进行高效课堂教学模式的探索。为此，我们采取了以下方式进行研究指导：

①深入基地校进行跟踪指导。

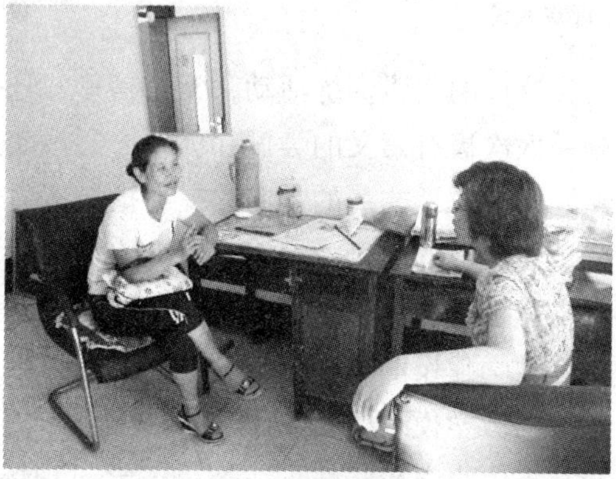

教研员跟踪听课中与老师交流①

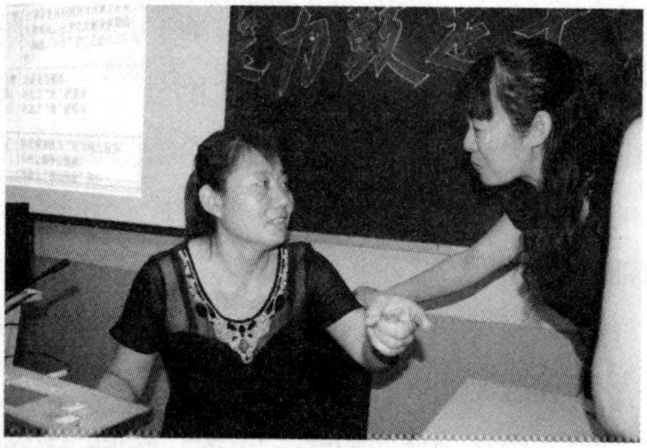

教研员跟踪听课中与老师交流②

每学期我们都利用两周时间，到基地校进行听课指导。通过与教师共同备课、观课、议课等方式，指导教师对高效性课堂的研究进行完善和落实。观课后，进行集体议课，让执教教师说课，教研员和观课教师共同进行探讨式议课，然后进行集体反思。反思引领环节是：“a. 假如我来教，这个环节会怎样处理？b. 怎样点燃学生思维的火花？c. 怎样进行文本、学生、教师间的互动？d. 怎样去评价学生，让课堂真正成为一种幸福的享受，成为师生共同成长的乐园？e. 怎样启迪学生思维，对学生进行学习策略的指导？”大家集思广益，你有什么金点子，我有什么好主意，他有什么新创举，都在议课中各抒己见。老师们知无不言，言无不尽，共同在评议中得到了提高。在此基础上我们引领教师对各科课堂教学模式、教学方法和教学策略进行研究，使教师的课堂教学形成模式，教出特色。通过这种方式，很好地落实了“高效性课堂教学”的理念、方法和策略，为教师们以后的课堂教学点亮了一盏明灯，有效推进了实验基地校落实打造高效性课堂的进程。

②进行打造高效课堂主题研修。

2010年，受吉林省教育学院李元昌教授的指导和课题研究的需要，针对教师在研究中搞不深、不透、抓不住主要问题的倾向，开展了高效性课堂主题教研活动。

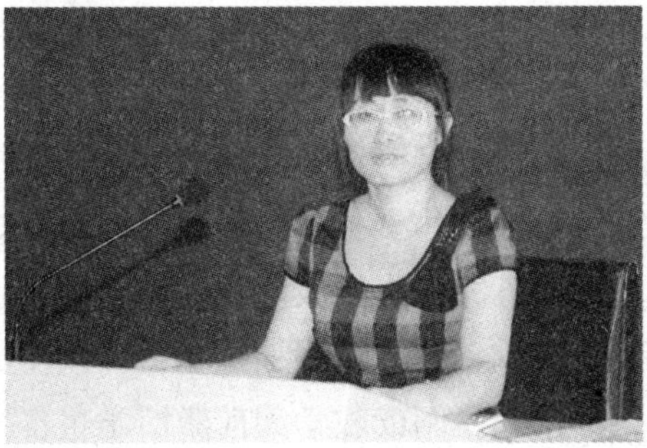

教研员跟踪听课后集中指导

a. 解读主题教研

所谓的主题教研就是教师在有目的地解决自己教学中的实际问题或弥补自身素质缺欠的探索过程中，促进自我提高、发展的一系列教研活动。

主题教研的目标是促使每一个教师在原有的基础上得到提高、发展。

b. 教研主题的形式

教研主题就是教师探索的课题，经过几年的实践，目前总结出以下7种形式：

吉林省教育学院李元昌教授来我区调研主题教研工作

吉林省教育学院李元昌教授来我区指导主题教研工作

一是主分题

主分题即将一个学科的教研主题分解为若干个小分题。

以语文学科为例，近期我区急需解决的问题是阅读教学与作文教学如何整合，围绕这个中心设立的教研主题为：“阅读教学与作文教学有效结合”，选出8位教师组成研究小组，这个组内8名教师，就将这个主题分解为以下8个分题：

第一，针对学生作文改进阅读教学的实践研究；

第二，课外阅读增强学生提高作文能力意识的探索；

第三，名篇积累背诵对学生作文能力提高的问题研究；

第四，作文指导、讲评与阅读有机结合的途径探索；

第五，作文批改与阅读有机结合的方法探索；

第六，在阅读中加强积累，改变学生作文词语贫乏现象的研究；

第七，阅读教学如何激活学生作文冲动的问题研究；

第八，“读文—写文—再读文—修文—创造”学习方式探索。

一个主题，8 个分题。

在这 8 个分题中，有教学方法的研究，有学习方法的探索，内容比较广泛；既各自成题，又相互关联。提出的这些分题，又都是语文教师急需解决的实际问题，每个分题虽然题目不同，但都围绕“读写结合”这个大主题，并且每个分题都有具体的切入点，要求教师从学生学的角度进入课题的研究之中。教师之间只能合作、研究，但不能照搬照套。这样的研究，适合于教师比较多的研究小组。

此教研主题，也适用于各校人比较多的教研组。

二是学科年段主题。

有些学科，由于学年段教学重点不同，学生情况不同，学校的学科教研组难以形成一个共同的主题，可在年段中设立教研主题。

例如，小学语文。

主题：

有效识字的研究（小学低年级语文教研组主题）。

分题：

第一，在生活中培养识字兴趣的研究；

第二，培养学生查字典、用字典习惯的研究；

第三，用汉字构字方法指导学生识字的问题研究；

第四，巩固学生识字效果的方法和策略研究。

三是综合性主题。

这种研究方式适用于学校规模比较小的学校。由几个不同学科教师提出自己研究的分题，再将这些分题共同概括为一个主题，或者几个学科共同提出一个主题，再将主题分解成分题。

例如，一所学校的体育、音乐、美术、心理健康等学科教师共同研究下面的主题。

主题：学生良好品质培养与形成的研究。

分题：

第一，体育学科：利用体育课培养学生耐力品性的研究；

第二，音乐学科：利用红色歌曲陶冶学生情操的研究；

第三，美术学科：通过美术创作提高学生审美能力的研究；

第四，心理健康学科：通过主动与同学、老师交流调解自己焦虑情绪的研究。

四是学科共同主题。

有些学科教师少、规模小的学校只有 1 个教师，在学校中难以形成研究群体，针对这种情况，在一个县区内或一个研培基地内设立一个教研主题。

例如，美术、体育、化学、地理、历史等学科。此形式教研主题也可由教研员为牵头人，组织教师共同研究。

五是同题异科式主题。

一个教研主题，不同学科共同研究。

例如，“转变差生”“减轻学生作业负担”等。

六是特长性主题。

这样的教研主题是为具有一定特长或一定研究专长教师设立的。在某学科教学领域中有一定特长并有一定深入研究的教师，可发挥他们的长处，自拟主题研究。

七是针对性主题。

教师针对自己教学中的薄弱环节或本身素质某方面的缺欠拟题研究。如有的教师普通话不标准，就练普通话；有的教师某个章节的教学有问题，就专门研究提高这个章节的教学设计与操作。

③主题教研的主要程序。

第一，提出问题，确定主题。

一是明确任务，提出主题。

教师：研究自身专业化发展，研究教学中的疑难或困惑；

教研组：研究解决本校学科教学的主要问题；

学校：学校主题教研有效管理；

教研员：研究本区域内学科教学中的主要问题，并指导学科教师的主题教育活动（研究、指导、服务）。

在解决教学实际问题的过程中关注学生发展是主题教研的立足点，促进教师发展是主题教研的着力点。因此，教研主题的确立必须从实际出发。每个教师都要认真思考影响自己课堂教学的主要问题，抓住主要矛盾，提出急需解决的问题，达成课堂教学的高效。

这个过程是教师正确认识自己、评价自己的过程，也就是在这个过程中，形成教师发展的思想基础，明确自己发展的方向，因而“提出问题往往比解决问题更重要”。

二是群体研讨，领导把关。

教研组的教研主题需要全体成员认真研究，根据教学或学生学习的实际情况，找出本学科教学中急需解决的问题，从中提炼出有价值、有意义的教研主题，再将这个主题分解成几个分题。

教师要认真反思自己，根据自己的素质和教学的实际情况，根据教研组的教研主题提出自己研究的问题，拿到教研组会上讨论，让大家帮助把脉会诊，分析研究，确定符合自己实际的题目。

教研组的教研主题与教师的教研主题要做好统筹兼顾，既要考虑教研组研究的整体性，又要考虑到教师个人存在的实际情况。要实事求是，不能整齐划一，全都采取主分题的形式，允许在教研组下设特长性主题、针对性主题。

领导把关。各级教研主题都要得到学校领导的认可，如果提出的研究题目不符合实际，无论是教师的，还是教研组的，都要重新反思，再提出，再研讨，直至找到符合实际的教研主题。

为教师确立一个适合他们发展的教研主题，是学校领导的重要责任。

附：个人确定主题的方法（实验校提供）

①反思自己的观念，锤炼主题；②反思自己的学生，提出主题；③反思自己的方法，捕捉主题；④反思自己的学识，确定主题；⑤反思自己的课程，寻找主题；⑥反思自己的管理，提炼主题；⑦反思自己的师德，挖掘主题。

第二，确定教研主题的标准。

a. 要符合学生学习的规律；

b. 要符合教师素质的实际情况；

c. 要与教学实践直接联系，是教师教学中的真实问题、实际问题，教学实践要与教研主题相符合，不能两层皮；

d. 类似主分题形式的教研主题，主题要有共性，分题要有特殊性。这个问题既是多数教师需要解决的问题，同时也要考虑到不同阶段教师问题的层次性及需要解决主题的特殊性；

e. 要有潜在的价值，解决后能有效地提高教师教学效益，改进教学方法；

f. 研究的问题要有解决的可能性，通过研究能得到解决或局部解决，难易程度适中，“跳一跳够得着”，不能超越教师目前的能力和水平；

g. 题目的切入点要小，要具体，便于教师实际操作。主题要体现出研究的方向和内容；

h. 要符合学校现有的办学条件。

三是针对性学习，搜集资料。

针对性学习是研究的奠基阶段。教师根据自己的教研主题查找、学习有关资料，筛选对自己所承担的课题有帮助的材料，学习一些与研究主题接近的理论、经验。如有可能，最好能了解一些校外或国内同类课题的情况。这个过程能促使教师去努力学习教育理论、有关方法，是教师自我“充电”、自我补课的过程。这样的学习与学校集中学习、任务性学习相比，更有利于教师的提高，把学习的权利交还给了老师。这个环节，也是教师发展不可缺少的重要环节。教师查找到的相关资料，要填写在主题教研表中。目前有的学校利用这个环节建设书香校园。

四是制订计划，主题填表。

在学习的基础上要制定研究计划，要求对自己承担的主题通盘考虑：课题研究的意义、研究价值、重点难点、研究的步骤、研究需要的条件、实施方法、成果预测，这些内容要经过深思熟虑后填写在主题教研表上。这样可以避免盲目性和随意性，提高教师研究的自觉性、科学性和实效性。（主题教研表略）

五是课堂实践，印证预设。

教学的过程就是主题教研的研究过程。如涉及适合教研主题探索的教学内容，围绕教研主题，课前教师要主动查找相关的资料学习，在此基础上思考课堂教学中如何改进教学，预设新的方法。在课堂教学中，对自己预设的方法求证。课后反思自己的教学，总结正反两方面的经验，从中提炼出下一次探索的问题。然后围绕这个问题再查找资料学习，再形成探索的预想，再用课堂教学实践去验证，再反思，再找出问题，就这样的反复循环。使教师的教学经常处在不断思考，不断探索，不断改进的过程中，如下图：

→自主学习→课前预设→课内求证→总结反思（找出问题）—

六是主题研讨，团队互培。

虽然每个教师在独立完成一个教研主题，但是，有些问题并不是每一位教师都能够通过自我努力完成得了的。因而特别要突出团队互助的作用。哪些方面达到了预想，取得哪些成果，对成果的认识，存在哪些问题，分析得失原因，寻找根源，下一步该怎样进行。这都需要集体从不同侧面来审视“预设”的可行性，需要大家互相研讨、分析，提出进一步的改进意见，特别是在遇到困难和挫折时，需要同伴的鼓励和支持。也就在这个过程中，一些教师开始由被动向主动转化。

教研组团队互培的主要流程：

解题学习→课前预设→团队研讨→方案修改→课内求证→群体评议→总结反思→找出问题。

团队合作互培活动，既可个人提出申请，也可由教研组指定教师。

团队合作也可组织大家集中一个问题研讨。研讨的形式要多样化，可以是个人反思，可以是主题汇报，可以是专题讨论，也可以是研讨课，也可以利用网络的功能开展各种形式的讨论。如采用研讨课的形式，一定要给研究讨论充分的时间。

七是总结生成，继续研究。

及时进行总结和反思，是研究中很重要的一环。每探索一次，就要反思、总结一次，找出成败原因，明确下一步主攻方向。一个研究题目结束后，更要认真总结，为下一次选题做好准备。这样，既能对以前取得的经验在理论上升华，也能及时发现问题，预想解决的措施。

我们以主题教研的形式细化高效课堂研究内容，化大题为小题，从小处着眼，逐步完善课堂的高效性探索。归纳起来总体上主要有两类：一是以高效性课堂中存在的问题为研讨主题，开展系列主题研讨活动。在课堂调研中，针对问题，开展专题研讨活动。如：有效性提问，小学低年级长课文怎么教，数学解决问题方法策略；中学语文、英语的写作策略，数学的数形结合问题学法，理化生实验操作方法等，开展系列的教研活动。二是以学习方法、策略为主题开展主题研讨活动，实验学校也由 2 所发展成为6所，并取得了一定的成绩。同年12月参加总课题组在北京召开的“名师教学思想与教法研究”阶段总结会，鲁兵校长在会上做了汇报，受到与会者好评。

（3）围绕打造高效课堂教学开展网络教研：网络研修突出主题性，把重音敲在打造高效课堂上，收到了实效。首先，我们和教师一起查找教学中存在的问题，如小学数学学科在听课中发现提问无效性是普遍存在的问题，因此在周四UC真心教育房间，开展了两次研讨活动，研究问题产生的原因，思考解决对策，然后通过观课检查教师落实情况，两次活动基本实现了从研究一类知识的提问策略入手来教学，引领了教学方向。这项活动我们要求教师坚持经常。一段时间解决一个问题，坚持经常的结果是我们的网络研修得到了各级领导的认同，市学院在我区成功召开了网络教研现场会。

4. 开展活动

围绕打造高效课堂教学研究概括起来主要开展了以下几项活动。

（1）主题化磨课，推行“四课”活动，促进高效课堂教学研究的落实：在对基地校进行蹲点观课的基础上，我们在全区中小学开展了“四课”活动。各科教研员广泛深入到各校，分期分批对不同年龄、不同学段的教师进行高效课堂教学实践能力的指导。通过“四课”聚焦课堂，推动教师对“高效”理念的理解和落实。四课为：一是常态课指导。实行推门观课，观课结束针对个体的课堂教学，现场进行点评，并跟进指导。二是示范课引路。各级骨干教师带头上高效课堂引路课，课后及时组织教师研讨，教研员点评；三是评优课。开展高效课堂教学竞赛，通过竞赛活动，推出一批高效课堂教学优秀课例，再进行观摩，供大家借鉴。四是督导检查课。每年年末通过专项督导检查的形式，对各校落实打造高效课堂工作进行全面检查指导，包括管理层面、课堂落实等相关的汇报、材料检查和观议课，督促各校对高效课堂的探索和落实。

（2）开展名师培养对象个性化教学模式建构活动：为了把高效课堂活动引向更深、更高层次发展，进一步发挥名师、骨干教师在打造高效课堂活动中的示范辐射作用，完善名师培养对象的管理，同时把名师培养对象构建的教学模式向其他教师进行展示渗透，各学科开展了名师培养对象个性化课堂教学模式建构展示活动。每位名师培养对象每学期准备一节汇报课，而后组织同学科的教师观课研讨。名师培养对象的课堂教学模式代表各校的特色，由此对各校创建的教学模式进行研究和构建，通过研究和探讨，各校及一些实验教师的教学模式已经成型。例如实验小学创建了“启思导学，互动达标”的高效性课堂模式，语文、数学、英语、品社、科学、音乐、体育、美术等学科都建构了学科的教学模式；新城中学的“讲学案”教学已经形成自己的特色模式；名师培养对象崔丽萍老师的阅读教学四步教学法，即“提前预习，确定疑点；协作讨论，解决难点；教师点拨，导学释疑；知识迁移，拓展创新”已经形成特色；化学学科姚红梅老师的“自主、合作、展示、训练、提高”的教学模式体现了对高效性课堂的思考和尝试。这些教师的课对全区教师都有了很大的启发，起到了示范引领作用。

（3）开展了名师和骨干教师送教下乡活动：为了更好地发挥名师培养对象和省、市级骨干教师的作用，实现城乡资源共享，推动和促进乡镇学校的教学改革和发展，每学年度都开展了名师培养对象和省、市级骨干教师送教下乡活动，为乡（镇）学校的高效课堂教学研究和校本教研进行示范和引路。送教内容包括集体备课和高效课堂教学。形式采取：城乡教师围绕打造高效课堂的“同课异构”，即围绕一个专题，以同备一节课、同上一节课、互观互议、教研员总结提升的形式进行。这样既发挥了名师、骨干教师的引领和示范作用，又起到了城乡教师共同对名师、骨干教师的教学模式进行研究、探讨的作用实现了共同提高的效果。在送教下乡活动中，对于“一讲三化策略教学模式”具有里程碑意义的活动为2010年4月27日，小学部在大洼小学开展“同课异构”活动。活动中有三节语文课，在观课前后我们做了深入系统的研究。这三节语文课都是古诗词，三位老师课的环节设计大体相同，都分五步骤进行：读懂诗题、读通诗句、理解诗意、品味诗情和背诵全文。回来后鲁兵校长、籍桂华副校长和两位教研员研究探讨：小学语文四年级教材是分板块编写的，其中古诗词这一板块连续编排三首七言绝句。同一体裁，它们必然为同一属性，能找到同一规律。如果按照同一体系去整体设计，效果会更好。按照这一初衷，开始了我们更加细致的研究工作。最初我们设计的思路是：把这三节课进行整体设计，第一节教方法，第二节强化方法，第三节自学指导。第一节，老师按上述五步骤讲解学习古诗词，第二节，复习巩固上节课学习古诗词的五个步骤，最后一节，回顾这五步骤，然后模仿自学。几年来，我们按照这样的思路上课、观课、研讨、反思等形式，经过反复修正提炼，建立起高效课堂教学研究以“一讲三化”策略教学为突破口的研究雏形。

（三）总结阶段（2011 年 8 月 ~2011 年 12 月）

1. 实践反思，实验总结

（1）形成成果汇编：指导各校对高效性课堂教学实施情况进行全面总结，形成书面材料。进行资料汇编，初步形成了《高效性课堂教学设计及反思集》《高效性课堂教学论文集》《“高效性课堂教学研究”业务领导读书汇报文集》《“高效性课堂教学研究”业务领导案例研究汇编》《“高效性课堂教学研究”业务领导观议课报告集》和《“高效性课堂教学研究”业务领导专题研究成果集》。第二阶段结束时，指导各校对这一阶段的实施情况进行总结，找出在这一阶段取得的成绩和存在的问题，并对下一步工作提出设想。

（2）初步形成我区“一讲三化策略教学模式”：课题组成员齐心协力，通过调研、分析、论证、实验、总结、反思等过程的反复研究与实践，按照高效性课堂的要求，初步形成了这一阶段以“一讲三化”策略教学为切入点的高效课堂教学基本模式，达成了中小学课堂教学的高效。

①概念界定。“一讲三化”策略教学法中的“策略”，既是知识与能力的教与学，又是师与生解决问题的方法、手段。这个策略首先来源于教师在教材知识归类的过程中总结、提炼出的解决同一类问题的图式等方法策略，还可以是教师教学经验从学的角度的提升，也可以是引领、帮助学生对已有学习经验、方法的概括和精加工，这里的“教学”即教学生学。所谓的“一讲三化”即一讲：讲解策略；三化：强化策略、内化策略、活化策略。

讲解策略：在一节课中，以某一学习任务为依据，总结归纳出某一学习策略，讲清它是什么、如何做、什么条件下使用。由于学生的认识规律是由感性认识到理性认识，所以像学习策略这种比较抽象的内容单靠直接向学生进行讲授不行，还必须要引导学生经历一个直观感知的过程。这就要求教师在教学过程中进行学习策略示范。有教师的示范、讲解和学生自身的参与、体验，学生才能形象地感知策略的内容及操作步骤。

强化策略：将学到的策略运用到本节学习的各个环节中去（或再经过一个与之类似的学习任务的学习），引导学生自己说出有关策略运用的情况，像“是什么”“怎么用”等，使学生清楚学习策略的内容，然后引领学生以合作学习的方式完成学习任务，强化认识，掌握学习策略的实质。

内化策略：学习策略讲解完了，通过强化学生有了初步的感知，教师要适时地引导学生对刚刚经历的学习过程进行回顾。在回顾中归纳、总结，提炼出便于学生理解和操作的学习步骤，并科学地对策略加以命名，使学生有个清晰、完整的理解与体验，达到对这个策略既知道是什么，又知道如何做，什么条件下使用，内化为自己的认识。

活化策略：把本节习得的学习策略应用到新知识的学习中，让学生实现迁移运用，在尝试运用学习策略过程中，把学习策略转化为自己的学习能力。教师还要在后续学习中，不断地为学生创设运用学习策略的情境，以便于学生实践固化、检测自学效果，让学生看到自己运用策略所取得的成绩，获得成功的满足和喜悦，激发学生运用学习策略学习的兴趣；同时还可以反馈不足，正确归因。反复训练，养成习惯，学生就能够自如驾驭策略，融会贯通，达成自动化。

讲解是感知，强化是训练，内化是吸收，活化是迁移。

教学模式只为各校指导课堂教学以及教师的教学提供了一个教学活动框架和思路，其实，教学模式本身就是一个图式，是固化的，但构成教学模式的各种教学变量，以及具体操作方法，并不是固定不变的，所以不能机械模仿或模拟。在选择与运用的过程中，还需要各个学校按照自己的办学理念，有效结合本校的实际情况建构有自己特色的教学模式，各校还要指导教师依据不同的教学任务、不同的班级学生和自己的教学特长，大胆地进行创新。所有这些都为我们进一步优化教学模式，打造简约有效的高效性课堂教学留下了广阔的空间。

②研究目标。

近期目标：使学生能学习、会学习、善学习、乐学习，形成自主学习能力。

愿景目标：实现高效课堂，实现“教，是为了不教”，使学生掌握学习策略并受用终生，为学生终身发展奠基。

③研究重点。帮助学生掌握并灵活运用学习策略，养成习惯，形成能力，学会学习。

④研究难点。

a. 学科知识归类，使其系统化。

b. 找到解决一类知识的策略，建构图式。

c. 能够把图式等学习策略按照“一讲三化策略教学模式”在课堂教学

中教给学生。

⑤研究关键点。

找准学习策略，提炼学习图式是本研究的关键点。

策略来源很广泛，可以是教师教学经验从学的角度的提升，也可以是引领、帮助学生对已有学习经验、方法的概括和精加工，最重要的还是教师先把教材知识归类，然后总结、提炼出解决同一类问题的图式、方法等策略。因为同一类知识必然需要同一属性，同一属性的问题必然需要同一策略、方法来解决，找到这个策略方法后，再按照知识体例、课标对各个年段要求、学生的认知规律等，建构各知识和方法之间的联系，形成解决一类问题的图式。

例如，长春版语文教材，小学四年级《野荷塘》一课可以建构这样的图式：“阅读文字明景物，抓住特点想画面，联系画面谈感受，情景交融创意境。”因为这是一篇写景文章，所以这个图式就可以作为所有解读写景类文章的学习策略。要求教师在教学中，按照课标对不同年级写景文章学习标准的要求，有所侧重的使用这个策略四个层面的内容。坚持长期训练，久而久之，这个图式就会内化为学生的认知。再遇到写景文章学生自然会运用头脑中的这个图式自学了，如果我们每个年级、每个学科、每节课都坚持这样做，就能真正实现“不用教师教”的目的，实现终身受用的大目标。试想，每类文章、每类知识都找到这样一个图式、方法、策略，并且关注图式、方法、策略教学，那么高效性课堂便是自然而然的事了，学生终身学习能力就在这一个个的策略教学中悄然形成，装扮学生的靓丽人生也将不是一句空话。

⑥研究途径。

我们这项研究以学科教学为主线，以实验学校为先行者，以“主题教研”的形式广泛开展，即我们学校以学习策略教学为主拟定全区的高效性课堂教学研究大主题，然后分解到学科，再分解到基层学校，实验学校由原来的中小学各一所，扩展到中学 2 所，小学 4 所，各校再按照自己的实际情况拟定小主题开展实验研究。最后发展到全区中小学全面使用“一讲三化策略教学模式”。

（3）指导各校进行总结反思，建构了反映学校特色的高效课堂教学模式。

（4）指导名师培养对象总结出了自己个性化的教学模式，形成独特的教学风格。指导其他教师对高效性课堂教学模式的流程、操作方法和策略进行总结，引导他们运用适合自己的模式进行教学。

（5）创建了教学领导"观议导省"案例教学培训模式。在打造高效课堂的背景下，在"一讲三化策略教学模式"的统领下，我们充分发挥了教学领导的引领示范作用，加强了教学领导策略教学意识和能力的培养和培训。几年来，研究并创建了教学领导的"观议导省"案例教学培训模式。这一培训模式分为观、议、导、省4个环节。"观"即观看实例。这个实例，就是现场，旨在创设情境，提供研讨交流的案例或素材。"议"即互动研讨。在对案例进行充分观察、思考、学习的基础上，针对现场案例感悟到的收获、问题或困惑进行互动研讨，并商议解决办法。实现"在同行碰撞中产生思维火花，在专家引领中点燃智慧火把"。"导"即专业引领。如果说"观"和"议"是发现问题、研究问题和基本解决问题的过程，那么升华问题则是"导"的使命。主持人或权威人士根据活动准备情况、案例提供情况和现场互动研讨情况，进行专业引领和理论提升，达到提高认识、总结规律、提升能力、内化吸收的目的。于"不愤不启、不悱不发"中传授，起"春风化雨、润物无声"之效果。"省"即总结反思。参培人员对自己在活动中的"准备度"和"参与度"进行客观反思，对培训学习过程中的体验和收获进行凝练总结，对思维碰撞中产生的灵感和思想进行及时梳理，对产生的困惑和问题进行深入思考。"省"的结果可以是思想观念上的更新，可以是工作行为上的改进，还可以是自我认识上的提升。这一模式的建构与实施，为进修学校与各校业务领导齐抓共管，深入探究中小学高效课堂教学，充分落实"一讲三化策略教学模式"提供有效保障。

（四）深化阶段

2011年7月，我们申请课题结题，经过中国教育学会"十一五"科研规划重点课题"名师教学思想与教法研究"总课题组的严格审查，确定于2011年10月28日在我区实地结题。期间，我们对"一讲三化"策略教学为切入点的高效课堂教学基本模式进行反复推敲，反复在学科教学中研磨，使其日臻完善，最后名称也简化为"一讲三化策略教学模式"。

经过三年的努力探索研究，在2011年10月28日我们获得成功结题。结题会持续一天时间，上午会议地点分别在实验小学、新城中学两所实验学校。通过课堂教学成果展示（小学语文、数学、英语、品德与生活等四个学科7节课；中学语文、数学、英语、生物、历史等五个学科8节课）、学校经验介绍、参观实验过程性材料等，真实再现实验的历程与成果。下午集中结题。市教育局孙殿元副局长、区教育局王云松副局长、刘国才副局长全程参加会议。在结题会上，课题组总负责人、中国教育报刊社王增昌教授到会，并组成专家组对课题做了全面评议和鉴定，最后做了精彩的讲座。鲁兵校长代表我校对课题自立项三年来实验和研究情况做了认真翔实的总结，从课题的提出、设计、实施、获得成果、存在问题等几方面做了客观的汇报，专家组经过认真地评审，对该实验形成的“一讲三化策略教学模式”的内容及课堂运用情况给予了充分的肯定。标志此模式的成熟。

鲁兵校长在“一讲三化”策略培训班上讲座

籍桂华副校长主持结题会

国家、省、市、区级领导参加结题会

结题会上课题组负责人王增昌教授（前左一）在中学课堂观课

结题会上小学教研员在主持议课

（五）推广阶段

从2011年10月至2012年5月8日历时两个学期分三个阶段开展高效课堂总结工作。第一阶段，2011年10月至2012年3月各中小学校进行了自检，并推选出本校的典型。第二阶段，2012年4月10日和11日两天时间，开展了“打造高效课堂”教学优质课评比活动。

小学展示课上教师做课现场

小学展示课上教研员在点评

中学展示课上教师们在观课

中学展示课上教研员在点评

经过评审小组的认真审核，中学有19名教师，小学有23名教师荣获打造高效课堂教学优秀奖。在此基础上，选出8节课，利用4月24日和25日两天时间，进行现场观摩和教研员点评，全区中学4个学科、245名教师，小学3个学科、470名教师受益。第三阶段，2012年5月3日、2012年5月8日小学和中学分别集中召开总结会。会上，表彰了获得教学优秀奖的教师，并颁发证书；中小学各4所典型学校在打造高效课堂工作中从教学管理层面进行了经验介绍；教育局主管局长王云松副局长做了重要讲话。

总结会上表彰课堂教学获奖教师

总结会上区教育局王云松副局长讲话

王云松副局长讲到“从进修学校这个层面上来说，在整个‘打造高效课堂’活动中，教师进修学校充分发挥了指导者和引领者的作用。加强了对教师的培训；发挥名师培养对象、骨干教师的带头作用；检查与指导业务领导听评课能力；深入学校检查和指导课堂教学；卓有成效地开展课题研究。总结并提升出‘高效课堂教学策略’，即‘一讲三化策略教学模式’，研究成果得到了区内外领导和同行们肯定和好评。在此，号召全区中小学校要认真学习‘一讲三化策略教学模式’的内容及要求，并切实地落实到日常的课堂教学中去，结合本校实际，创造性使用‘一讲三化策略教学模式’，拿出各具特色的高效课堂教学模式来。”由此，“一讲三化策略教学模式”在全区中小学得到推广运用。

三、“一讲三化策略教学模式”的基本特征

（一）坚持“以生为本”的教学理念

“一讲三化策略教学模式”强调学生学习主动性的发挥，凸显了学习过程中学生的主体地位，致力于学生自学能力的提高，能有效培养学生的自主学习习惯，提高自主学习能力，从而实现学生的自我发展。

（二）关注“过程和方法”

“一讲三化策略教学模式”兼顾到课堂教学的方方面面，尤其是在关注“知识与能力”“情感、态度与价值观”的同时更多地关注课堂上的“过程与方法”，力争引导学生经历学习的全过程，有效习得学习策略，从而学会学习，在学习过程中使学生养成良好的学习习惯，培养学生的学习

能力。

（三）以学生发展为核心

"一讲三化策略教学模式"的课堂不仅仅拘泥于短期目标，而是着眼于人的终身发展。以学生为本，即以生命为本，以学生的成长为本。课堂教学以学生为中心，以学定教，以学论教，以学议教，以学促教。

四、"一讲三化策略教学模式"的教学原则

（一）分解性原则

首先明确向学生传授哪些策略，如何从学生的学习中总结出高效的认知策略。而要解决这个问题必须注意利用分解的原则。即把完成一个任务的完整思维过程分解为几个阶段，然后再总结出每个阶段上的高效策略。例如，作文过程可以分为审题、构思、行文、修改四个阶段，解应用题可以分为理解题意、分析问题、解答问题、总结思路四个阶段。每个阶段上都有一些高效的学习策略。与之相适应的是在训练学生时，也应分阶段进行，在学生掌握本阶段的策略之后，再掌握下一阶段的策略……这和传统的练习不同，传统的练习，一次写一篇作文，从头到尾四个阶段都经历了，而分解训练意味着一次仅练习审题的各种技巧，下一次又练习构思的各种技巧……当然，练习了各个"部件"之后，必须有专门的机会练习"组装"；练习了"分解动作"之后，必须练习"连贯动作"。

（二）渐进性原则

"一讲三化策略教学模式"尊重学生的认知规律，符合学生的学习特点，在引导学生学习某种学习策略的时候，能考虑到学生生理、心理等诸方面因素，循序渐进地开展教学，不能贪大求全、急功近利，要按照学生特点、学段知识特点和规律，有层次、分梯度进行教学，充分体现渐进性。

（三）练习性原则

高效的学习策略单凭讲解是不能传授给学生的，贵在训练。在练习方

式上必须创造出一些奇特的巧妙的练习方式，用这些又实用、又奇特巧妙的练习方式去训练学生掌握新的策略。例如，为了训练顺向推理能力（充分利用已知条件），我们可以设计只有已知条件而无未知条件的练习；为了训练发散性思维能力，我们可以设计只有未知条件而无已知条件的练习，如，“求证∠1 = ∠2，可有多少种方法，可用哪些定理?”在练习时，还要注意克服遗忘和旧思维习惯的惰性，适当的重复和复习是必要的。绝对不要以为学习策略训练可以一蹴而就，一劳永逸。

（四）过程性原则

学习策略是关于认知加工过程的策略，在训练时也必须贯彻过程性原则。就是说，要让学生有机会体验自己的认知加工过程，这样才能有意识地改进自己的加工过程所采用的策略。如果学生不能体验或意识不到自己原先策略的不足之处，就很难接受这些策略，那么认知策略的训练将是盲目的，不自觉的，效果也不会好。具体的办法是讲新策略之前，先让学生自发地完成某个学习任务，然后体验自己用的是什么方法，最后才由教师讲出“教师的方法”。切不可在学生没有自行体验之前就和盘托出“教师的方法”，要使学生有机会将“教师的方法”和“自己的方法”作比较。

贯彻过程性原则的另一种办法是让优等生和中等生二、三人在一起组成一个学习小组，在一起完成学习任务。先各自学习或思考，然后各自谈出自己的方法或思路，相互切磋。

（五）迁移性原则

如前所述，策略性知识也可能具有惰性，成为僵死的知识，所以，必须做到条件化、结构化、熟练化。在条件化的过程中，要注意不能把条件限得过死，要考虑策略性知识在尽可能广泛的条件中运用。因此，结合学科进行策略训练时，策略的术语要尽可能抽象出来，不用该学科的术语。就是说，采用抽象的术语，学科的实例，这样才有利于策略知识的广泛迁移。反之，运用日常生活实例和抽象术语进行策略训练时，就要考虑如何在一般策略和学科知识之间“架起桥梁”。要给学生提供一般学习策略在学科中运用的实例，并启发学生思考如何将一般学习策略运用于各门学科之中去。可以设想，如果把一般策略和各门学科结合起来，在几门学科中同时训练学生对某些一般策略的运用，那么，就能达到良好的迁移效果。

（六）实效性原则

学习策略训练的内容及制定的目标、计划应符合学生的现有知识水平。同时要训练学生大声思维，让学生及时复述。老师讲，学生大声说。还要引导学生巩固、运用、监控学习策略使用的有效性。

（七）发展性原则

学习策略它不是一成不变的，应该在使用中不断加以充实、完善、丰富。而且引导学生不断将自己的学习经验提升为策略。

（八）创新性原则

要在教学中明确策略与知识的内在联系，能够在掌握学习策略的同时，注意挖掘其内在的创新因素。

五、“一讲三化策略教学模式”的效果与专家评价

（一）效果

1. 成果显著，影响广泛

“一讲三化策略教学模式”是我区高效性课堂教学研究的成果。在此研究和推广的过程中，无论是进修学校的领导、教研员，还是基层学校的领导、实验教师，都投入了极大的热情，付出了艰辛的努力，应该说它是我区教研队伍集体的智慧和结晶。这一研究成果的实用价值是巨大的，给我区带来的影响是极其广泛的，具体表现在：

（1）教师成长方面。

①教研活动促进了教师的专业化成长，一大批教学新秀脱颖而出。各种教研活动为教师搭建了学习、研究、实践、反思的平台，它有效地促进了教师的专业化成长，在我区教研员的专业引领下，一大批具有教研能力的教师在区级以上教研活动中崭露头角，成绩优异。这里仅列举2009年至2011年，省内外各类活动中教师取得的成绩。

在第二届吉林省中小学音乐教师课堂教学新秀评比活动中，我区六名

中小学教师获得教学新秀称号。

在吉林省城乡课件大赛中，在上交的 56 个课件中，国家级二等奖 1 名，省级一等奖 20 名，二等奖 15 名，三等奖 21 名。

在吉林省中小学教师教育技术能力建设计划应用成果评比活动中，17 件作品参赛，分别获省级二等奖和三等奖。

在吉林省生物学科教师基本功比赛中，我区 2 名教师均获基本功竞赛一等奖，并获得“十佳”教师的称号。

在东北地区生物学科十佳教师评选活动中，我区 1 名教师获得东北地区十佳教师称号，同时获得东北地区优质课一等奖。

在吉林省初中思想品德教学新秀评选活动中我区 2 名教师分获一等奖、二等奖。

在中语会组织的教学案例和说课设计大赛中我区 1 名教师代表松原市参赛，获国家级二等奖。

在第四届全国语文教师（中学）读书能力大赛中，14 名教师分别获得国家级一、二、三等获奖。

在东北三省美术教学研讨会上，1 名教师代表松原市参赛，获得说课一等奖，并在大会上交流。

在吉林省第五届城乡课件大赛中，上交的 63 个课件中有 30 件获一等奖。

吉林省第二届信息技术教学新秀评选活动，我区 1 名教师代表松原市参加小学组的竞赛，荣获省级优秀课一等奖。

在吉林省首届作文教学设计和论文大赛中，3 名中学教师分别获得省级一、二等奖。

在东三省数学教学优质课评选活动中，我区 2 名教师分别获得一等奖。

在辉南举办的全国小学语文、数学、英语课堂教学大赛中，我区三个学科共有 7 名教师参赛，其中 1 人获得特等奖，6 人获得一等奖。

在吉林省幼儿教师课堂教学大赛中，1 名选手喜获头名状元。

在吉林省小学品德与生活，品德与社会教学新秀评选活动中，1 名教师被评为教学新秀，并获得新秀评选活动中的最高荣誉“教学标兵”的殊荣。

在吉林省第二届初中作文教学大赛中，1 名教师获得二等奖。

在以上赛事中，相关学科教研员均获得优秀指导教师奖。

小学部品德与生活，品德与社会学科被评为吉林省优秀备课组。

电教部承办了松原市首届小学信息技术学科教学研讨会，高效性课堂教学模式深受与会者好评。

中学部成功承办了吉林省教育学会生物学科专业委员会第七届年会及学术交流会，来自全省各地的150多名生物教师齐聚一堂参加了这次学科盛会，对我区生物学科“一讲三化”高效课堂教学模式赞不绝口。

干训部承办了吉林省中小学校长“案例教学”现场会，会上观摩了“观议导省”案例教学培训现场，进行了高效性课堂教学成果展示，一节《野荷塘》无论是教学设计还是教学领导的议课、教研员的引领提升，都受到与会人员极大的认可，也因此再一次提升我区教育教学工作在省内的声望。

②实现了课堂教学与教师专业成长的无缝对接。教研员在课题研究中发挥着技术转换器的职能，在将专家的教育理论转换为一线教师的教学实践这一过程中，教研员的专业素质得到了锻炼和提升。几年来，中小学语文、数学、英语、历史等学科10余名教研员被聘请到松原市教育学院、吉林省教育学院举办的培训和“国培”中承担相关的学科培训任务，受到专家的好评和认可，取得了良好的效果。

（2）课堂教学质量的改善。“一讲三化策略教学模式”立足学习方法、策略的研究，其目的是为了实现“教，是为了不教”。课堂上，学生成了学习的主人，教师是学生学习的点化者、引导者和促进者。这种师生角色的准确定位，学习方式的科学运用，使得师生关系和谐融洽，促进了课堂教学质量的提升和改善。

①“一讲三化策略教学模式”的实施，在一定程度上使学生学会了学习，为学生自主学习提供了空间，学生的自主学习品质得到了提升。各学科教师从本学科实际出发，认真研读教材，在整体把握教材的基础上，对学科知识进行归类，再探究一类知识的教法和学法。这样的做法，优化了教学内容，注重教给学生学习方法、策略方面的知识，使学生学会学习成为可能，自主学习意识和能力得到明显提升。

②学生的学业水平得到了提升。“一讲三化策略教学模式”深化了课程改革，提高了课堂教学效率，促进了学生综合素质和教学质量的全面提高，近两年组织的各项质量抽测和考试中，学生的成绩逐年上升，在近三年的全市小学督导测试中我区小学成绩一直榜上夺魁，中考成绩连年处于

领先地位。

（3）科研成果显著。课题组成员在实验过程中撰写了大量的优秀案例和论文，目前，这些案例和论文分别在各级各类活动中获奖或在核心期刊上发表，2009 年至 2011 年，仅教研员的文章有 20 余篇在省、市级、国家级刊物上发表。其中教师进修学校鲁兵校长撰写的论文《明晰结构关系建设高效课堂》在《中小学校长》2011 年第 7 期刊登；论文《如何实现“教是为了不教”》在《中国教育学刊》发表。尤其是《如何实现“教是为了不教”》在《中国教育学刊》后，引起社会广泛关注，一线教师啧啧称赞。

（4）专业影响扩大。在 2011 年 10 月份的全国高效性课堂教学研究结题会上，专家组给课题做了权威鉴定，鉴定组认为：该项研究选题方向正确，实施过程规范，方法科学，实现了预定的研究目标，具有一定的理论价值和实践价值，研究成果在国内同类课题中处于领先地位，具有推广价值。

2. “一讲三化策略教学模式”研究的过程中，实现了价值多元化

（1）促进了学生发展，提升了学生的学业水平，优化了学生的学习品质，提高了学生的自主学习能力，为学生的终身发展做奠基。

（2）促进了教师的专业化成长。教师的教育观念得到更新，学生的主体地位被强化，“一讲三化策略教学模式”让教师从传统的以讲授为主的教学模式中走出来，注重自主、合作、探究的学习方式与传统学习方式的有机结合，引导学生开展自主学习，在课题研究的过程中，逐步走上了“实践——反思——取向”的教师专业发展之路。

（3）提升教研员的专业水平。

①使教研员的教研服务教学的意识增强了。在“一讲三化策略教学模式”研究的过程中，教研员跟踪听课，及时发现问题，与教师真诚沟通，共同修订教学方案。在一次次思想碰撞，一回回反馈交流中，让教研员十分清楚一线教师缺什么，需要怎样的指导？应提供哪些服务？这些工作有针对性地开展，使教研员找到了促进一线教师迅速提升的“契合点”，想教师所想，为教师教学排忧解难，长期的工作磨合，使教研员真正成为教师教学的“指路人”，改变了以往教研员独自“摇旗呐喊”的尴尬局面。教研员走进了基层学校，融进了一线教师这个充满活力的团队，有效提高了教研服务教学的质量和水平。

②促使教研员把教学理念转化为教学行为的能力增强了。为了解决一线教师教学中存在的问题，教研员要不断地学习“充电”，同时要把所学理论转化为教学实践，课题的研究促使教研员迅速成长起来，他们的学识和专业水平得到了基层学校的认可。

3. “一讲三化策略教学模式”研究过程中，彰显了宁江区教师进修学校教研队伍的专业水平

（1）研究过程中，表现出这支教研队伍极强的敬业精神。课题的研究并不是一帆风顺的，2009 年年末，课题实施将近一年的时间，研究进展缓慢，鲁兵校长带领教研员在多次深入调研、分析的基础上，提出把学习策略教学作为高效性课堂教学研究的突破口和切入点，课题研究进入第一次转轨期。学校要求每一位教研员认真研读本学科教材，画出整套教材的知识结构图，并根据教材特点进行系统分类，寻找出一类知识的共性特点或属性，从而提炼出一类知识的学习图式，再把学习图式内化为学习策略，从而来提高学习效率。这一研究思路的提出，对于每位教研员来说，都是一次蜕变和挑战，需要教研员极其投入地学习相关理论，再把理论转化为教师的课堂实践。教研员在压力和挑战面前，以极强的敬业精神和高度的责任感、使命感，顺利实现了课题的第一次转型。

（2）研究过程中，显示出教研人员的思想影响力。教研人员的思想影响力主要体现在学识水平、专业素养及人格魅力上。在研究过程中，教研员作为研究战线上的排头兵、领头雁，引领广大教师向书本学习，向网络学习，向专家学习，时刻调整与基层学校和教师的关系，全面为学校服务，为教师服务，为学生服务，最主要的是课题研究中的专业引领，每一次教研活动，每一次讲座，每一次观课议课，都展示出了极深的理论修养和专业水平，赢得了基层学校的认可和尊重。

（二）评价

1. 专家评价

“一讲三化策略教学模式”产生于我区高效课堂研究之中，诞生于课题研究的结题会。中国教育学会“十一五”科研规划重点课题《名师教学思想与教法研究》总课题组，组织了专家鉴定组，于 2011 年 10 月 28 日，对吉林省松原市宁江区教师进修学校鲁兵校长主持研究的《高效性课堂教学研究》子课题进行了结题鉴定。

结题会上专家组成员在鉴定现场合影留念　　结题会上教师进修学校鲁兵校长做结题报告

鉴定组听取了课题组的汇报，并在进一步讨论和阅读有关课题档案的基础上，做出如下鉴定：

该课题组成员针对当地学校课堂教学中所存在的效率不高的问题，认真学习有关教学理论，运用调查研究、文献借鉴、实践反思、经验总结等方法开展了深入细致的研究，并取得了丰硕的成果。

专家组认为，该课题研究在在实施过程中，其研究方式方法具有一定的创新性和推广价值：①把“学习方法和学习策略研究”作为高效性课堂教学研究的切入点和突破口，这是新课程教学改革的进一步深化，也是实现高效课堂的根本保证，因此具有前卫性；②让全区的教研员和教师参与课题研究实验，在行动中研究，在研究中行动，将教科研与师资培训结合起来，这不仅促进了教师专业成长，而且也是课题研究取得显著成效的可靠保证，因此具有推广价值。由于方法的科学性和坚持不懈的努力，课题研究取得了显著效果和丰硕成果：A、初步形成了以“一讲三化”策略教学为切入点的高效性课堂教学基本模式（“一讲三化”即：一讲：讲解策略；三化：强化策略、内化策略、活化策略）；B、创建了教学业务领导“观、议、导、省”案例教学培训模式；C、更新了教师的教育教学理念，骨干教师参加省、市及全国性的新课程教学大奖赛曾多次获奖，促进了学生综合素质和教学质量的全面提高，并整理汇编了《高效性课堂教学设计和教学案例集》《高效性课堂教学论文集》《“高效性课堂教学研究”业务领导案例研究汇编》《“高效性课堂教学研究”业务领导专题研究成果集》等研究成果。

2. 实验学校校长及实验教师的评价

“一讲三化策略教学模式”在我区推广后，受到各中小学校长及教师的普遍欢迎和认可。他们纷纷请鲁兵校长来校讲学，亲自为一线教师解读“一讲三化策略教学模式”的思想内涵及操作程序，并邀请各学科教研员做具体的业务引领和课例指导。"一讲三化策略教学模式"在短短的一年时间里，在我区中小学课堂教学中开了花，结了果。

（1）"一讲三化策略教学模式"迎合了各校在"打造高效课堂活动"中对学习策略研究的需求，备受基层学校的欢迎。

学习策略研究是我区高效性课堂教学研究的切入点和突破口，各校立足本校实际，在教育教学方法上大胆创新，敢于实践，分别从不同的角度构建了本校的策略教学模式，如回族小学的"有效预习学习策略教学模式"，实验小学的"启思导学，互动达标"策略教学模式，新城中学的三步五环节教学模式等等，这些独具特色的课堂教学模式彰显了各校的高效课堂研究成果，但是在具体深化的过程中，因缺少方法、策略的指导，研究成果还只能体现在个别优秀教师的课堂教学中。"一讲三化"策略教学法中的"策略"，既是知识与能力的教与学，又是解决问题的方法、手段。从方法、手段的角度来说，它是教给学生学习策略的策略。正因如此，"一讲三化策略教学模式"一经推广，便受到基层学校的欢迎。回族小学利用"一讲三化策略教学模式"，紧紧围绕"有效预习"这个研究主题，提出了重视课前，立足课堂，关注课后的高效课堂研究思路，经过不断地探索研究，取得了一定实效。具体做法有："一、重视课前预习，强化学习策略；二、立足课中探究，内化学习策略；三、关注课后延伸，活化学习策略"。（摘自回族小学刘华校长的《优化学习策略　提高自学能力——回族小学实施"一讲三化"心得体会》）新城中学的王恩思校长在谈到落实"一讲三化策略教学模式"的体会时这样说："2009年，我区打造了高效性课堂至今，已有3年的时间，3年中，我校经过反复研究，探索出了一种新的教学模式——三步五环节教学法，也就是'讲学案'，这种教学模式在'一讲三化'策略的导航下，实现了提出问题、研究问题、解决问题、延伸问题为主线，以教师的主导，学生的自主学习、自主探究、自主解决问题、自主延伸发展为教学流程，提高了学生自主探究能力，使学生成为自主学习的主人。"（摘自新城中学王恩思校长的《"一讲三化"策略——使我校课堂教学焕发生机——落实"一讲三化策略教学模式"的体会》）

实验中学这样评价了"一讲三化策略教学模式"："在打造高效活动中，立足生本，面向全体学生，以'全面+特长'为学生个体的发展追求，以'共性+特色'为课堂教学的表现形式，在课堂上关注每一孩子，尊重学生的个性差异，实现学生的主动发展，培养学生的可持续发展能力。当‘一讲三化’教学策略跃入视野后，我们欣喜地发现，‘一讲三化’模式恰恰是我们全面深入开展生本教学的有效途径和最佳模式。在‘生本教学’理念指导下，探索其与‘一讲三化’模式的有机结合，寻找到两者的切合点、融洽点，恰恰是我校常规教学和教学研究的新的生长点和兴奋点。”（摘自宁江区实验中学副校长陈爽的《在“生本”理念指导下全面实施“一讲三化”策略教学法》）

（2）“一讲三化策略教学模式”深受基层学校教师的喜爱。

①更新了教师的教育理念，提高了教师的专业素质，促进了教师的专业化成长。实验小学尹桂芝副校长在《策略教学　授之以渔——‘一讲三化’策略教学法学习体会》中谈到：“一讲三化”教学策略的实施，促使我校教师尤其是实验教师的进一步成长，多名教师的课在省、市、区获奖。全体教师基本树立起教学策略的意识，提升了课堂效益，教师的课堂教学行为正在逐步产生质的变化，课堂生活正在朝向高效的方向发展，他们已经形成了自己的教学特色。”

②“一讲三化策略教学模式”为教师的教指明了方向，提供了切实可行的操作程序，减轻了教师教的负担。

建设小学宋艳丽老师在教学《认识小数》一课时运用了“一讲三化”策略教学法，她在《“一讲三化”策略教学法的运用体会》中说道：“‘一讲三化’教学法有利于三维目标中‘过程与方法’这一维度的落实和达成。例如，我在教学《认识小数》一课时，我首先运用了讲解策略，在教学理解‘以米为单位的小数的实际含义’时，由于这一部分内容既是全课的重点，也是难点。我用课件呈现了《认识几分之几》这节课的学习内容和学习方法，让学生明确‘圈点阅读法’这种自学方法。学生形象地感知策略的内容及操作步骤。接着运用强化策略，引导学生自学。让学生明确学习时先做什么，再做什么，用什么方法做，做到什么程度等问题。这样，学生真正地理解了以米为单位的小数的实际含义。使学生清楚学习策略的内容，然后引领学生以合作学习的方式完成学习任务，强化认识，掌握学习策略的实质。接着运用内化策略，引导学生对刚刚经历的学习过程进行回顾。在回顾中归纳、总结、提升出‘圈点阅读法’步骤，使学生有个清晰、完整的理解与体验，达到对这个策略既知道是什么，又知道如何做，什么条件下使用，内化为自己的认识。最后运用活化策略，把本节习得的学习策略应用到新知识的学习中，让学生实现迁移运用，在尝试运用学习策略过程中，把学习策略转化为自己的学习能力。可见，"一讲三化"策略教学法具有很强的可操作性，它既能实现教学的高效，又能减轻教师教的负担。

③"一讲三化策略教学模式"为教师找到了高效教学的捷径，体验到了课堂教学的快乐。

宁江区第一小学的袁兰芳老师在《"一讲三化"策略教学法悄然走进我的课堂》一文中写道："'一讲三化'策略教学法就像一场及时的春雨浇灌着干渴的禾苗，滋润着师生的心田，它为我们每位教师指出了一条光明的道路，尤其是作为一名语文教师，倍感这一策略的优势所在，因为语文教材都是以板块的形式出现的，每一版块都有一个主题，而且都是同一类别，很适合归纳学习方法，构建图式，所以，我每每备课时都会用心考虑，横向归类，纵向对比，从整体把握教材，归纳方法策略，引导学生自主学习……'一讲三化'策略教学法让我明晰了教学的捷径，让我体验到了课堂教学的快乐，尤其看到孩子们运用自己总结出来的方法自主学习时那满足的眼神和喜悦的表情，我由衷地慨叹：'一讲三化'策略教学法真好!"

（3）"一讲三化策略教学模式"变"要我学"为"我要学"和"我会学"，最终受益者是学生。

"一讲三化"策略教学法要求教师注重学习策略的研究与教学，学生主动学习的意识被唤醒，课堂焕发出勃勃的生机和活力。朝阳中学教导主任李楠楠在《"一讲三化"策略教学法——学校发展的"隐形翅膀"》谈到："'一讲三化'让我们的课堂焕发生机，从过去的单纯性教学活动——教，真正转变为双边活动——教学相长。过去我们的课堂是教师一言堂，学生无语困对，无论教师如何想方设法调动他们的积极性，他们都不愿意参与其中，究其原因在于学生不喜欢这种毫无新意，毫无乐趣的课堂，运用了'一讲三化'策略后，我们的课堂也在悄然改变，因为学生在教师的讲解下，发现了原来似乎枯燥无味的知识也可以通过好的方法指导让学习变得轻松起来，于是从最初的产生兴趣被动参与到最后主动思考积极探索新方法，这一转变让我们的课堂焕发出了前所未有的生机与活力，在课堂中常常能感受到学生的智慧，有时教师在课前预设的讲解策略也会被思维活跃的学生作以适当的调整，教师和学生之间在平等、和谐的气氛中实现了各自的成长。"

宁江区六中生物教师刘艳丽通过对"一讲三化"教学策略的尝试，深刻地感悟到："授之以鱼"不如"授之以渔"。她说："'古人云：供人以鱼，只解一餐；授人以渔，终身受用。’叶圣陶曾说过‘凡为教，目的在于达到不需要教。’‘一讲三化’教学策略真正实现了学生自己会学习的目的，是教师给了学生点石成金的手指，只有这样学生才能够用自己的第一桶金创造出无尽的知识财富。”（摘自宁江区六中生物教师刘艳丽的《“一讲三化”策略教学法在生物教学中的运用及感悟》）

实验中学在生本理念下，运用“一讲三化策略教学模式”，活化了“教材”，发展了学生。他们的主要做法是，“一是寻找新知识融入学生认知结构的新的生长点，找到了生长点就找到了新的生机，就能引发学生的学习兴奋点，对新知识就不在排斥；二是找出学生旧知识结构与新知识的切合点，两者能够切合到一起，天衣无缝，才能使新知识融入到旧有知识结构而浑然一体，才能实现知识的内化。我校最具典型代表性的就是课本剧教学，这种教学模式不但引发了学生的参与热情、积极性和主动性，也大大引起了学生的学习兴趣，同时也是课本知识以一种全新的方式展现出来，在编、导、演课本剧的过程中，生活的经验、学习的感受、戏剧的表演、旧有的知识被学生有效汇集在一起，并且不断创新和生成。许多有价值的课本剧目具有独特的生成性内化功能，学生在内化生成中综合素质得到全面提升。”（摘自宁江区实验中学副校长陈爽的《在“生本”理念指导下全面实施“一讲三化”策略教学法》）

宁江区第六中学的教导主任王凤在《有感于“一讲三化”策略教学法的运用》一文中这样写道：“运用‘一讲三化’策略教学法改变了学生的学习方式，变‘能学’为‘会学’。‘一讲三化’策略教学法的重要指标就是使学生形成自主学习的能力，使其主动求知，会学习，真正成为学习的主人。教师通过讲解策略帮助学生利用类比迁移的方法学习具有同一属性的知识，就可以大大提高学习效率、减轻学生负担、提高学习能力。变能学为会学。例如，数学中‘图形性质’这部分知识具有相同的探究方法。如果学生掌握了这种知识的学习和探究方法，就能实现自主学习的目的。我校教师在一年级几何图形起始课中，通过简单图形的性质的教学提炼出了‘观察猜想——实验验证——推理论证——应用拓展’探究图形性质的方法，并在以后图形性质教学中不断地渗透、强化，并让学生今后在学习图形性质过程中逐渐内化并能灵活应用，形成学生学习这部分知识的一种能力，最终达到了把高效课堂的思想转化为教与学的行为，转化为学生主动的、自主的高效的学习方式，收到了很好的效果。”

第二章 “一讲三化策略教学模式”的基本操作

一、“一讲三化策略教学模式”操作的基本要求

“一讲三化策略教学模式”操作基本要求这一章节的重要内容就是图式，图式也是“一讲三化策略教学模式”的核心策略。所谓图式，是人脑中已有的知识经验的网络。图式也是表征特定概念、事物或事件的认知结构，它影响对相关信息的加工过程。认知发展理论中，图式是指一个有组织、可重复的行为模式或心理结构，是一种认知结构的单元。一个人的全部图式组成一个人的认知结构。图式主要特点：图式一旦形成，具有相当的稳定性；图式决定着人做信息选择时相应的内容和倾向偏好；可引起新信息的加工。在原来图示的基础上，新的内容会被添加更新，形成新的认识；可以预测事件的发展；可激发性。图式一旦被启动，就会像程序一样被严格执行下去。图式具有导向作用，运用图式的过程实际上是图式具体化的过程，也就是信息加工的过程，必然涉及识记策略、精加工策略、组织策略。学习策略是由若干相互联系、相互作用的策略，按一定的结构组成的具有实现高效认知与学习功能的整体。也就是说，图式这种学习策略在学生学习运用的过程中要和其他学习策略整合运用，它不是孤立存在，单独使用的。我们在这里只是突出了图式这种学习策略在学习运用中的具体操作要求、方法、内容等。

（一）系统研读教材，寻找同类知识

认真研读整套教材，找到教材中的知识点，对其进行分析，明确知识的类别及属性。

（二）教材知识归类，使学科知识系统化

对教材中的各个知识点进行分析，找到其纵向、横向的内在联系，根据它们之间的关系进行梳理、归类，形成知识体系，绘制教材知识结构

图，以呈现知识间的内在联系，使学科知识系统化。

（三）建构图式

纵观整套教材中一类知识的学习过程，根据课程标准对此类知识的教学要求，结合学生已有的经验和年龄特点，从学生学的角度总结学习此类知识的基本流程，建构此类知识的学习图式。

（四）应用图式

精心预设图式实施的全过程，然后在同类知识教学中引导学生按照“感知（从教师教的角度讲就是‘讲解策略’）策略——强化策略——内化策略——活化策略”的步骤有序进行图式的学习，力求由浅入深、循序渐进，促进学生对图式的掌握与运用。

二、“一讲三化策略教学模式”操作的具体内容

（一）形成教材知识结构图

知识结构是指知识在个人头脑中的内化状态。它包括各种知识间的比例、相互关系以及由此而形成的一定的整体功能。简言之，知识结构就是知识及其组织。知识结构可以提纲形式体现，也可以树状图、概念图等形式体现。知识结构反映在人的头脑中就是认知结构。认知结构即学习者头脑里的知识结构及他们已有的全部观念内容和组织。简单来说，就是学生头脑中的知识结构。广义上，认知结构是学生已有的观念的全部内容及其组织；狭义地说，它是学生在某一学科的特殊知识领域内的观念的全部内容及其组织。由此认识我们得出，知识结构图就是指把所学内容进行整理并制成比较系统完整的知识结构图示。它不光是一种图表或示意图，更是将知识之间的层次关系用箭图、字词、数字、几何图形、图案或其他符号相连接形成系统集中、准确完整、简明清晰的表达形式，也是一种知识网络图。它既是一种创造、交流、学习、评价的工具，亦是一种技能、策略。

知识结构图不仅可以用半个大括号来画图，也可以用树状图、网状图、方框等方式来画图，它既可以是概念图、也可以是树形图或思维导图；既可以是某一方面的知识，亦可以是某一学段或某一层次的知识。要

使知识结构图完美就必须做到大处着眼，小处着手，通俗易懂，图文并茂，简单易操作。

我们根据各学科不同版本教材特点和内容，分学科形成了每个学科的教材知识结构图。

1. 初中思想品德学科教材知识结构图

（1）组织教材内容的维度。教材都是依据课程标准来编写的，以课程标准为依据初中思想品德教材（人教版），组织教材内容有 3 个维度（见下图），即：

一是学科的维度，包括心理健康、道德、法律、国情等方面。

二是课程目标的维度，包括情感·态度·价值观、能力、知识等方面。

三是课程内容的维度，即以"成长中的我""我与他人和集体""我与国家和社会"的逻辑逐步扩展。

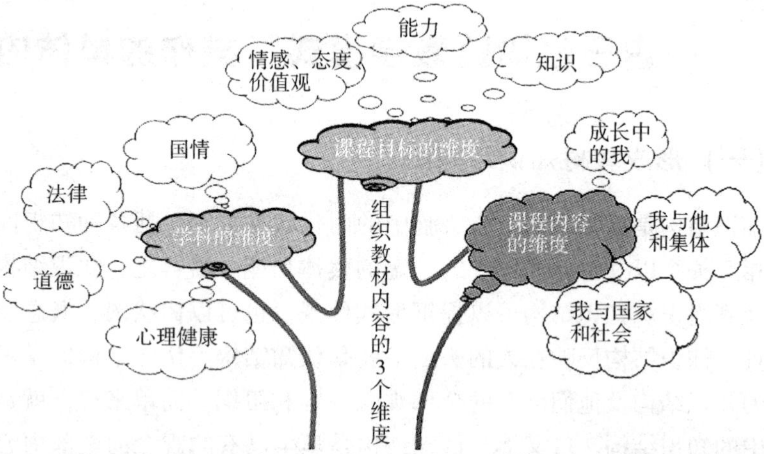

课程标准从初中学生的认知水平和生活实际出发，围绕长成中的我、我与他人和集体、我与国家和社会等关系，着重整合了道德、心理健康、法律和国情等内容，课程内容之间的对应关系如下表：

对应关系	道德·心理健康·国情		法律
成长中的我	认识自我	自尊自强	心中有法
我与他人和集体	交往与沟通	在集体中成长	权利与义务
我与国家和社会	积极适应社会的发展	认识国情，爱我中华	法律与秩序

（2）“自尊自强”内容板块的教材知识结构图

七年级（下册）教材前3个单元属于“成长中的我”中“自尊自强”的板块，这三个单元的知识结构图如下：

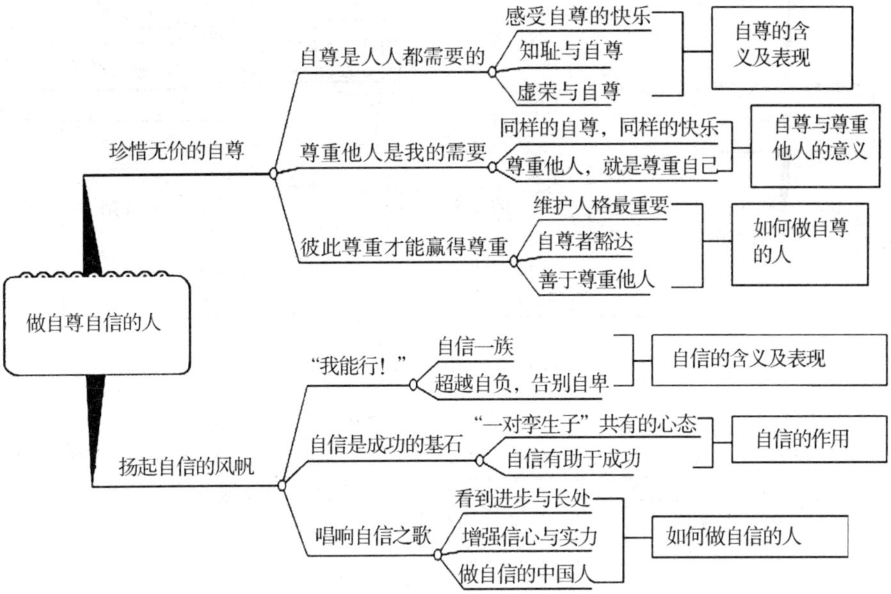

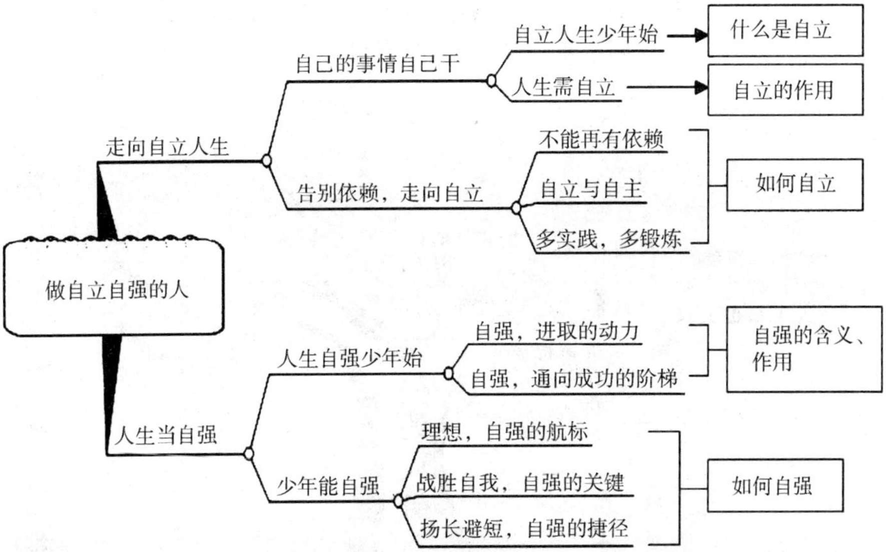

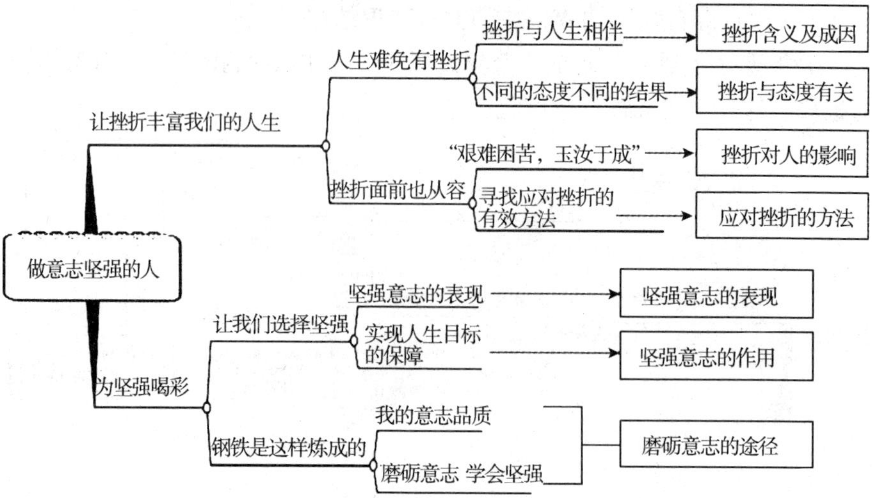

“自尊自强”的内容具有相同的学习属性，归纳如下

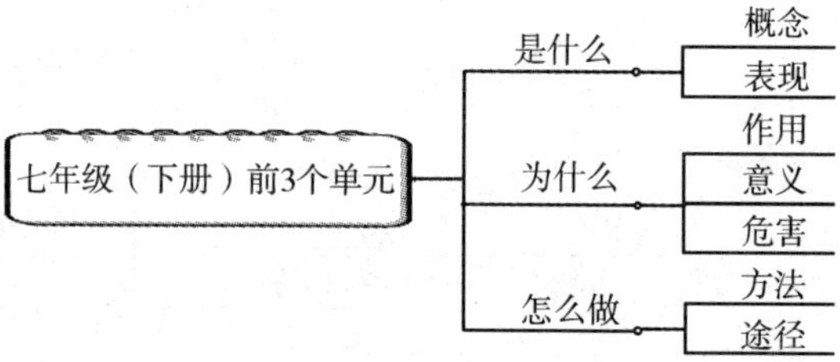

(3)“权利与义务”内容板块的部分教材知识结构图

八年级（下册）教材二、三单元属于“我与他人和集体”中“权利与义务”的板块，这两个单元学习的权利包括：

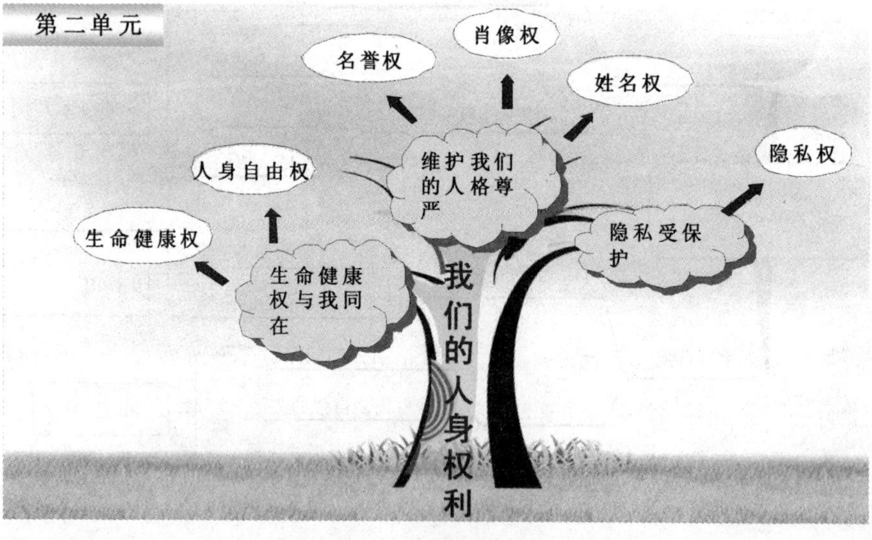

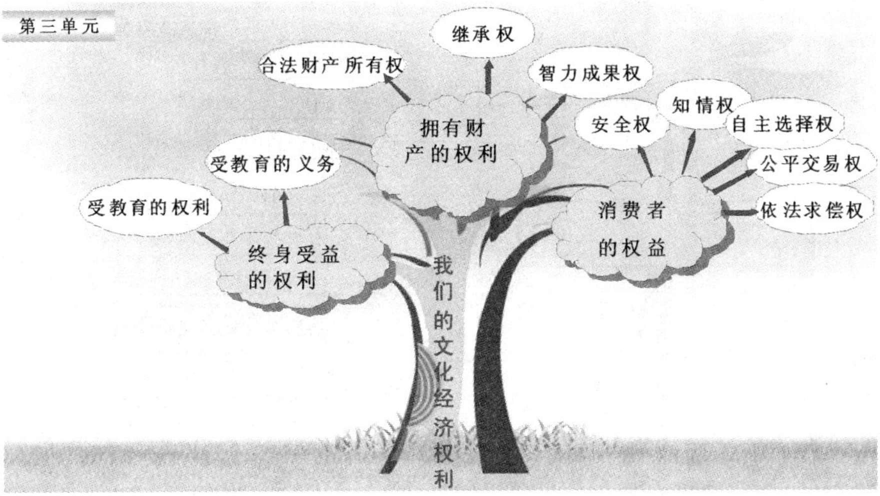

八年级（下册）第二、三单元知识结构图：

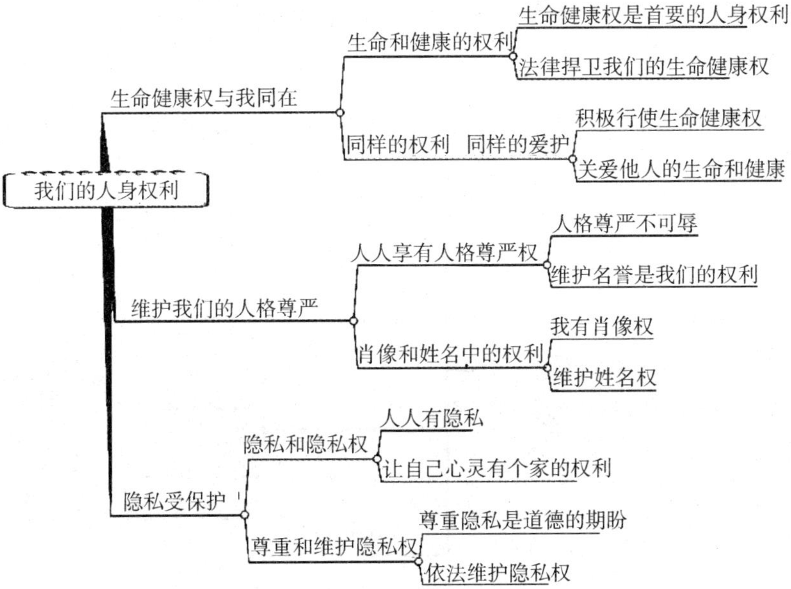

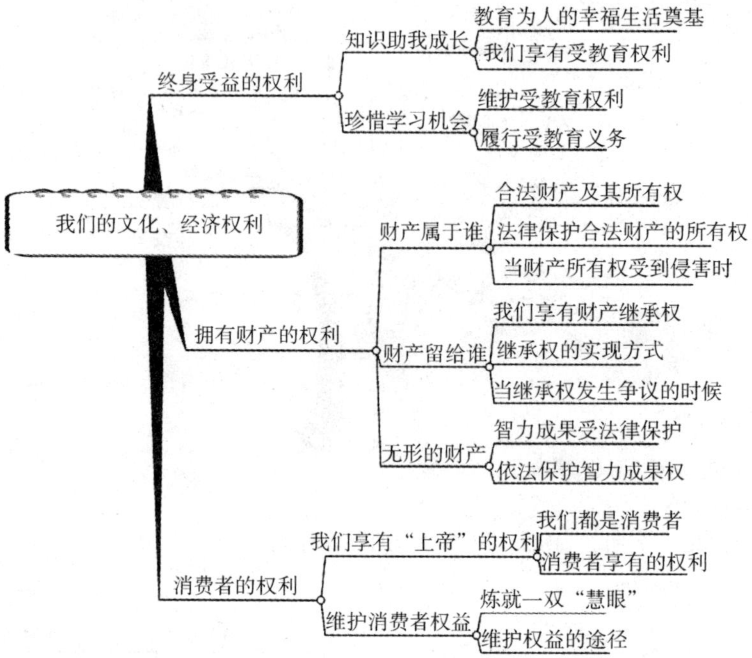

八年级（下册）第二、三单元"权利与义务"的部分内容具有相同的学习属性，归纳如下：

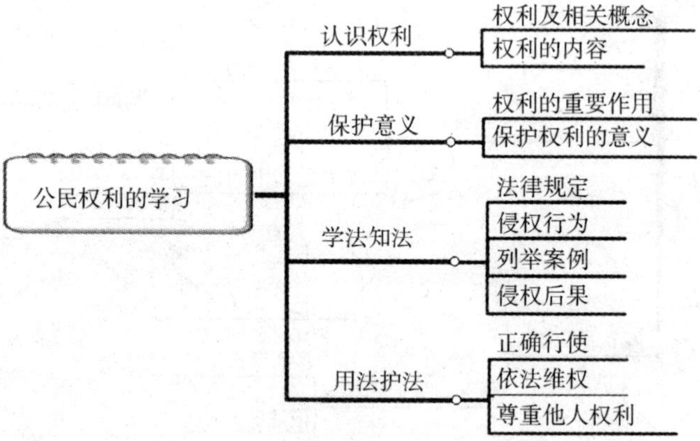

2. 初中语文学科教材知识结构图

宁江区使用的是长春版语文教材，本教材从总体上来看主要由 3 大板块构成，即阅读、表达（作文、口语交际）、探究（综合实践活动和拓展）。其中阅读板块是本课题研究的主要对象，为此，我们对阅读板块进行了一个粗略的梳理。梳理中，我们主要依照教材的编排来进行，同时兼顾体裁来归纳，目的只是为了整合阅读教材，让教师首先做到“胸中有教材”，为探索同类阅读文本的学习策略做铺垫。

- 文言文
  - 七年级
    - 《论语》八则
    - 《晏子使楚》
    - 《古代神话六则》（《盘古开天地》《女娲补天》《精卫填海》《刑天舞干戚》《夸父逐日》《鲧禹治水》）
    - 《记·铭·说·志四篇》（《小石潭记》《陋室铭》《爱莲说》《寒花葬志》）
    - 《大闹天宫》
    - 《圯上敬履》
    - 短文两篇（《与朱元思书》《三峡》）
    - 《马说》
    - 《狼》
    - 《小品二则》（《湖心亭看雪》《胸中之竹》）
    - 《武松打虎》
  - 八年级
    - 《老子》二章（《天下皆知美之为美》《知人者智》）
    - 《论语》九则
    - 《邹忌讽齐王纳谏》
    - 《毛遂自荐》
    - 《桃花源记》
    - 《传·序·书·箴四篇》（《五柳先生传》《春夜宴从弟桃花园序》《上枢密韩太尉书》《谨言箴》）
    - 《范进中举》
    - 《孟子》二章（《生于忧患　死于安乐》《鱼我所欲也》）
    - 《岳阳楼记》
    - 《短文二篇》（《名二子说》《记承天寺夜游》）
    - 《弈喻》
    - 《三顾茅庐》
  - 九年级
    - 《曹刿论战》
    - 《强项令》
    - 《出师表》
    - 《捕蛇者说》
    - 《送东阳马生序》
    - 《短文两篇》（《孔子世家赞》《题孔子像于芝佛院》）
    - 《窦娥冤》
    - 《甄士隐梦幻识通灵》
    - 《侍坐》
    - 《养生主》
    - 《项羽之死》
    - 《醉翁亭记》

- 古诗词
  - 七年级唐诗
    - 《送杜少府之任蜀州》
    - 《登幽州台歌》
    - 《闻王昌龄左迁龙标遥有此寄》
    - 《滁州西涧》
    - 《早春呈水部张十八员外》
    - 《宣州谢脁楼饯别校书叔云》
    - 《望岳》
    - 《观刈麦》
    - 《雁门太守行》
  - 七年级词曲
    - 《相见欢》
    - 《醉花阴》
    - 《破阵子》
    - 《望江南》
    - 《虞美人》
    - 《浣溪沙》
    - 《天净沙·秋思》
    - 《山坡羊·潼关怀古》
  - 七年级乐府诗
    - 《木兰诗》
    - 《陌上桑》
    - 《观沧海》
    - 《龟虽寿》
  - 八年级格律诗
    - 《次北固山下》
    - 《春望》
    - 《钱塘湖春行》
    - 《酬乐天扬州初逢席上见赠》
    - 《赤壁》
    - 《夜雨寄北》
    - 《游山西村》
    - 《过零丁洋》
    - 《使至塞上》
    - 《登高》
    - 《无题》
    - 《题破山寺后禅院》
    - 《题李凝幽居》
    - 《泊秦淮》
    - 《登飞来峰》
    - 《己亥杂诗》
  - 八年级词
    - 《凤栖梧》
    - 《江城子》
    - 《渔家傲》
    - 《水调歌头》
  - 八年级田园诗
    - 《归园田居》
    - 《饮酒》
  - 九年级诗
    - 《关雎》
    - 《蒹葭》
    - 《白雪歌送武判官归京》
    - 《茅屋为秋风所破歌》
    - 《国殇》
    - 《行路难》

- 现代诗文
  - 小说
    - 《白色鸟》
    - 《最后一课》
    - 《故乡》
    - 《祖父》
    - 《我的叔叔于勒》
    - 《小公务员之死》
    - 《孔乙己》
    - 《老人与海》
    - 《沉寂的雪原》
    - 《棋王》
    - 《大战风车》
    - 《铸剑》
    - 《蒙古草原狼》
    - 《品质》
    - 《麦琪的礼物》
    - 《断魂枪》
    - 《探监》
  - 散文
    - 《给我的孩子们》
    - 《在梦的远方》
    - 《从百草园到三味书屋》
    - 《清贫》
    - 《等待》
    - 《给我一点水》
    - 《论趣》
    - 《我的信念》
    - 《金岳霖先生》
    - 《应有格物致知精神》
    - 《长城的价值》
    - 《像山那样思考》
    - 《苏格拉底之死》
    - 《巩乃斯的马》
    - 《汉字之美　妙在多维》
    - 《热爱生命》
    - 《世间最美的坟墓》
    - 《背影》
    - 《过节和观灯》
    - 《听泉》
    - 《贝多芬传》序
- 书信
  - 《给女儿的信》
  - 《家书》
- 寓言
  - 《驴和人的新寓言》
  - 《宽容》序
- 科学小品文
  - 《屎粪蜣》
  - 《小雁鹅》
- 外国诗歌
  - 《孩童之道》
  - 《沙与沫》
  - 《在路易斯安那我看见一株活着的橡树正在生长》
  - 《狗的歌》
  - 《西风颂》
- 中国现代诗歌
  - 《我爱这土地》
  - 《乡愁》
  - 《黄河颂》
  - 《也许》
  - 《再别康桥》
  - 《回延安》
  - 《在寒冷的腊月的夜里》
  - 《金黄的稻束》
  - 《相信未来》
  - 《祖国啊，我亲爱的祖国》

3. 初中数学学科教材知识结构图

数学是研究数量关系和空间形式的科学。数学课程标准将初中课程内容划分为“数与代数”“图形与几何”“统计与概率”“综合与实践”四部分。

“数与代数”的主要内容有数的认识，数的表示，数的大小，数的运算，数量的估计；字母表示数，代数式及其运算；方程、方程组、不等式、函数等。它们都是研究数量关系和变化规律的数学模型，可以帮助人们从数量关系的角度更准确、清晰地认识、描述和把握现实世界。“图形与几何”的主要内容有：空间和平面基本图形的认识，图形的性质、分类和度量；图形的平移、旋转、轴对称、相似和投影；平面图形基本性质的证明；运用坐标描述图形的位置和运动。它的内容主要涉及现实世界中的物体、几何体和平面图形的形状、大小、位置关系及其变换，是人们更好地认识和描述生活空间并进行交流的重要工具。"统计与概率"的主要内容有：收集、整理和描述数据，包括简单抽样、整理调查数据、绘制统计图表等；处理数据，包括计算平均数、中位数、众数、极差、方差等；从数据中提取信息并进行简单的推断；简单随机事件及其发生的概率。它主要研究现实生活中的数据和客观世界中的随机现象，它通过对数据收集、整理、描述和分析以及对事件发生可能性的刻画，来帮助人们做出合理的推断和预测。"综合与实践"是一类以问题为载体、以学生自主参与为主的学习活动。在学习活动中，学生将综合运用"数与代数""图形与几何""统计与概率"等知识和方法解决问题。它能帮助学生综合运用已有的知识和经验，经过自主探索和合作交流，解决与生活经验密切联系的、具有一定挑战性和综合性的问题，以发展他们解决问题的能力，加深对"数与代数""图形与几何""统计与概率"内容的理解，体会各部分内容之间的联系。

我们可以用"知识树"的形式阐述初中学段中"数与代数""图形与几何""统计与概率""综合与实践"4方面的课程内容以及常用的数学思想方法。这里的"数学思想方法"将帮助学生更好地了解初中数学学习中应掌握的有关具体方法、逻辑方法、数学思想方法（见下图）。

从算式到方程是数学的一大进步。在新课标指导下的整个初中数学知识体系中，方程类的知识螺旋上升地贯穿于教学的始终。在前两个学段中，学生仅仅就方程的形式有一个简单地认识，初步接触有未知量参与的问题分析形式，它的解法仅限于逆运算之下。在初中学段，我们先后要解决一元一次方程、二元一次方程、二元一次方程组、一元二次方程以及可化为一元一次方程的分式方程的概念、解法与应用的问题。同时，一元一次不等式、一元一次不等式组以及系列函数的相关知识都是以方程为依据进行类比学习或者是进行相应的知识扩充。所以，方程的教学是初中学段数学教学的重中之重。它是初中数学代数知识的重要根基，它的运用辐射到初中数学的全部，同时也是学好高中学段数学知识的绝对基础。我们提出的"一讲三化策略教学模式"改革，其目的就是将同类知识进行归类，探讨同类知识的解决策略。方程是一个很系统的知识，贯穿于初中数学教学知识体系之中，因此我们秉承了大单元教学模式的精华，在不打乱教学

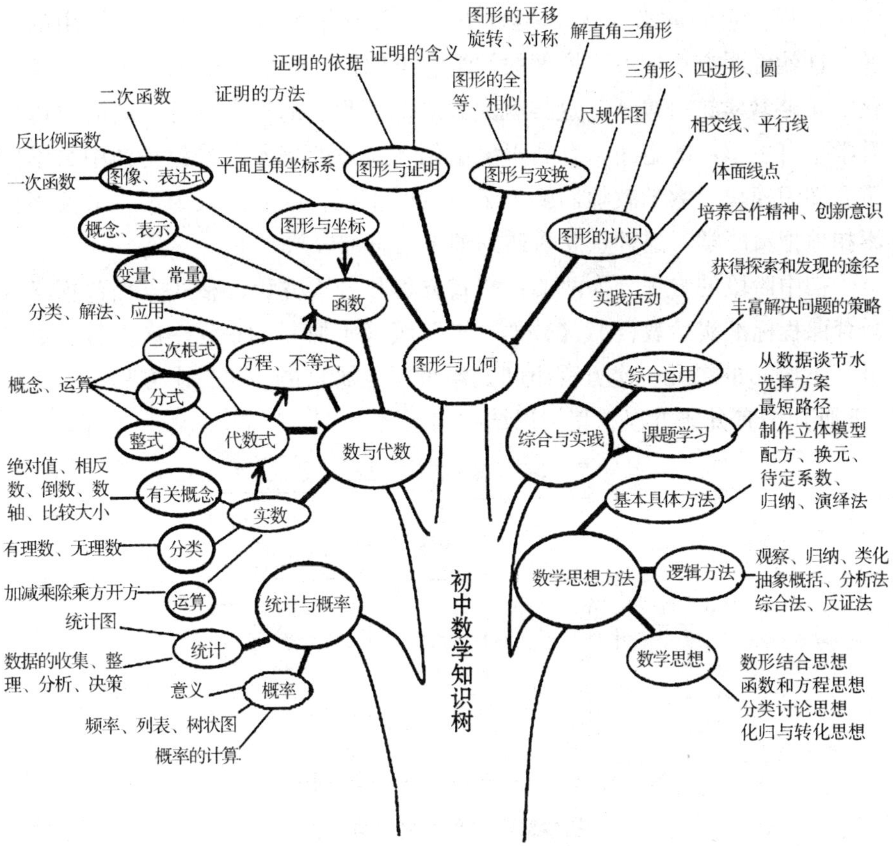

初中数学教材知识结构图

顺序、不大幅整合教材的前提下，要求所有数学教师对整个初中学段的人教版教材进行模块化综述。所以，每位数学老师在进入初一数学教学前，都依托初三复习的理念对各个模块进行整体的设计与规划。

限于教材螺旋式上升的编排结构，可能使知识的短期密集结构无法迅速形成。但是，作为数学教师我们应该看到这些确实存在的问题，这就要求我们在具体的教学实践中不仅要构建好本节、本章的知识结构体系，同时还要在课堂教学中留有足够的思考空间以备拓展。我们在完成本节知识的教学要求的前提下，要对学生的跃升式思考方式留有余地，或者进行预留式设计。这也就是说：构建以方程为核心的知识结构时，要留有足够的知识拓展空间，当下一个方程的知识即将形成时可以顺利而合理纳入到这一知识体系之中。同时，方程的教学也有其内在的规律可循，以利于我们教学效率的提高。无论是一元一次方程还是二元一次方程组，抑或是一元二次方程，它们的教学无非是解决：定义及相关概念、解法、应用的问题。这就说明方程的不同梯度的教学有类比性，能更好地适用于“一讲三化”策略教学这一模式，这样就大大降低了我们的教学难度，同时可以提升学生自主学习的空间，有利于学生创新能力的培养。方程是初中数学的重要知识模块，数学教师们要给予高度的重视，既要以人为本，又要不折不扣地把策略学习这种理念渗透到学生的思维方法之中。

初中阶段的方程分为两类：整式方程和分式方程。整式方程包括义务教育课程标准实验教科书《数学》七年级（上册）的一元一次方程，七年级（下册）的二元一次方程组和九年级（上册）的一元二次方程；八年级（下册）中有分式方程。其知识结构如下图：

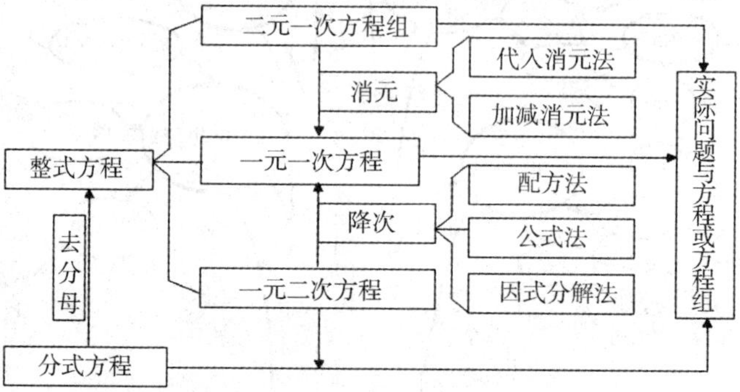

初中数学方程类知识结构图

《数学课程标准》对于方程类知识的学习目标指出：让学生经历“把实际问题抽象为数学方程”的过程，体会方程是刻画现实世界的一种有效的数学模型，了解方程及其相关概念，认识从算式到方程是数学的进步。了解解方程的基本目标（使方程逐步转化为 $x=a$ 的形式），熟悉解方程的一般步骤，掌握方程的解法，体会解法中蕴涵的化归思想。能够“找出实际问题中的已知数和未知数，分析它们之间的关系，设未知数，列出方程表示问题中的等量关系”，体会建立数学模型的思想。通过探究实际问题与方程的关系，进一步体会利用方程解决问题的基本过程（见下图），感受数学的应用价值，提高分析问题、解决问题的能力。

初等代数是中学数学课程的主要内容，而初等代数研究的最主要内容就是方程函数思想。所以说方程和函数有着密切的联系，我们可以利用方程（组）解决函数问题。也可以利用函数解决方程（组）的问题。例如：二次函数的一般形式是 $y=ax^2+bx+c$（$a\neq0$），而一元二次方程的一般形

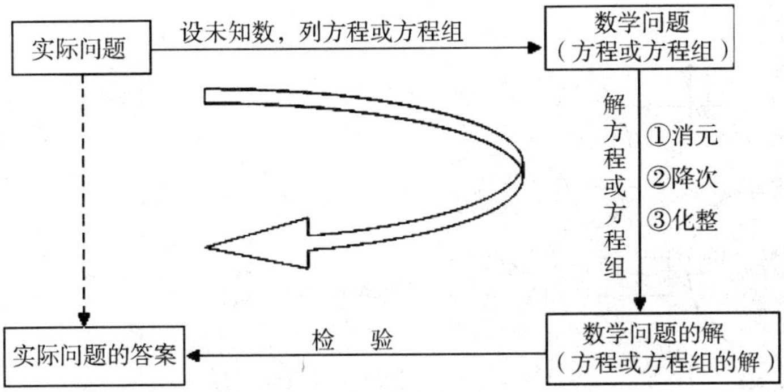

式是 $ax^2+bx+c=0$（$a\neq0$）。显然，当二次函数 $y=ax^2+bx+c$（$a\neq0$）中 $y=0$ 时就能得到一元二次方程 $ax^2+bx+c=0$（$a\neq0$），所以一元二次方程与二次函数是特殊与一般的关系。

方程思想是从问题的数量关系入手，运用数学语言将问题中的条件转化为数学模型，然后通过解方程来使问题获解。函数思想则指导我们运用函数的概念和性质去分析问题、转化问题和解决问题。在数学教学中，经常要实现函数与方程的互相转化、接轨，达到解决问题的目的。笛卡儿的方程思想是：实际问题→数学问题→代数问题→方程问题。我们知道，哪里有等式，哪里就有方程；哪里有公式，哪里就有方程；求值问题是通过解方程来实现的……方程函数思想是初中数学的核心内容，也是打好数学基础的关键，函数和方程相辅相成、共同促进人们对数学知识的深入了解和掌握，学好数学，我们始终都要具备这样一种融合各种知识、各类方法的意识和能力。因此，我们可以用知识树的形式展现方程和函数之间的关系（如下图）。

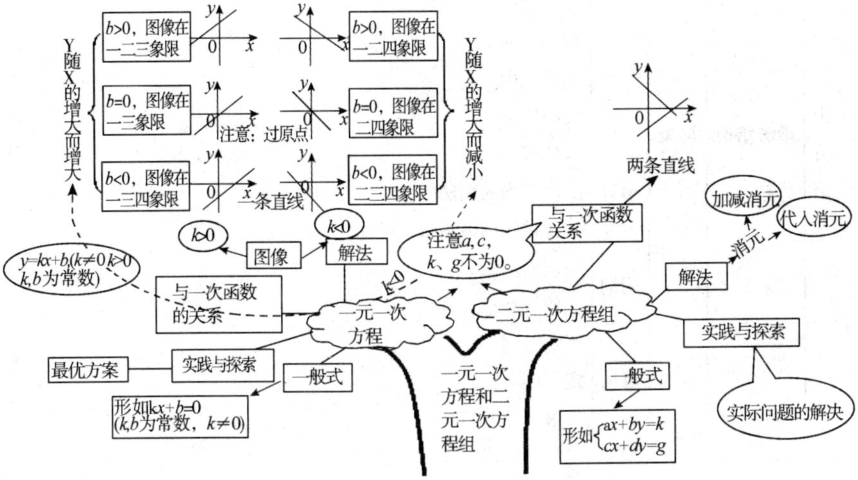

一元一次方程（组）和一次函数之间的关系结构图

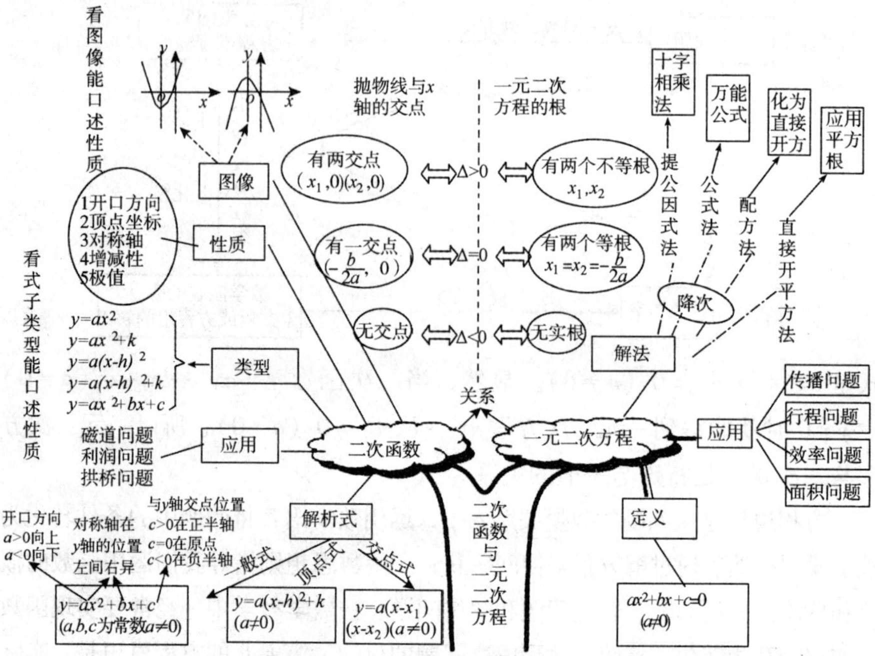

一元二次方程和二次函数之间的关系结构图

4. 初中英语学科教材知识结构图

- 初中英语
  - 语法结构
    - 词类
      - 名词
        - 名词的数
        - 名词的格
      - 代词
        - 人称代词
        - 物主代词
        - 反身代词
        - 指示代词
        - 不定代词
        - 疑问代词
      - 形容词
        - 位置
        - 形容词的用法
        - 比较级和最高级
      - 副词
        - 副词的用法
        - 比较级和最高级
      - 冠词
        - 不定冠词
        - 定冠词
        - 零冠词

- 初中英语
  - 语法结构
    - 词类
      - 动词
        - 动词的时态
          - 一般现在时
          - 一般过去时
          - 一般将来时
          - 现在进行时
          - 过去进行时
          - 现在完成时
          - 过去完成时
        - 动词的语态——被动语态
        - 非谓语动词
          - 不定式
          - 分词
          - 动名词
        - 连系动词
        - 助动词
        - 情态动词
        - 短语动词
        - 行为动词的及物性和不及物性
      - 数词
      - 介词
      - 连词
    - 句子
      - 句子的种类
        - 疑问句——
          - 一般疑问句
          - 特殊疑问句
          - 反义疑问句
        - 祈使句
        - 感叹句
        - There be 结构
      - 句子的成分
      - 主谓一致
      - 复合句
        - 名词性从句——宾语从句
        - 定语从句
        - 状语从句
      - 简单句
      - it 的用法
      - 倒装结构
  - 交际
    - 问候
    - 感谢和应答
    - 祝愿、祝贺和应答
    - 道歉、遗憾和应答
    - 提供（帮助等）和应答
    - 请求、允许和应答
    - 劝告和建议
    - 问路和应答
    - 问时间、日期和应答
    - 打电话
  - 语音拼写
  - 话题及语法分布
    - 七年级上
      - ①交朋友（个人信息）——be 动词的用法
      - ②确认物品归属——形容词性物主代词用法
      - ③介绍家人——名词复数、代词用法
      - ④谈论物品位置——介词用法
      - ⑤谈论拥有的运动物品及与朋友共度时光——名词复数、have、let's 用法
      - ⑥谈论对食物的好恶——名词复数及行为动词一般现在时的使用
      - ⑦购物——特殊疑问词 how much 用法
      - ⑧日期——疑问词 when 用法
      - ⑨电影——名词复数、连词 and/but 用法
      - ⑩加入俱乐部——情态动词 can 用法
      - ⑪日常活动——时间表达法、行为动词用法
      - ⑫谈论喜爱的学科及原因——why/because 用法

话题及语法分布

七年级下
- ①谈论国家、国籍、语言、居住地——一般现在时特殊问句
- ②问路指路——there be 结构
- ③描述动物、表达喜好——why/because 问答
- ④职业——want to be 及特殊疑问句
- ⑤正在发生的动作——现在进行时
- ⑥天气——现在进行时及描述天气形容词用法
- ⑦人物外貌——be/have 区别，with 用法
- ⑧点餐——would like 用法
- ⑨上周末活动——一般过去时（重点 be 动词）
- ⑩假日与假期——一般过去时
- ⑪流行文化——what do you think of
- ⑫校规家规——祈使句

八年级上
- ①日常活动及频率——How often 特殊问句
- ②谈论健康、疾病、给出建议——情态动词 should 用法
- ③假期计划——现在进行时表示将来
- ④交通方式——How 引导的特殊疑问句，by 用法
- ⑤接受或拒绝邀请——情态动词用法
- ⑥对比人物异同——形容词比较级的用法
- ⑦描述做事的程序——时间副词用法
- ⑧学校郊游——一般过去时用法
- ⑨你所崇拜的名人——时间状语从句
- ⑩理想——be going to 结构
- ⑪家务杂事——could 委婉请求
- ⑫你的家乡——形容词最高级

八年级下
- ①对未来的预测——一般将来时的用法
- ②谈烦恼、提建议——情态动词用法
- ③谈论过去的事——过去进行时
- ④转述他人的话——间接引语
- ⑤逻辑推理、做决定——if 引导的条件状语从句
- ⑥谈爱好、收藏——现在完成进行时
- ⑦提出请求、表示歉意；——would you mind doing
- ⑧送礼物，对比不同事物——why don't you/what about 结构
- ⑨过去经历——现在完成进行时
- ⑩闲谈——反义疑问句

九年级
- ①怎样学习——How 引导的特殊疑问句，by doing 用法
- ②谈论今昔变化——used to do something
- ③谈论规则——被动语态（modal verbs）
- ④谈论假想情况——简单的虚拟语气表达
- ⑤做出推断——情态动词 might，could 用法
- ⑥表达对音乐的喜好——Relative clauses with that ，who，which，where
- ⑦谈论喜欢参观的场所——I hope，I'd love to，I prefer
- ⑧志愿者活动——phrasal verbs
- ⑨谈论发明——被动语态（一般过去时）
- ⑩叙述过去经历——过去完成时
- ⑪问路、指路——宾语从句（特殊疑问句作宾语）
- ⑫谈论习俗——be supposed to do 结构
- ⑬谈论感受——make 的不同用法
- ⑭为假期做准备——现在完成时
- ⑮保护环境——复习不同时态语态

5. 初中物理学科教材知识结构图

物理教学内容概括起来可分为，物理事实、物理概念、物理定律。物

理概念是人们对经验事实分析、归纳而得到的抽象认识，它反映了事物某一本质特征，他们之间规律性的联系，就形成物理定律，可见物理概念是物理内容的核心和基石。

物理概念的定义方法有多种，其中比值定义法是指，将某一物理量作为分子、将另一物理量作为分母，把两者比值定义为新的物理量。比值定义物理概念的最大特点是：被定义的量与定义它的物理量无关，如用电压和电流来定义电阻，但电阻与其两端的电压和通过的电流无关。在初中阶段涉及比值定义法的物理概念如下图。

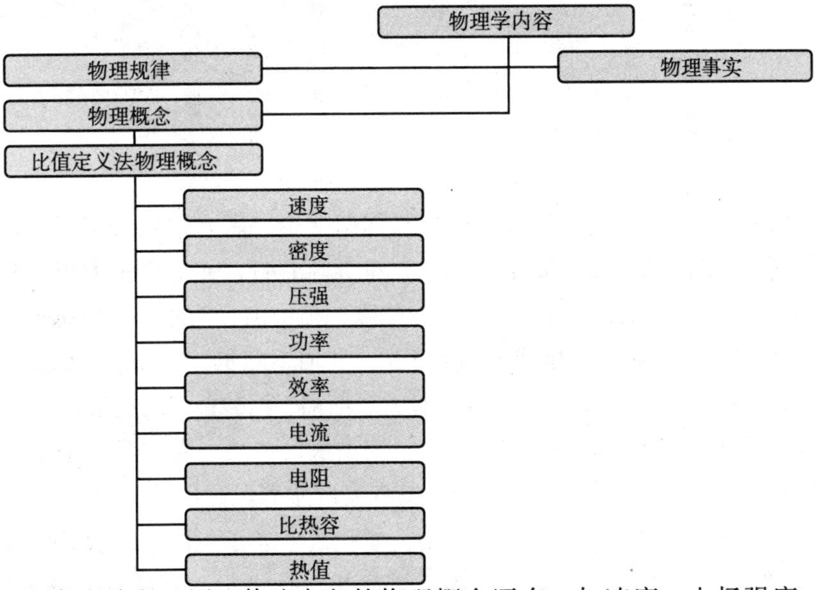

在高中阶段，用比值法定义的物理概念还有：加速度、电场强度、电压、电容、电感、电动势、磁感应强度、折射率等。也就是说，所有用比值法定义的概念学习学习方法是相似的。

6. 初中历史学科教材知识提纲

初中历史学科共六册教科书，包括中国历史和世界历史两部分内容，六个学习板块，大体结构：

- 初中历史
  - 中国历史
    - 中国古代史
    - 中国近代史
    - 中国现代史
  - 世界历史
    - 世界古代史
    - 世界近代史
    - 世界现代史

为了便于“一讲三化”策略教学的实施，结合课程标准的要求，我们将初中历史学科知识大致分为三类：历史人物类、历史事件类、历史现象类。

（1）历史人物类。

历史人物类

- 政治家（秦始皇、汉武帝等）
- 军事家（孙武、孙膑等）
- 思想家（孔子、伏尔泰等）
- 科学家（祖冲之、牛顿等）
- 文学家（屈原、莎士比亚等）
- 艺术家（关汉卿、达芬奇等）
- 改革家（商鞅、明治天皇等）
- 军事将领（左宗棠、叶挺等）
- 民族英雄（郑成功、杨靖宇等）
- 发明家（张衡、瓦特等）

①政治家：如秦始皇、汉武帝、北魏孝文帝、唐太宗、武则天、唐玄宗、松赞干布、宋太祖、耶律阿保机、完颜阿骨打、元昊、明太祖、明成祖、努尔哈赤、皇太极、康熙、雍正、乾隆、孙中山、毛泽东、周恩来、邓小平；凯撒、屋大维、克伦威尔、华盛顿、罗伯斯庇尔、拿破仑、林肯、亚历山大二世、明治天皇、列宁、斯大林、罗斯福、尼赫鲁、尼克松等。

②军事家：如孙武、孙膑、卫青、霍去病、曹操、左宗棠、朱德、彭德怀；亚历山大、华盛顿、拿破仑、艾森豪威尔等。

③思想家及思想运动的代表人物：如孔子、老子、墨子、孟子、韩非子、董仲舒、魏源、严复、康有为、梁启超、孙中山、陈独秀、李大钊、鲁迅、胡适；伏尔泰、马克思、恩格斯、但丁、达·芬奇、莎士比亚等。

④科学家（发明家、医学家、地理学家、农学家等）：如扁鹊、蔡伦、张衡、华佗、张仲景、祖冲之、贾思勰、郦道元、僧一行、孙思邈、沈括、郭守敬、李时珍、徐光启、徐霞客、李善兰、徐寿、华衡芳、华罗庚、李四光、侯德榜、邓稼先、袁隆平；阿基米德、亚里士多德、牛顿、达尔文、爱因斯坦、爱迪生等。

⑤文学家（史学家）：如屈原、司马迁、曹操、建安七子、李白、杜甫、白居易、司马光、苏轼、李清照、辛弃疾、文天祥、关汉卿、汤显祖、罗贯中、施耐庵、曹雪芹、鲁迅、郭沫若、丁玲、赵树理；荷马、索福克勒斯、但丁、莎士比亚、列夫·托尔斯泰、泰戈尔、罗曼·罗兰等。

⑥艺术家：如王羲之、顾恺之、颜真卿、柳公权、阎立本、吴道子、

赵孟頫、张择端、关汉卿、汤显祖、徐渭、郑板桥（扬州八怪）、徐悲鸿、聂耳、冼星海；达·芬奇、贝多芬、梵高、毕加索等。

⑦改革家：如管仲、商鞅、北魏孝文帝、王安石、康有为、梁启超、邓小平；伯利克里、孝德天皇、查理马特、亚历山大二世、明治天皇、列宁、罗斯福等。

⑧军事将领：如项羽、蒙恬、谢玄、岳飞、李秀成、左宗棠、邓世昌、朱德、陈毅、贺龙、林彪、罗荣桓、刘伯承、粟裕、谭震林、叶挺、张学良、杨虎城、杨靖宇、佟麟阁、赵登禹、彭德怀、李宗仁、傅作义等。

⑨民族英雄：如戚继光、郑成功、渥巴锡、林则徐、关天培、左宗棠、邓世昌、杨靖宇、佟麟阁、赵登禹、李宗仁、黄继光、邱少云等。

⑩发明家（工匠、技师）：如鲁班、李冰、李春、毕升、詹天佑、王进喜；哈格里夫斯、瓦特、史蒂芬孙、卡尔·本茨、莱特兄弟等。

除此之外，还有许多类型，不再一一列举。

（2）历史事件类，如政权的建立、经济、军事、改革、革命、思想、战争（战役）、民族关系、国家统一、外交等，其中有些知识相互交融，并不能清晰地把它归为某类，只能单独列为一类。

历史事件类

- 政权的建立类（西汉的建立、西欧封建国家等）
- 经济类（土地改革、经济大危机等）
- 改革类（北魏孝文帝改革、明治维新等）
- 革命或运动类（辛亥革命、美国独立战争等）
- 思想类（新文化运动、文艺复兴等）
- 军事（战争）类（秦灭六国、第二次世界大战等）
- 民族关系类（张骞两次出使西域、岳飞抗金等）
- 外交类（郑和下西洋、中美关系正常化等）
- 国家统一类（隋统一全国、港澳回归等）
- 会议类（中共一大、十一届三中全会等）

①政权的建立类：夏商西周的兴起与衰亡、秦灭六国、西汉的建立、三国（魏蜀吴）的建立、两晋、南北朝、隋、唐、辽宋夏金、元、明清、中华民国、中华人民共和国的建立；古埃及、古巴比伦、古印度、古希腊、古罗马、西欧封建国家、苏俄、苏联的建立等。

②经济类：都江堰的修建、开凿大运河、土地改革、第一个五年计划；工业革命、第二次科技革命、新经济政策、苏联两个五年计划、经济大危机、马歇尔计划、世界贸易组织的成立、第三次科技革命等。

③改革类：商鞅变法、北魏孝文帝改革、王安石变法、戊戌变法、土地改革、三大改造、改革开放；伯利克里改革、马丁·路德改革、大化改新、俄国1861年改革、明治维新、新经济政策、罗斯福新政、赫鲁晓夫改革、匈牙利改革等。

④革命或运动类：陈胜吴广起义、太平天国运动、义和团运动、辛亥革命、中国新民主主义革命；英国资产阶级革命、美国独立战争、法国大革命、印度民族大起义、南美的民族独立战争、美国南北战争、英国宪章运动、法国巴黎公社、俄国二月革命、俄国十月革命等。

⑤思想类：焚书坑儒、罢黜百家独尊儒术、八股取士、文字狱、新文化运动、关于真理标准问题的讨论；文艺复兴、启蒙运动等。

⑥军事（战争）类：商汤灭夏、武王伐纣、秦灭六国、陈胜吴广起义、楚汉战争、西汉北击匈奴、隋末农民战争、岳飞抗金、戚继光抗倭、鸦片战争、第二次鸦片战争、甲午中日战争、八国联军侵华战争、北伐战争、抗日战争、解放战争、抗美援朝战争；布匿战争、希波战争、亚历山大东征、斯巴达克起义、美国独立战争、拿破仑对外战争、美国南北战争、普法战争、第一次世界大战、第二次世界大战、亚非拉美的独立战争、中东战争、科索沃战争等。

在这些战争中又发生了许多著名的战役，如牧野之战、巨鹿之战、漠北战役、官渡之战、赤壁之战、淝水之战、郾城大捷、靖难之役、雅克萨自卫反击战、黄海大战、廊坊战役、武昌起义、汀泗桥贺胜桥战役、武昌战役、南昌起义、秋收起义、平型关大捷、台儿庄战役、百团大战、挺进大别山、辽沈战役、淮海战役、平津战役、渡江战役、上甘岭战役；来克星顿的枪声、萨拉托加大捷、凡尔登战役、莫斯科保卫战、日本偷袭珍珠港、斯大林格勒战役、诺曼底登陆、柏林战役等。

⑦民族关系类：张骞两次出使西域、西域都护设立、开辟丝绸之路、昭君出塞、班超出使西域、文成公主入藏、金城公主入藏、澶渊之盟、岳飞抗金、文天祥抗元、各朝加强对西藏的管辖等。

⑧外交类：鉴真东渡、玄奘西游、郑和下西洋、万隆会议、和平共处五项原则的提出、恢复中国在联合国的合法席位、中美关系正常化、中日

建交、上海亚太经合组织会议、中国加入世界贸易组织等。

⑨国家统一类：秦灭六国、隋统一全国、郑成功收复台湾、抗击沙俄入侵黑龙江流域、平定大小和卓叛乱、和平解放西藏、港澳回归、海基会海协会成立、九二共识、汪辜会谈等。

⑩会议类：中共一大、遵义会议、中共七大、第一届中国人民政治协商会议、第一届全国人民代表大会、中共八大、十一届三中全会、中共十二大、中共十三大、中共十四大、中共十五大；巴黎和会、华盛顿会议、慕尼黑阴谋、26 国华盛顿会议、雅尔塔会议、万隆会议、上海亚太经合组织会议。

除此之外还有其他类知识：

如兵变事变：陈桥兵变、九一八事变、西安事变、七七事变、八一三事变；叛乱：七国之乱、八王之乱、安史之乱、大小和卓叛乱；谈判类的事件：西安事变谈判、重庆谈判、和平解放西藏谈判等。

（3）历史现象类

历史现象类

- 三国鼎立
- 金与南宋的对峙
- 海峡两岸的交往
- 大河流域的文明
- 文艺复兴
- 工业革命
- 经济危机
- 美苏争霸
- 思想解放运动
- 经济全球化

原始人的群居生活、氏族公社、青铜文明、百家争鸣、春秋五霸、战国七雄、中央集权的加强、文景之治、三国鼎立、南北朝对峙、五胡内迁、贞观之治、开元盛世、金与南宋的对峙、江南的开发、北方民族大融合、“机户出资、机工出力”、鸦片走私、师夷长技、军阀割据、国共合作与分裂、海峡两岸的交往、“百花齐放、百家争鸣”的局面；大河流域的文明、宗教的兴起、城市的兴起、文艺复兴、新航路的开辟、英国的圈地运动、殖民掠夺、三角贸易、资产阶级革命与改革、工业革命、蒸汽时代、电气时代、信息化社会、宗教改革、垄断组织的出现、军事集团的形成和战争、无产阶级的斗争、经济危机、法西斯势力的猖獗、思想解放运动、东欧剧变、苏联解体、美苏争霸、政治多极化、经济全球化等。

历史人物、历史事件、历史现象有各自的特点，但并不是截然分开的，它们之间存在着交叉、包容的关系，我们在学习时应注意看问题的角度，而不能将它们割裂开来。

7. 小学语文学科教材知识结构图

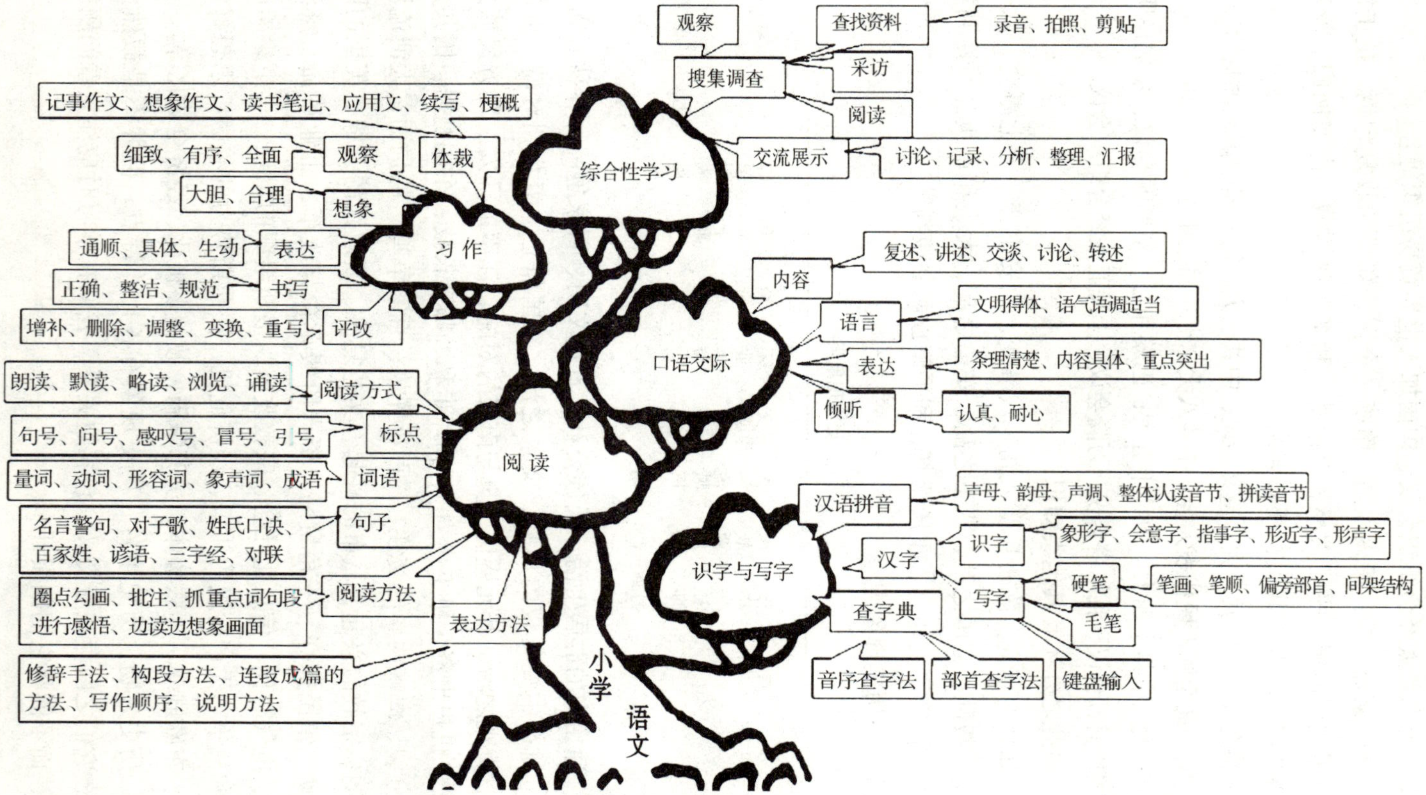

小学语文长春版教材知识结构图

小学语文长春版教材知识结构图

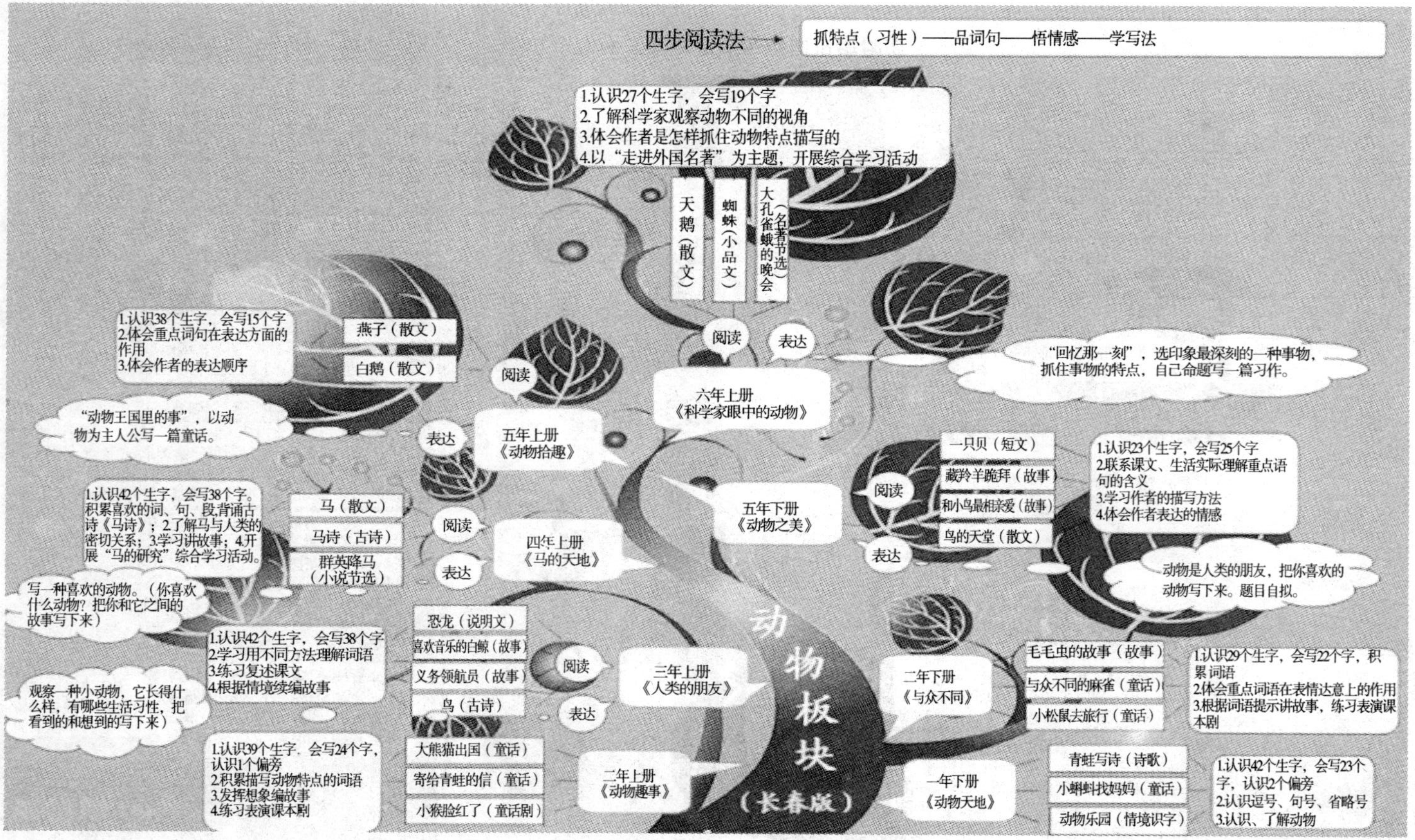

小学语文长春版教材“动物板块”教材知识结构图

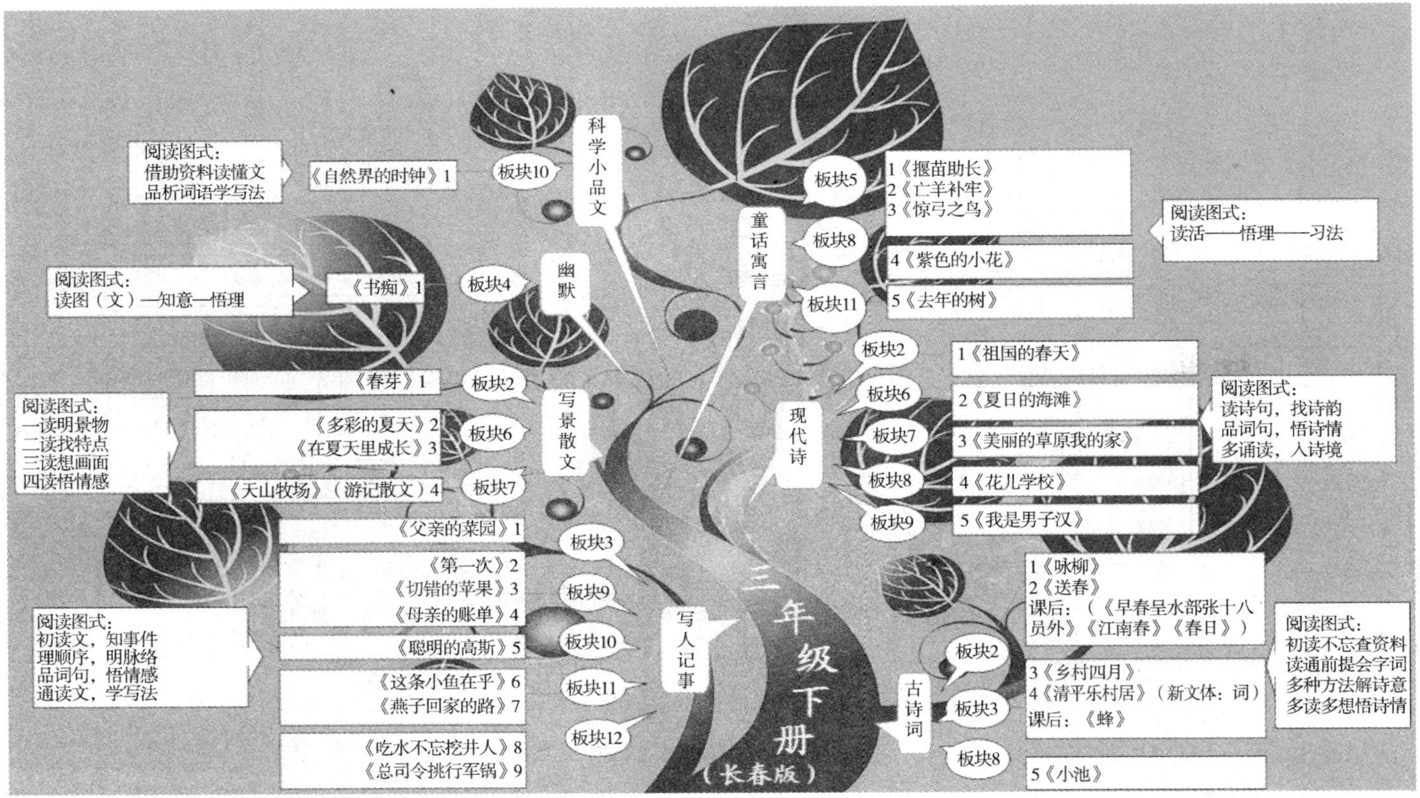

小学语文长春版教材“三年级下册”教材知识结构图

8. 小学数学学科教材知识结构图

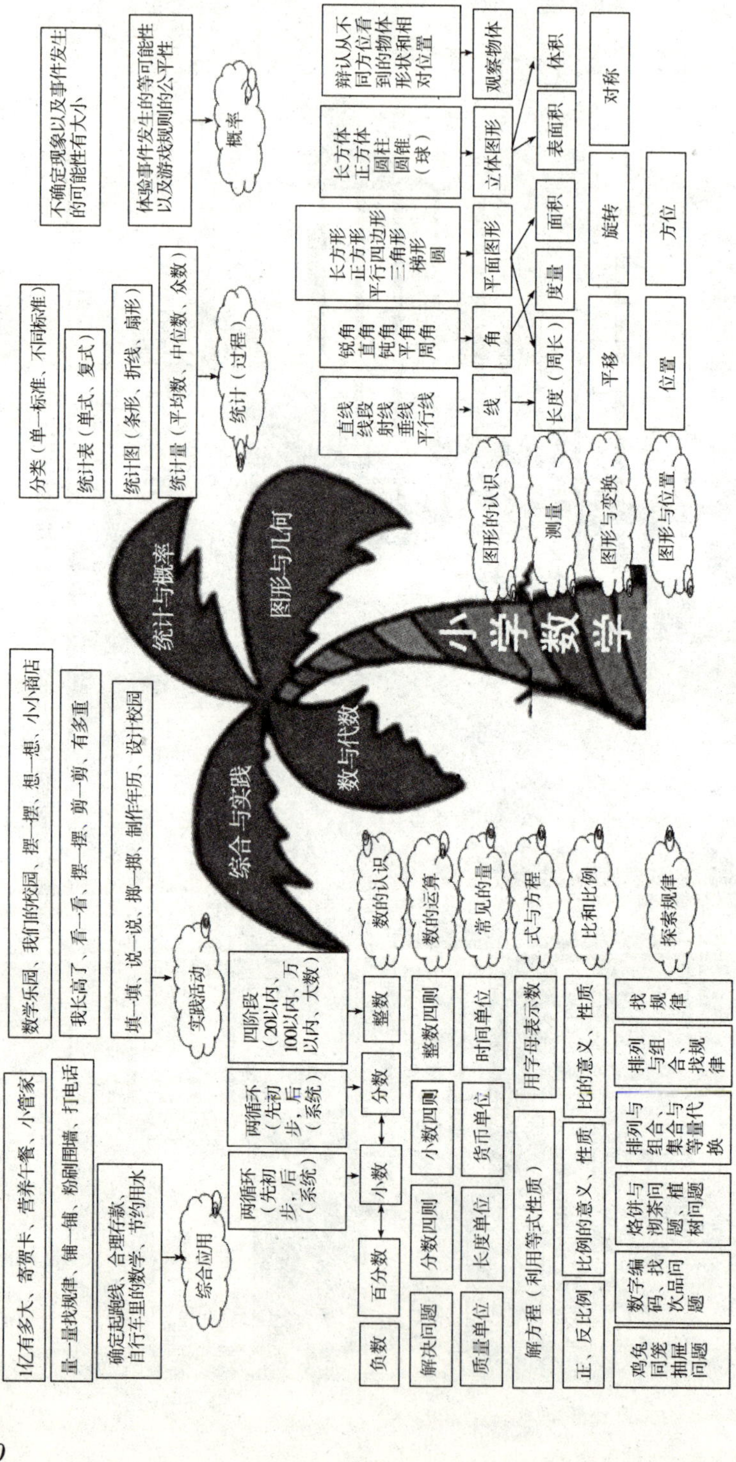

小学数学整套教材知识结构图

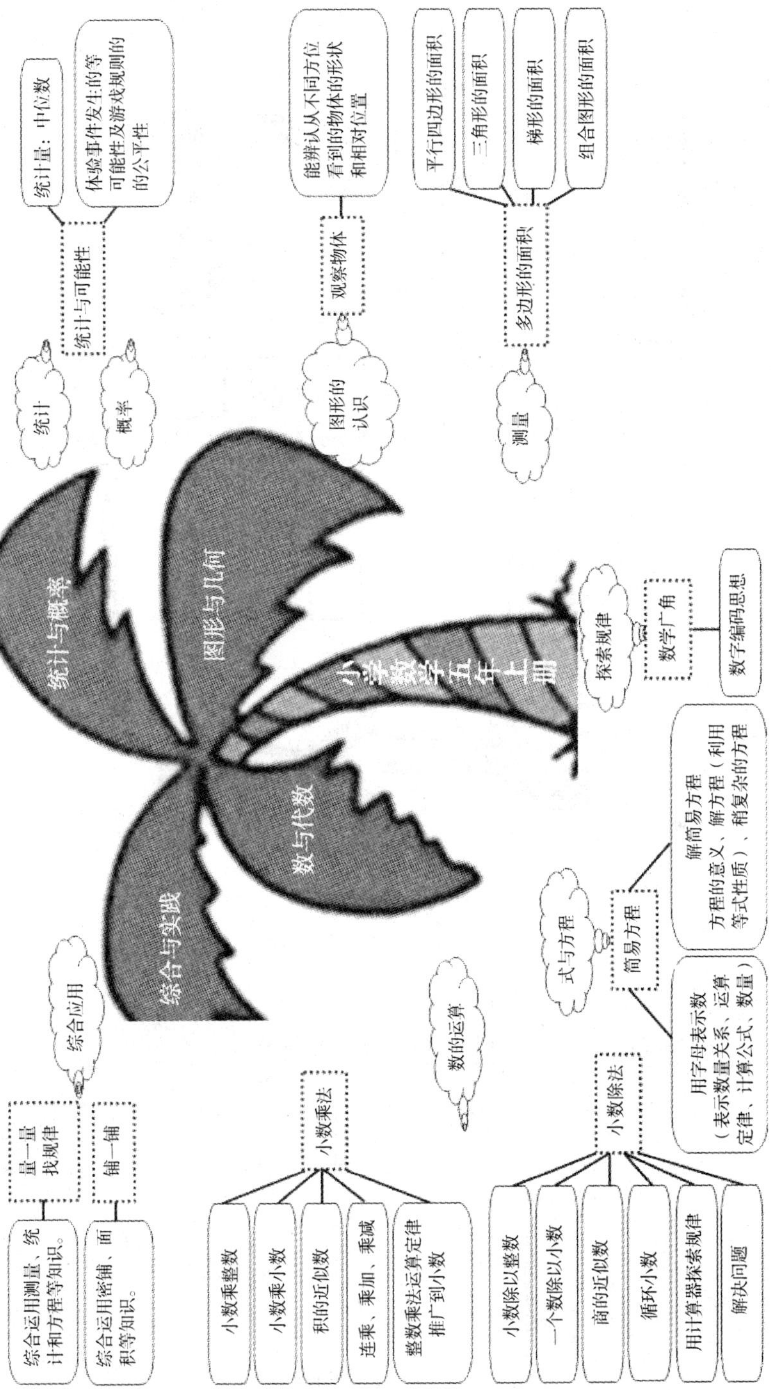

小学数学五年上册教材知识结构图

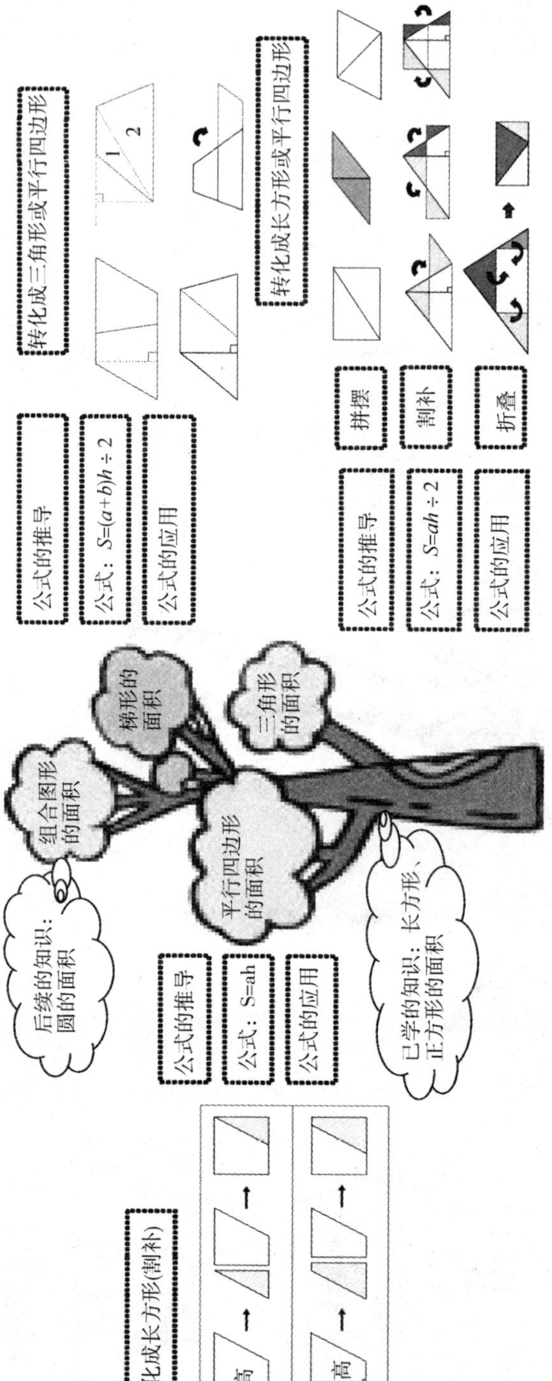

小学数学五年上册第五单元教材知识结构图

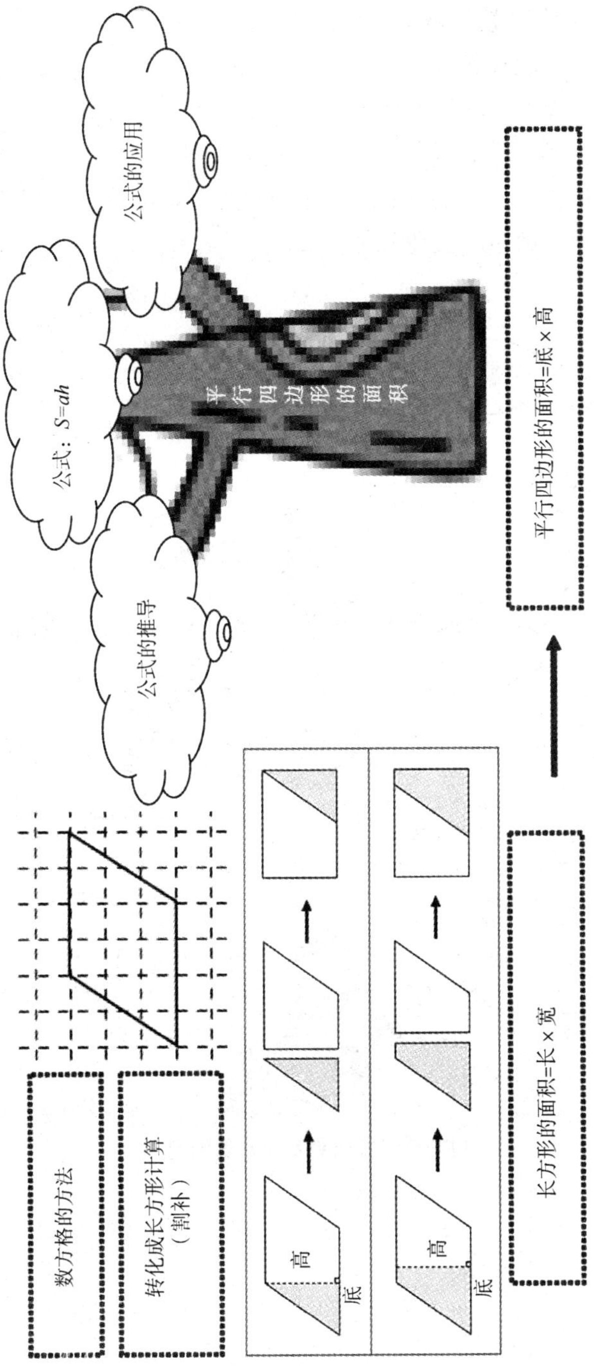

小学数学五年上册第五单元《平行四边形的面积》教材知识结构图

9. 小学英语学科教材知识结构图

PEP 小学英语教材按单元设计编写，每册书共 6 个单元，2 个复习单元。每单元分"A、B、C"3 个部分，12 页。复习单元为 6 页。教材 1 ~ 2 页为主情境图，呈现的是本单元的教学内容；教材 3 ~ 8 页为 A、B 部分，包括字母、词汇、对话、阅读；教材 9 ~ 12 页为 C 部分，包括任务型活动、检测与综合练习、故事、文化和歌曲。

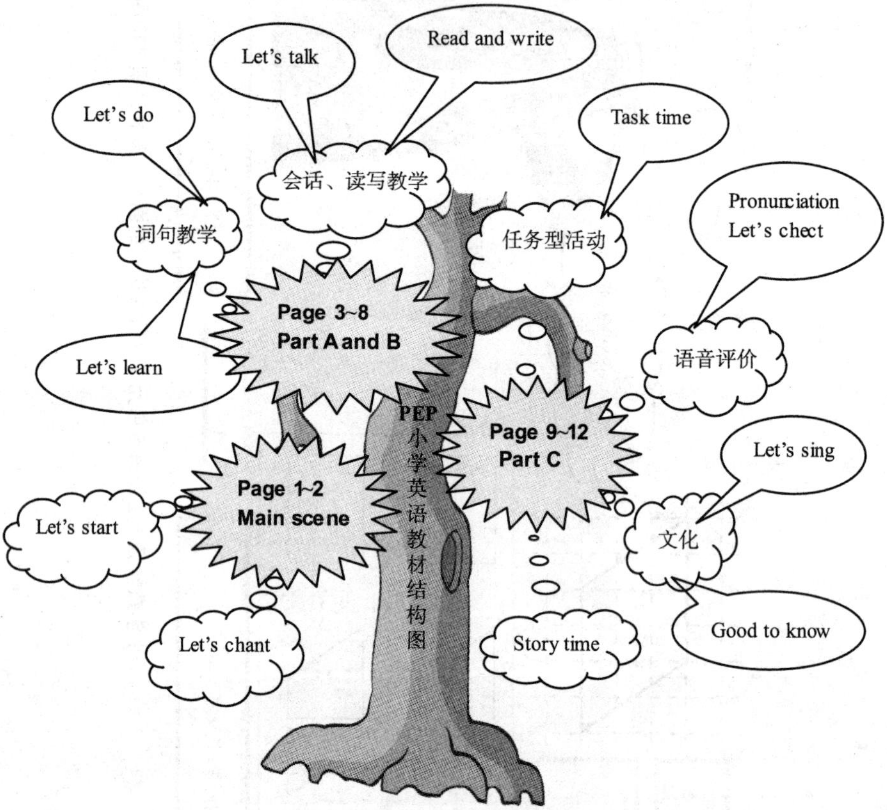

PEP 小学英语教材编写结构图

PEP 小学英语教材供三年级起始用，这套教材共 8 册，每学期一册。语言知识包括语音、语法、词汇、功能和话题五个部分，其中语音要求掌握字母、音标及字母组合的读音；语法要求掌握名词的数，动词的时态和简单句的基本句型；词汇要求掌握 700 个词、50 个词组；功能要求掌握教材所有话题的主要句型；话题共有 15 个。

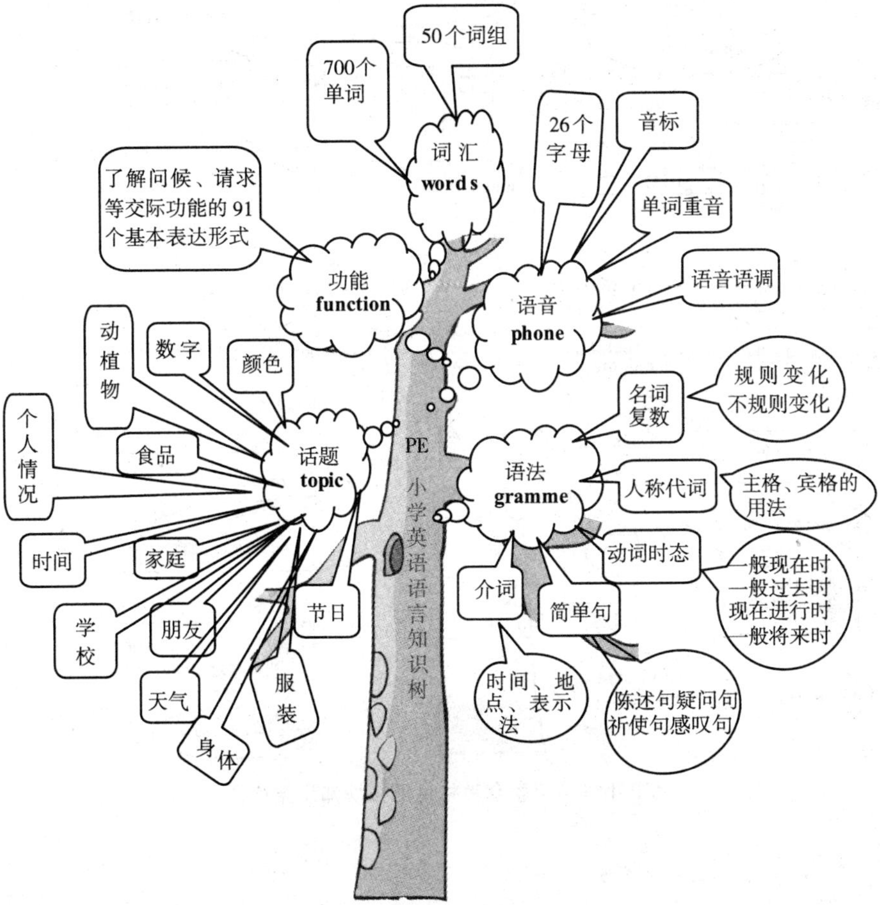

PEP 小学英语整套教材知识结构图

PEP小学英语教材共8册，46个教学单元，16个复习单元。共有739个词汇，59个短语。其中有314个单词要求学生能够听懂、会说和认读，有425个单词要求学生能够听、说、读和写。词汇教学要求在情景会话中呈现单词，要融词汇教学与语言交际中。

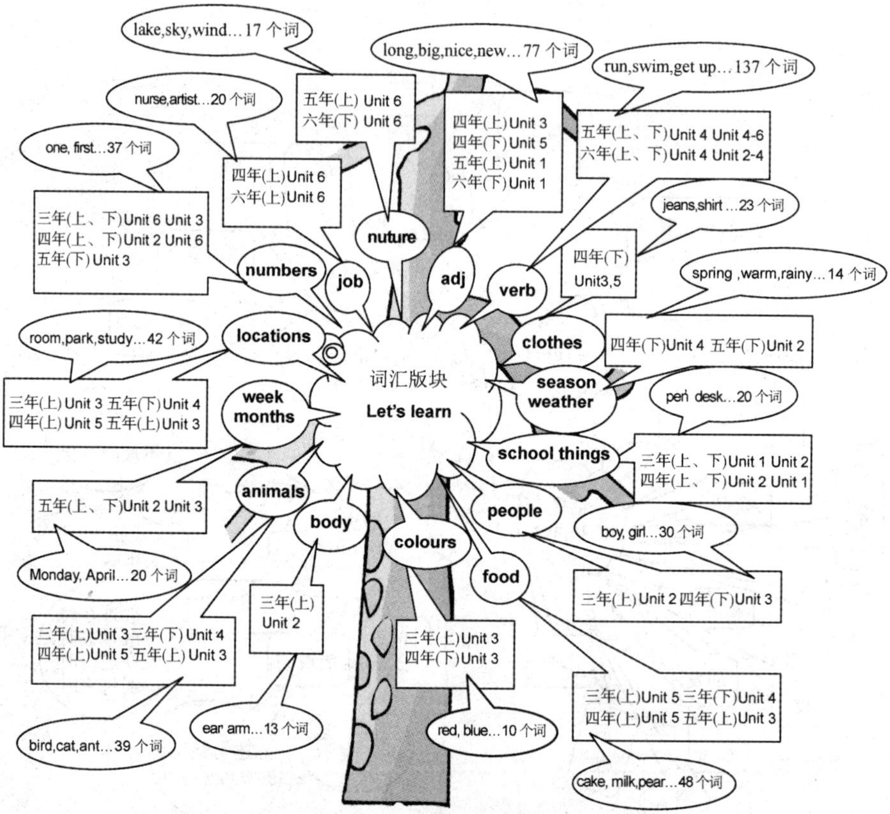

PEP小学英语整套教材词汇板块知识结构图

PEP 小学英语六年级上册教材教学内容呈板块性设计，共分 6 个教学单元。第一单元的话题是交通方式（traffic）；第二单元的话题是地点和方位（locations and direction）；第三单元的话题是谈论做某事（spare time activities）；第四单元的话题是关于爱好（hobbies）；第五单元的话题是谈论职业（jobs）；第六单元的话题是雨的形成（water cycle）。全册教材学习词汇 195 个，重点句型 19 个，阅读材料 12 篇。语法项目 be going to do 结构、动词单数第三人称的疑问句形式。具体内容以知识树形式呈现如下：

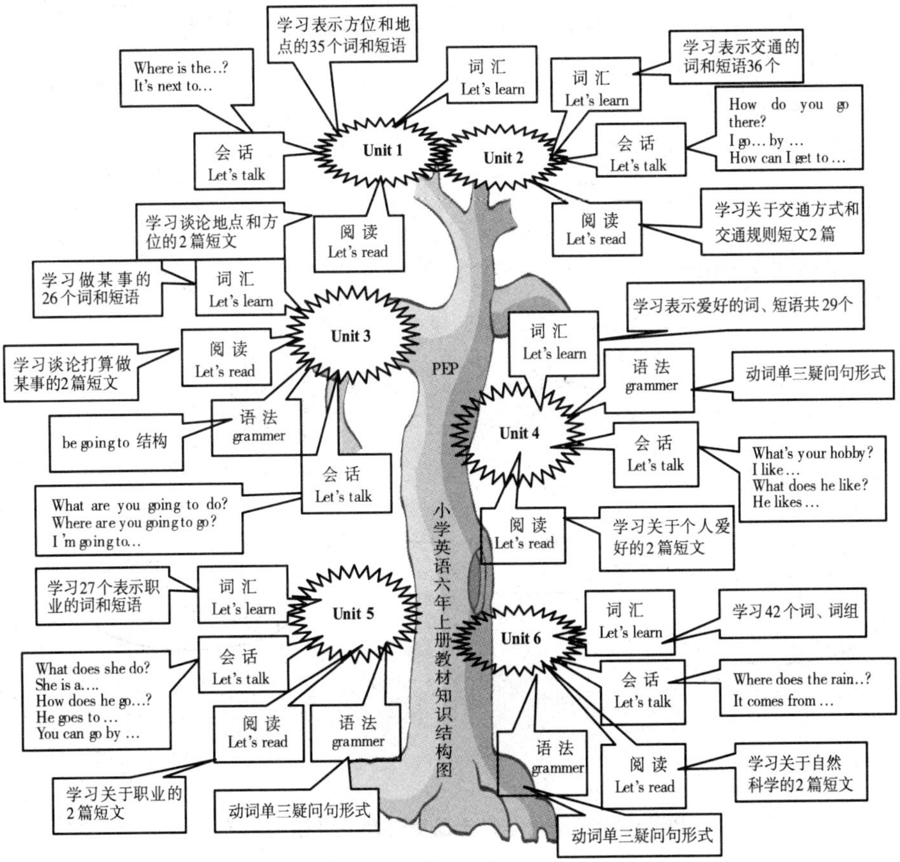

PEP 小学英语六年级（上册）教材知识结构图

Unit 1 How Do You Go There? 第一单元的题目是《你怎样去那里》，话题是交通方式，教学内容分 A、B、C 三个部分，其中 A、B 部分为必修课程，C 部分为选修课程。A、B 部分教学内容包括词汇、会话、阅读，重点学习 12 个表示交通方式和交通规则的词组，4 个主要句型，两篇关于交通方式和规则的阅读材料。C 部分选学内容包括语音、文化和趣味阅读。教师可以根据学生的实际情况进行删减和补充，具体内容呈现如下：

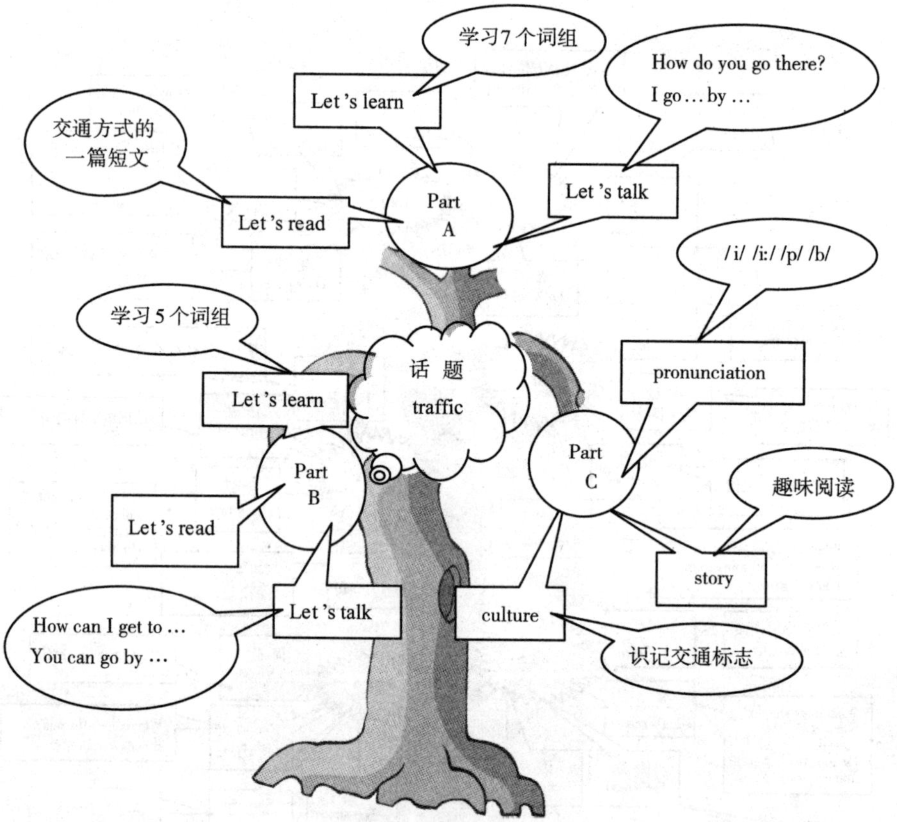

PEP 小学英语六年级上册第一单元知识结构图

Unit 1 A Let's learn（词汇教学）本节课是六年级（上册）第一单元第一课时——词汇教学，教学内容为听、说、认读表示交通方式的短语 by plane，by ship，by subway；听、说、读、写表示交通方式的短语 on foot，by bike，by bus，by train；学习 2 个对出行方式问答的句型，要求掌握并在生活中能够运用；一首歌谣要求知其意并朗朗上口，具体内容呈现如下：

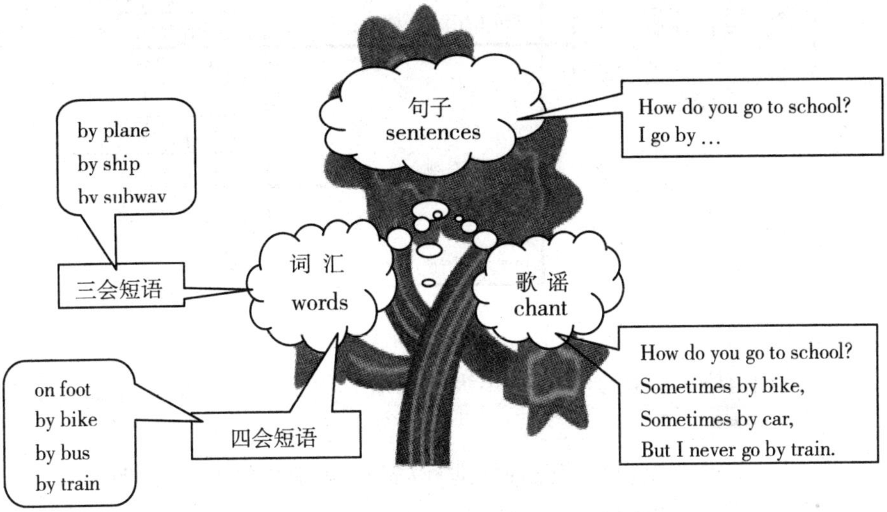

PEP 小学英语六年级（上册）第一单元第一课时知识结构图

（二）寻找并建构同类知识学习图式

1. 初中思想品德学科图式

（1）“自尊自强”内容中概念类学习图式

“自尊自强”的板块即七年级（下册）前 3 个单元共 6 课，其中每一课的第一框都有一个重要的内容“是什么”即概念类内容——自尊、自信、自立、自强、挫折、意志等。这一类知识都有一个共同的特点，即都属于心理健康教育范畴，含义抽象、难懂，但认识概念又是培养良好心理品质的前提，可以说概念类的知识教学一直是个难点。综合教材的呈现方式，和日常的教学经验，找到解决这一类内容的学习图式如下：

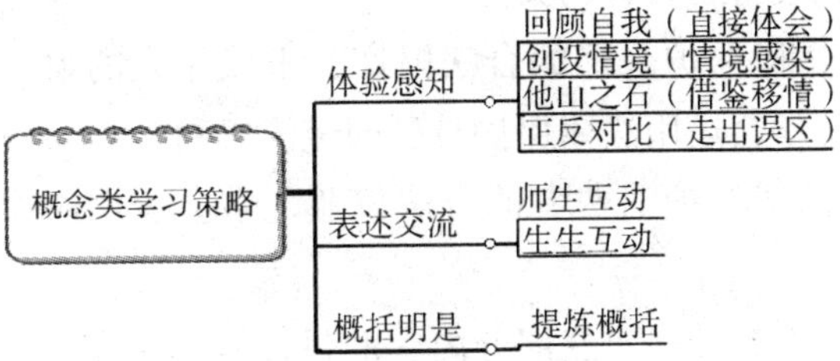

（2）八年级（下册）二、三单元"权利与义务"部分内容的学习程序图式：

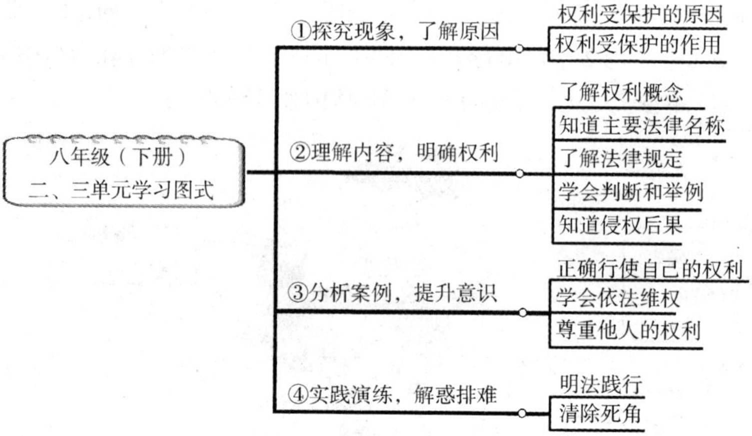

图式说明

①适用范围：适用于学习八年级（下册）第二、三单元的内容。

②归纳依据

第一，依据《思想品德课程标准》（2011 年版）第二部分课程目标。

情感·态度·价值观：树立法制观念，增强公民意识。

能力：学习运用法律维护自己、他人、国家和社会的合法权益。

知识：知道基本的法律知识，了解法律在个人、国家和社会生活中的基本作用和意义。

第二，依据《思想品德课程标准》（2011 年版）第三部分课程内容中"二、我与他人和集体"中"（三）权利与义务"中 3.2～3.5，具体的课程内容是：

3.2　知道公民的人身权利受法律保护，任何非法侵害他人人身权利的行为，都要承担相应的法律责任。

3.3　知道公民有受教育的权利和义务，学会运用法律维护自己受教育的权利，自觉履行受教育的义务。

3.4　知道法律保护公民的合法财产，未成年人的财产继承权和智力成果不受侵犯，学会运用法律保护自己的经济权利。

3.5　知道法律保护消费者的合法权益，学会运用法律维护自己作为消费者的权益。

由此，我们不难发现，这部分内容的目标基本是相一致的，即知道法律保护公民的某项权利和义务，学会运用法律保护自己的合法权利，自觉尊重他人的权利。这部分内容中主要介绍了生命健康权、名誉权、肖像权、姓名权、隐私权、受教育的权利、合法财产所有权、继承权、智力成果权和消费者的权益，这些权利都是与青少年成长、学习和生活息息相关的，所以要求学生知道自己享有权利，学会行使权利，学会维护权利，尊重他人权利，树立法律意识。

第三，从教材知识结构图来观察，这两个单元的学习内容也大致是以“认识权利→保护意义→学法知法→用法护法”的规律呈现的，以案例教学法为主，它们之间的关系如下图。

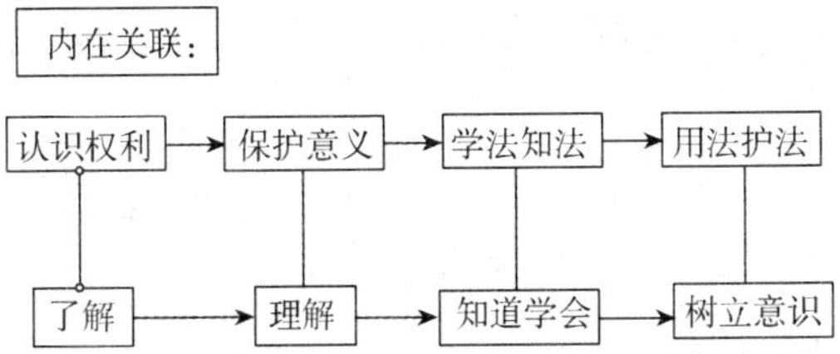

2. 中学语文学科图式

梳理完长春版语文阅读教材后，我们的首要任务就是研究“同类”的阅读文本之间是否存在相似的学习规律。经过课题组实验教师们的努力，有了一些可喜的发现。例如：在学习《晏子使楚》（七上）、《圯上敬履》（七下）、《毛遂自荐》（八上）、《曹刿论战》（九上）、《强项令》（九上）、《项羽之死》（九下）等阅读篇目时，我们发现这些文章都以刻画人物为主，而且人物描写生动，事件叙述完整，结合这些特点，我们提炼出了人物故事类文言文阅读图式。在学习《小石潭记》（七上）、《与朱元思书》（七下）、《三峡》（七下）等阅读篇目时，我们发现这些文章都以写景为主，所绘景物特点鲜明，作者描摹景物笔法独特，耐人揣摩，据此，我们提炼出了写景状物类文言文阅读图式……

为了对这些发现进行验证，我们反复地在课堂实践中去考证，不断地从学生的反馈中来修正……经过一次又一次的打磨，终于拥有了一点成果。主要体现在两方面：一是初步构建了文言文板块阅读图式，二是初步构建了现代文板块阅读图式。具体内容如下：

文言文板块阅读图式

人物故事类文言文阅读图式

人物故事类文言文阅读图式：
- 明确人物⟸故事写的主要人物是谁？
- 概括事件⟸写了有关他的几件事？
- 分析性格⟸从中你能看出他是个怎样的人？
- 探究写法⟸从哪些描写中可以看出这一点？
- 联想名人⟸你还知道与他相似的哪些人的故事？
- 畅谈启示⟸读了这些故事，对你有何启示？

写景状物类文言文阅读图式

写景状物类文言文阅读图式：
- 明景物　找出文中所描写的景物
- ⇓
- 抓特征　概括所描写景物的特征
- ⇓
- 析写法　分析所运用的写作手法
- ⇓
- 品情感　品味景物描写中蕴含的情感

借景抒情类古诗词阅读图式

借景抒情类古诗词阅读图式：
- 反复朗读，体会感情
- ⇓
- 抓关键词，品味意象
- ⇓
- 发挥想象，读景组图

现代文板块阅读图式

寓言类现代文阅读图式

寓言类现代文阅读图式：
- 速读，复述内容
- 品读，分析形象
- 速读，理解寓意
- 跳读，自说感悟

情感线索鲜明的散文阅读图式

情感线索鲜明的散文阅读图式
- 理线索，以情牵文
- 抓细节，以点带面
- 赏语言，以读促学
- 悟精神，拓展延伸

情节丰富人物鲜明的小说阅读图式

情节丰富人物鲜明的小说阅读图式
- 理故事情节，弄清结构特点
- 分析人物形象，理解典型意义
- 凭借三要素，把握小说主题
- 赏写作特色，揣摩借鉴之处

简要说明：

（1）图式使用的条件：要弄清楚图式适用的文章类型，如上面所列的六个阅读图式分别适用的文章类型是：人物故事类文言文、写景状物类文言文、借景抒情类古诗词、寓言类现代文、情感线索鲜明的散文、情节丰富人物鲜明的小说。

（2）图式使用的前提：在课堂中运用这些图式之前，教师首先必须深刻理解“一讲三化策略教学模式”的精髓，切不可“照搬照抄”。

（3）图式使用的建议：在课堂中使用时应把握两点：①教师在“讲解策略”时，一定要让学生亲历“策略”产生的过程，切不可让学生孤立的、机械的记忆；②教师要铭记学生“内化”策略、“活化”策略需有一个过程，教师要做好相关的课内外指导，不能半途而废。

3. 中学数学学科图式

（1）《方程的概念》图式：问题情境（抽象、建模）——（类比、迁移）新概念——比较分析（共性、异性）——形成新概念体系——应用——反馈。

（2）《方程的解法》图式：探究方法（由特殊到一般）——归纳方法——尝试解方程——归纳一般步骤——深化练习。

心理学研究表明：如果将所学的知识有次序、系统的、按一定图式呈现给学生，就可以大大提高学习效率，减轻学生负担，提高学习能力。初中阶段方程这部分知识无论从内容的安排顺序，结构特点，研究方法及学习方法上都具有相同之处。都是从方程的概念、方程解及解的情况、方程的解法、方程的应用5个方面按相同的顺序去研究。并且整式方程的下定义的方法相同，解任何一个代数方程（组）时最终都要转化为一元一次方程的基本解题策略也相同，用任何方程来解决实际问题有共同解题思路——找到题中等量关系、用已知的量和未知的量表示等量关系，从而列出方程。所以学习这一部分内容时我们尝试着找到一种教学图式，使学生学习时可以按一定的图式、运用同样的方法研究类似的问题，能够迅速地发现并获得新知，形成"良好的知识结构"和形成"良好的策略结构"，同时学生可以按这一思路去解决没有见过的问题（例如高次方程、多元方程、根式方程等）获得解决类似问题的方法和途径。根据"一讲三化策略教学模式"的研究，我们总结出《方程的概念》和《方程的解法》两部分内容的图式为：

第一，《方程的概念》图式：问题情境（抽象、建模）——（类比、迁移）新概念——比较分析（共性、异性）——形成新概念体系——应用——反馈。

第二，《方程的解法》图式：探究方法（由特殊到一般）——归纳方法——尝试解方程——归纳一般步骤——深化练习。

纵观整个新课程标准教材，它不仅考虑数学自身的特点，还遵循学生学习数学的心理规律，强调从学生已有的生活经验出发，让学生亲身经历将实际问题抽象成数学模型并进行解释与应用的过程，进而使学生获得数学理解的同时，在思维能力、情感态度与价值观等多方面得到进步和发展。

整个初中数学知识体系中，方程类的知识螺旋上升地贯穿于教学的始终，涉猎到方程内容的章节主要包括3个方面：①方程的基本概念；②方程的解法；③方程在实际问题中的应用。例如，人教课标版教材第22章《一元二次方程》，全章共包括三节：一元二次方程、降次——解一元二次方程、实际问题与一元二次方程。教材中一元二次方程的概念这部分内容就是以雕像问题、制作方盒问题和体育比赛中的组合问题这三个实际问题为背景，通过抽象、建模，类比、迁移，引出一元二次方程的概念，归纳出一元二次方程的一般形式，让学生感受一元二次方程这一概念的内涵，并通过提出问题，要求学生观察思考方程中未知数的个数和次数，引导学生联想并类比一元一次方程，以便更好地理解一元二次方程的有关概念。这样编排，既有利于学生理解并接受新知识，又充分地反映出一元二次方程及其有关概念来源于现实世界，是刻画现实世界的一个有效数学模型。基于这些，我们总结出《方程概念》基本图式为：问题情境（抽象、建模）——（类比、迁移）新概念——比较分析（共性、异性）——形成新概念体系——应用——反馈。

数学在其漫长的发展过程中，不仅建立了严密的知识体系，而且形成了一整套行之有效的思想和方法。化归的思想方法是其中带有普遍意义的方法原则之一。在方程的解法教学中，我们明确地认识到，所有解方程的最后都要转化为 $ax=b$ 的形式。像一元一次方程的解要经历“去分母、去括号、移项、合并同类项”，得到 $ax=b$。最后“系数化为 1”求得方程的解。而解二元、三元一次方程组的基本思想是“消元”。消元的目的是将其转化为一元一次方程，体现了“化未知为已知”的重要思想，这种“消元”思想不仅在解二元、三元一次方程组中起着重要作用，而且也是解二元二次方程组，n 元一次方程组以及数学其他领域解决问题的基本思想方法．同时，对于分式方程其解法的核心是“化整”，解一元二次方程以及高次方程的核心是“降次”。最终的目的是将方程转化为 $ax=b$，进而求解。众多数学方法中的转化思想无不体现出深刻的化归意识，在这些思想指导下的解方程的基本思路都是从特殊到一般，探究其方法，尝试解方程，归纳最后的步骤。让学生形成一种认识，在这种认识的指导下经过训练达成学生基本技能的形成。鉴于这些，我们总结出《方程的解法》图式：探究方法（由特殊到一般）——归纳方法——尝试解方程——归纳一般步骤——深化练习。

纵观整个人教版教材，对于方程这类知识都是以一元一次方程的解法为主线，围绕合并、移项、去分母、去括号几大步骤依次展开的，将其他类方程的教学通过化归的思想有机地联系在一起，这样看起来，线索明朗，难点分散，有利于减轻学生的学习负担。

4. 中学英语学科图式

英语时态学习策略

英语时态的学习和运用是英语学习的难点之一，如何让学生弄懂不同时态的区别，并准确灵活地运用不同的时态表达自己的想法，成为大家一直关注和思考的问题。经过几年的摸索和实践，我们总结出了英语时态五步学习策略，即：看、听、说、结、用。

看——情境感知

听
说 }——→灵活操练

结——理论提升

用——实践运用

（1）看，即观察，一般指导学生通过以下几步完成：

①仔细观察书上插图，体会情景，思考本单元语法（时态）是通过什么话题来呈现的，找出相关动词短语；

②对比动词词形与所学过的时态有哪些不同；

③思考动词词形是怎样变化的，有哪些规律。

（2）听的过程

①仔细倾听，目的是确认发音和语调；

②听音跟读，熟练掌握所学目标语言；

③听音答题，检测具体语境中对具体语法知识的掌握情况。

（3）说的形式

①机械跟说；

②结伴仿说；

③自由问答；

④综合表述等。

（4）结，即在看、听、说等语言活动后，综合分析所接触的语言。

①思考在怎样的条件下使用这一时态；

②这种时态是怎样构成的（动词词形是怎样变化的，有什么规律）；

③你已经会说了这种时态的哪种形式的句子，肯定句、否定句、一般疑问句、特殊疑问句等；总结它们之间是怎样转换的；

④遇到哪些时间状语使用这些时态；

⑤你最易犯错的是哪些方面。

通过引导学生从用法、构成、转化、时间状语、注意问题等方面对所学时态进行归纳总结，形成完整知识体系。通过总结和评价，使学生认识自我，建立自信；使教师获得反馈，改进教学。

（5）用，即生活链接，实际运用

引导学生思考在实际生活的哪些情境、话题中会用到这一时态，通过调查报告、采访问答、广告、书信、邮件、日记、短文等形式展示出来。

英语语篇学习策略

新目标英语标从初一开始就编排了语篇阅读内容，目的是通过阅读进行词汇、短语、语法、话题等方面知识的积累和拓展，通过对目标语言的再现巩固所学内容，通过语篇阅读来培养学生英语阅读的技能技巧，通过文章的学习对学生进行文化意识渗透及语感方面的培养。可见英语语篇在英语学习中具有举足重轻的地位。

在实际学习中许多学生面对大段的文字常常感到无从下手，束手无策，更别提兴趣和方法策略了。针对这种现状，我们进行了高效英语阅读策略研究，通过几年的实践，总结出了“直观情境，学词汇—泛读课文，明大意—解析文章，汇图式—话题复述，练表达—综合运用，促提升”的5步阅读学习策略。通过“一讲三化”（即：讲策略、强化策略、内化策略进而逐渐活化策略），使学生形成了完整的英语阅读学习策略，大大提高了学生的英语阅读兴趣、阅读及解题技能技巧，提高了阅读学习的效果。

具体操作如下：

第一环节 直观情境，学词汇

在起始年段我们充分利用各种实物、图片、插图、语言、动作、体态语、简笔画等直观手段创设情景学习单词。在直观情境中通过观察、模仿、对比、替换、转化、联想等方式掌握单词的发音、拼写、含义、用法等，扫清生词障碍，为语篇学习做好充分知识储备。

第二环节 泛读课文，明大意

这一步引导学生快速通读全文，了解课文的大意和中心思想。通过泛读或略读的方式，阅读文章标题和首尾句，对文章的内容结构有一个整体的印象，从 who/what/Where/when/whose/how/why 等方面对文章进行粗略的把握。然后根据文章的题目、第一段或最后一段、每段的第一句或句中的黑体字词（句）等完成阅读任务。教材中的许多阅读课文都设计了在文中找关键词、主旨句和概括中心思想的练习，目的就是训练学生对文章大意的理解和把握。学生也可以根据教师依教学内容和实际情况设计的针对性的阅读练习，来提高对语篇的整体把握能力。

第三环节 解析文章，汇图式

解析文章，包括剖析篇章结构和解析文章知识点两方面。剖析篇章结构，旨在把握文章宗旨、内涵，形成关于这一文章主题的图式，为下一步复述做好铺垫。可以通过细读、研读的方式进行。在细读和研读过程中，应注重理解语言的意义，段落间的联系，语篇框架结构及更深层次含义，通过有推理性、概括性、评价性和启发性的问题，分析、总结和概括课文，并揭示它们之间的内在关系，汇出文章的结构图示。如八年级（上册）第四单元 reading 部分在解析篇章的基础上汇出如下图式：

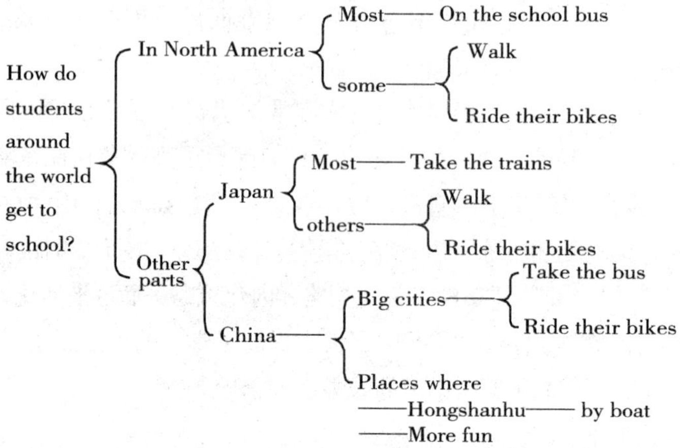

在此基础上自主扫清语言障碍。在对文章有了整体理解的基础上，通过同桌结伴，小组讨论等方式对语篇中重要的知识点，包括短语、句子、话题、语法等进行梳理和归纳，而后通过听音跟读、分角色朗读的方式，巩固所学内容，夯实语言基础知识。

第四环节　话题复述，练表达

复述是指学生在理解文章的基础上，创造性地运用自己的语言，有重点、有条理地将文章内容叙述出来。它是一种集理解、记忆、归纳和表达于一体的学习活动，是在语言输入的基础上进行的语言输出活动。理解课文中的单词、短语、句子是复述的基础。学生在复述之前，必须熟读课文，了解其主要内容和脉络，然后，根据归纳出的图式，用自己的语言来表述课文的内容。

复述有利于加深学生对语言材料的理解、巩固和积累。它是学生对教材的吸收、存储、内化、整理和表达的过程，能促进学生思维能力的发展，强化对所学语言知识的巩固和运用。复述课文的方法主要有两方面。

第一，机械复述。借助文字、图、物等进行有控制的复述课文活动。常用下列形式：

a. 借助启发性词语复述。用课文每句的句首词，或谓语动词，或每段的重点词语和特殊句式作提示，边看边想边复述，用词串句，用句串段，由段及篇，层层扩展。

b. 看图复述。根据课文内容、教学挂图或简笔画，让按图的顺序复述课文。

c. 听录音复述。放课文录音，先让学生听一句，复述一句；然后再听一段，复述一段；最后听每段中的重点词语，进行课文复述。这样既训练听力，又培养复述能力，一举两得。

d. 根据问答题复述。教师以问的方法来引导学生复述。教师先提一些具体的问题，在问答操练后让学生叙述概括性问题。

e. 回忆性复述。先把课文译成汉语，听一句汉语用英语复述一句，可以帮助学生加深对课文的理解。

f. 根据课文概要复述。先概括每个段落的中心思想，再根据中心思想来复述，这样可以使理解系统化，复述条理化。

g. 按表复述。把一些课的脉络制成图表，根据表中的提示复述。

第二，活用复述。指学生自己自由地、独立地进行复述，并且复述中对原课文加以改造、更新。常用下列两种形式：

a. 变更性复述。复述时学生把课文中的人称、时态、语态和体裁等加以变化。如对话改为故事、直接引语变为间接引语等，使复述更灵活多样，生动有趣。

b. 缩述与扩述。复述时学生运用已学的新旧句型，自由地扩展课文的段落或浓缩课文。

让学生由机械性复述过渡到活用性复述，符合学生认识能力由低级向高级发展的过程。教师既要为学生复述能力的发展打下基础，又要不断促使学生向前发展。因此教师不能一直控制学生的复述。教师应鼓励学生逐步脱离各种提示进行独立复述，以便既把前后知识贯通，温故知新，又达到灵活掌握和运用的目的。

第五环节　综合运用，促提升

以课文主题内容为中心进行写作能力训练非常重要，因为课文中的句子就是规范的英语范文。因此，每学完一篇课文或对话后，教师要让学生在复述课文的基础上，尽可能多地运用原文的短语、句型、写作话题、写作方式等进行仿写、改写训练，达到举一反三，综合提高的目的。也可以根据课文内容，结合生活实际设计一些练习题，促进语言运用能力的提升。

五环节课文学习过程符合学生的思维认识规律，即：初步感知，整体理解，归纳提炼，巩固强化，拓展延伸。这 5 个环节是听、说、读、写和语言综合技能不断训练和不断提高的过程，必将会促进学生的听力理解能力、阅读能力、口语表达能力。

总之，在阅读教学中，教师只有不断地钻研教材，研究教法和学法，对学生进行科学的阅读策略的指导，才能培养学生自主阅读的能力，最后促进学生的主动发展。

5. 初中物理学科图式

对于物理概念和物理规律的学习，学生往往经历以下几个过程（如图所示）。

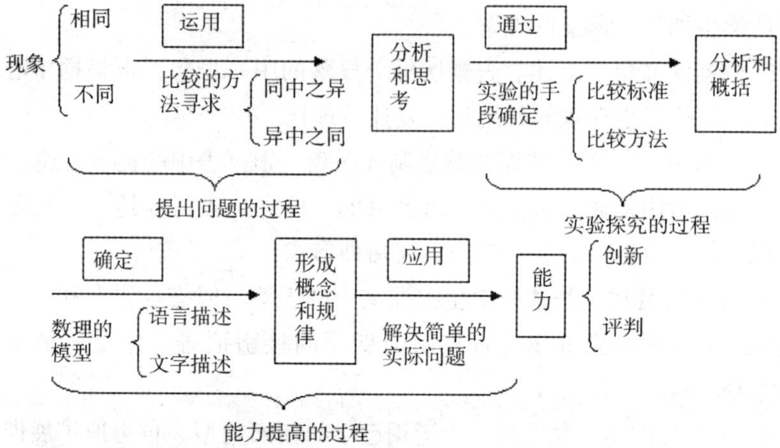

物理概念与规律的形成可具体细化为以下内容。

（1）物理概念类学习策略图式：

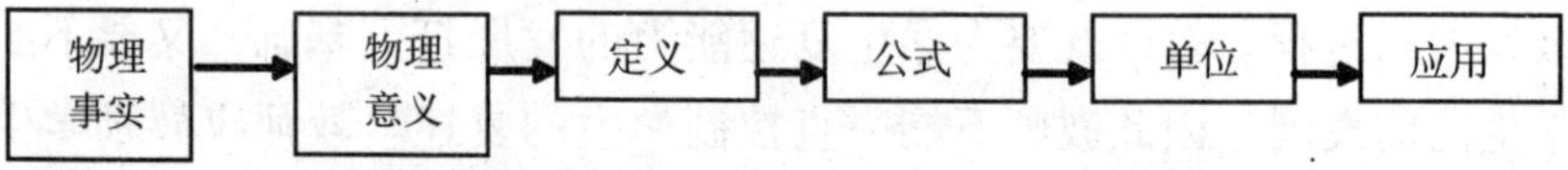

简介：物理概念是人们对物理现象抽象、概括的反映，它是学习物理学、理解物理公式含义、掌握其法则、规律等知识的基础，是整个物理学知识的核心，按其所反映的物理特征可分为下面几类。

第一类是对物理现象的定义，如机械运动、热运动、磁场、电磁感应现象等概念。初中阶段这些概念都没有量化，学生只需定性理解。

第二类是描述物体或物质的某种属性。如质量、密度、比热、燃烧值、电阻等概念，分别从不同的角度描述了物质的特性。因此对于确定的物质或物体，在一定程度上都具有量的稳定性，一般运用时可看作恒量。但要注意特殊情况，如热膨胀使物体密度变化，温度、长度和粗细的变化可引起电阻变化。

第三类是描述物体的某一物理状态。如速度、温度、能量、电流强度等概念，与物体的存在状态相对应，对于确定的物理状态有相对的稳定性，状态变了也就随着改变。

第四类是引起物理状态发生变化的原因，或在状态变化过程中出现的概念。如力、压强、功、热量等概念，都是与物理状态的变化过程相联系，有些是造成状态变化的原因，有些是量度状态的变化（电压是一特殊的量，它的存在不会引起电流的变化，但它的改变要引起电流改变）。因此，对于这些概念的理解要从具体的物理变化过程去把握。

第五类描述机械工作性能的概念。如功率、效率，分别描述做功的快慢和对能的利用率。因此要从做功的过程去理解。

初中物理概念教学一般都经过对现象的观察和积累阶段，再通过设置问题、实验探究、逻辑思维，抽象出物理模型和最后获得物理概念的过程。在教学过程中，要充分展示有关的现象，以使学生获得大量的物理事实，使学生认同现象的客观存在，从中发现所要研究的问题。通常通过实验的环节找到问题的答案，再在逻辑思维环节，抽象为数理模型，进而获得物理概念。从而实现：第一，学生知道概念的来源；第二，学生知道形成概念的思想方法。人们对世界概念化的认识是认识的高级阶段，即理性认识，是通过抽象的思维活动而形成的；第三，学生能运用概念解决具体问题、了解运用的条件和局限性。

（2）物理规律类学习策略图式

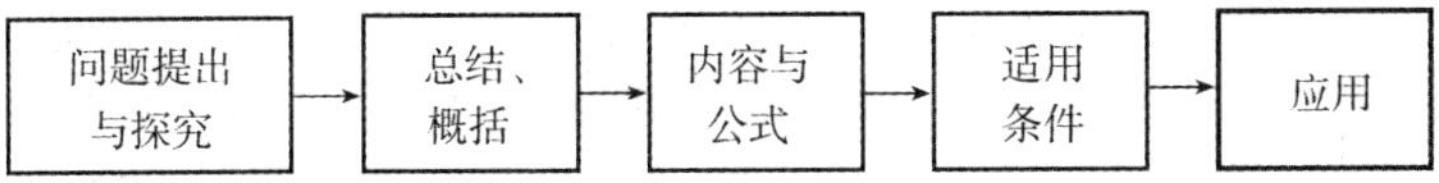

简介：物理研究的是物质的结构和运动的基本规律，这些基本规律统称物理规律。物理规律是自然界中物理客体本质属性的内在联系，是事物发展和变化趋势的反映。它属于人们对物理世界客观物体的高层次的理性认识，是物理概念发展和深化的必然结果。

依据物理规律的建立与形成过程，可将它分为两大类别，即物理定律和物理定理。至于物理定则、原理、方程（或公式）等，这些物理规律隶属于物理定律或物理定理。物理定律是指在实验事实和数据的基础上，通过加工总结，概括出物理规律。应用如此综合方式得出的物理规律，通常称为物理定律。例如，牛顿第二定律就是通过物理实验总结出来的。物理定理是指在已有物理概念和定律的基础上，运用数学工具推导出新的物理规律。用如此分析方式得出的物理规律，通常称为物理定理。许多物理规律常常用数学工具或数学语言加以定量表达。但是，不能看轻其物理内涵而偏重其数学方程，否则，就本末倒置了。

要注重物理规律的来龙去脉。所谓其“来龙”是指它的建立过程。如果是物理定律，应明确它是由哪个物理实验归纳总结出来的，并熟悉该实验的装置和实验步骤。如果是物理定理，应明确它是由哪些已知的物理概念和定律的基础上推导出来的，并知道其推导过程。只有这样，才能较深刻地理解物理规律、领悟其物理含义。所谓物理规律的“去脉”，就是能熟练地应用物理规律来分析和解决有关的物理问题。相反，死背规律，硬套公式，是不可能学好物理的。

6. 初中历史学科图式

（1）历史人物类学习策略图式

人物 ⟶ 生平 ⟶ 事迹（主要作为、成就） ⟶ 评价 ⟶ 优秀品质

简介：学习历史人物时，首先要了解此人物的生平，其次也是最主要的，应知道人物的主要事迹（成就、作为等），最后根据其事迹（活动）给予客观的评价，其中有许多人物的优秀品质值得我们学习。

（2）历史事件类学习策略图式

事件 ⟶ 原因（背景） ⟶ 经过（时间、人物、大致过程、结果） ⟶ 影响（性质、作用） ⟶ 启示

简介：学习历史事件时，必须了解其发生的背景，并从背景中分析、提炼出事件发生的具体原因，按照基本要素（时间、人物、大致过程、结果）叙述事件的经过，然后从原因和经过的叙述中分析得出事件的意义或影响，进而适当提升、总结出事件带给我们的启示。

（3）历史现象类学习策略图式

历史现象 ⟶ 形成原因 ⟶ 历史现象描述 ⟶ 历史现象评述

简介：历史知识丰富多彩，每一种历史现象都是极其特殊的，但历史现象的学习也有规律可循。首先要了解历史现象形成的特殊原因，然后对历史现象进行描述，最终形成对历史现象的客观评述。

7. 小学语文学科图式

（1）中年段写景类文章阅读图式的建构

①图式建构的基本理念：在宁江区“一讲三化”策略教学法的基本模式引导下，我们对写景文章的阅读图式进行了构建。写景类文章的阅读图

式主要遵循建构主义的图式理论及以生为本的思想，从学生的学情出发，兼顾教材特点、编者意图、体裁特点和2011版课标的要求，进行构建的。

②图式建构的具体方法

a. 通读教材，先分类——再梳理

通读教材的主要目的是了解各类文章在各年段的分布情况、选文内容、选文数量，对照课标了解编排体系、编者意图等。

为了便于对教材进行横向与纵向梳理，我们在通读教材时，首先要根据不同体裁做好分类统计。以下是我们整理的长春版教材各年级写景文章统计表。

各年级写景类文章统计表

年级及篇数	板块及主题	题目	年段主要阅读任务
一年（上册） 1篇	第七板块 “童趣”	1《浪花》	1. 喜欢阅读，感受阅读的乐趣 2. 学习用普通话正确、流利、有感情地朗读课文 3. 结合上下文和生活实际了解课文中词句的意思，在阅读中积累词语 4. 读文，展开想象，获得初步的情感体验，感受语言的优美
二年下册 2篇	第二板块 “春天来了”	1《春风带我去散步》 2《春天的小雨》	
三年（上册） 7篇	第一板块 “秋天来了”	1《秋天的味道》	1. 用普通话正确、流利、有感情地朗读课文 2. 能联系上下文，理解词句的意思，体会课文中关键词句在表情达意方面的作用。能借助字典、词典和生活积累，理解生词的意义 3. 积累课文中的优美词语、精彩句段 4. 能初步把握文章的主要内容，体会文章表达的思想感情
	第四板块 “美丽的乡村”	2《小小的山村》 3《乡村里的大花园》 4《窗外》	
	第六板块 “海的故事”	5《我家门前的海》 6《海底世界》	
	第八板块 “我爱我的祖国”	7《日月潭》	
三年（下册） 4篇	第二板块 “春之声”	1《春芽》	
	第六板块 “美丽的夏天”	2《多彩的夏天》 3《在夏天里成长》	
	第七板块 “走进草原”	4《天山牧场》	
四年（上册） 3篇	第七板块 “山水风情”	1《桂林山水》 2《威尼斯的小艇》 3《田园诗情》	
四年（下册） 5篇	第三板块 “绿的世界”	1《西湖的绿》 2《梅雨潭》	
	第五板块 “名园水乡”	3《颐和园》 4《水乡》 5《野荷塘》	

（续）

年级及篇数	板块及主题	题目	年段主要阅读任务
五年（上册） 5篇	第一板块 “秀丽山河”	1《林海》 2《三峡之秋》 3《九寨沟》	1. 能用普通话正确、流利、有感情地朗读课文 2. 能借助词典阅读，理解词语在语言环境中的恰当意义，辨别词语的感情色彩 3. 联系上下文和自己的积累，推想课文中有关词句的内涵，体会其表达效果 4. 在阅读中揣摩文章的表达顺序，体会作者的思想感情，初步领悟文章基本的表达方法
	第九块板 “时光之美”	4《四时的情趣》 5《黄昏》	
五年（下册） 2篇	第五板块 “名山奇景”	1《黄山松》 2《桂林山水甲天下》	
六年（上册） 3篇	第四板块 “异域风情”	1《埃及金字塔》 2《音乐之城维也纳》 3《科罗拉多大峡谷》	

统计表完成后，我们便可对教材进行横向与纵向梳理。经过梳理不难发现：

从选文内容看：低年级的选文内容短小、充满童趣，从三年级开始，写景散文的特点比较突出，表达上有一定的文学特色，而且内容丰富，包罗祖国名山大川、风景名胜，像《海底世界》《日月潭》《桂林山水》《威尼斯的小艇》这些都是经典的老课文，有助于语感的培养，适合积累。到高年段，引入了异域风情，无论从文章的表达形式，还是从文章的思想内涵，都有了一定的广度和深度。

从选文的数量看：低年级写景方面的选文很少，只有3篇，中年段选文最多，共19篇，高年段10篇。从各年段选文数量来看编者意图，我们会清楚如下问题：

- 各年级选文的数量顾及了文体特点和年段特点。

本套教材入选的写景文章有的侧重叙事，有的注重抒情。这些文章有着共同的特点，即“一切景语即情语”。不但语言精美，富于文采，往往在叙事或细腻的描写中融情于景、寄情于事、托物言志，并采用比喻、拟人、排比等多种修辞方法生动、具体地表达真情实感。尤其是写景散文的语言清新明丽，生动凝练，适合朗读、积累和培养语感。但对于一、二年级小学生来说，他们的阅读刚刚起步，受思维和语言发展限制，读这样的文章还有一定的难度，因此低年段入选的写景文章就很少。从上面的统计来看，一、二年级一共才入选3篇。随着学生阅读水平和理解能力的提升，在中高年级选入了大量的写景文章，供学生品读欣赏，有利于提高学生审美情趣和阅读鉴赏能力。

• 全套教材共有写景文章32篇，能更好地落实课标的相关要求。

小学语文课标在总目标中指出：“在语文学习过程中，培养爱国主义感情、社会主义道德品质，逐步形成积极的人生态度和正确的价值观，提高文化品位和审美情趣……具有独立阅读的能力，注重情感体验，有较丰富的积累，形成良好的语感。学会运用多种阅读方法。能初步理解、鉴赏文学作品，受到高尚情操与趣味的熏陶，发展个性，丰富自己的精神世界。”写景文章可以更好地承载这样一些任务。尤其是中高年段，是学生语感培养和积累的关键时期，这个阶段多安排一些写景文章供学生品读、欣赏和积累还是非常有必要的。我们从中、高年段选文的数量上也足以看出编者的这一用心。尤其是中年段，共选文19篇，所占比重更大，更凸显写景文章在积累语言、发展思维方面的重要作用。

从年段阅读任务看：同样是写景文章，各年段承担的阅读任务是不同的，通过上表的对比分析，能够帮助我们科学准确地确定学习目标。比如，在篇章的把握方面，第一学段要求在读文中展开想象，获得初步的情感体验，感受语言的优美；第二学段能初步把握文章的主要内容，体会文章表达的思想感情；第三学段要求在阅读中揣摩文章的表达顺序，体会作者的思想感情，初步领悟文章基本的表达方法。在实际教学中，一、二年级能够让学生在读中感受到情感美即可，三、四年级不仅能初步感受语言文字、情感的美，还要求学生自己能借助阅读方法从文章当中领悟蕴含的情感，到了高年段，更要关注文章的表达顺序和表达方法。

b. 探究学法，抓特点——找策略

通过分类、梳理，让我们对教材有了整体把握，接下来就需要我们抓住几个特点来探究具体的学习策略。我们要抓住哪些特点来探究学习策略呢？

• 抓体裁特点——明确以读为主线

写景散文一般语言生动优美，诗一般的语言读起来朗朗上口，适合朗读和积累，这是写景文章语言方面的特点。在写法上，写景文章大多运用比喻、拟人、排比、反问等修辞方法，抓住景物特点进行细腻生动的描写，往往寓情于景，融情于物或托物言志，表达自己的真情实感。根据写景文章的这些特点，我们在教学时，就应该以读为主线，让学生抓住景物特点去品味语言，学习表达，体会字里行间蕴含的真情，同时在读中注重积累，激发和培养审美情趣。

• 抓年段特点——明确阅读目标

不同学段阅读任务是不一样的，哪个学段的教材就应该为完成哪个学段的教学任务服务。中年段处于以识字教学为重点向以篇章阅读为重点的过渡阶段，因此，这一阶段的阅读目标应定位为：以阅读为主，以段的训练为重点，兼顾识字。

• 抓学生特点——明确基本学法

中年段学生的思维特点是由形象思维向抽象思维过渡时期，表达能力不是很强，因此学习课文的过程中，仍离不开读读、画画、找找、想想这些基本的语文学习方法，仍需在老师点拨和引导下进行阅读教学。

• 抓文本特点——提炼具体学法

不同的文本又有其自身的特点。文本的特点可以从文章的语言、表达方法、写作手法或课后的练习题中去发现。我们可以根据不同的文本内容和特点，遵循基本的学习模式，去提炼具体的学习方法。

c. 建构图式，精提炼——简表述

所谓图式是指围绕某一个主题组织起来的知识的表征和贮存方式。我们借用图式理论来建构写景文章的阅读图式，其主要目的是便于学生掌握写景一类文章的学法，达到自主灵活运用的目的。能否以最简练的语言揭示学法规律，从这个意义上讲，如何提炼和表述阅读图式也是一个重要环节。我们坚持精提炼简表述的原则，在对写景文章的阅读目标、文体特点等有了充分认识和把握后，再进行阅读图式的提炼和表述。实际操作中，我们根据"一讲三化"策略教学法的要求，站在学习者的角度，从学什么，怎么学两方面进行精提炼，并用通俗、简约的顺口溜、打油诗、三字或四字短语等进行简表述。

③中年段写景文章阅读图式的基本内容及解读：我们建构的中年段写景文章阅读图式为"写景文章四读法"，即一读明景物；二读抓特点；三读想画面；四读悟情感。其中"读"可以理解为自读、互读、指名读、齐读等多种方式的读。"四读"不是指读 4 遍，而是指读书的 4 个阶段和 4 个层面，从明确写了什么的初读，到探寻作者抓住景物什么特点来写的细读，到抓重点词句边读边想画面的品读，到体会作者表达情感的赏读，是一个循序渐进，逐步深入的阅读过程。"明景物、抓特点、想画面和悟情感"是针对写景文章的特点和学法要点提炼出来的，从这个图式中，一下子就能让学生明白学什么，怎么学。学生一旦记住了写景文章的四读

法，便可自行按照此阅读图式阅读其他同一体裁的文章。

（2）中年段写景类文章阅读图式的运用，即学习操作程序

阅读图式是由教师提炼总结出来的，对于初步接触图式的三年级学生而言，单靠直接向学生讲授不行，教师必须结合具体课例，引导学生经历一个直观感知的过程。这就要求教师在教学过程中首先要进行图式教学的示范。有教师的示范、讲解和学生自身的参与、体验，学生才能形象地感知学习图式的内容及操作步骤。

三、四年级（中年段）写景文章较多，共19篇，我们可在前1、2篇文章进行学习策略示范，即引导学生按照图式步骤进行学习，让学生熟知图式内容。在以后的几篇文章里要进行图式的强化、活化和迁移运用。阅读图式为学生学习写景文章提供了基本思路和学习步骤，但图式内容不是固定不变的，需要我们结合具体课例对图式内容进行丰富和补充，逐步完善图式内容，为建构高年级写景图式打好基础和铺垫。下面以三年（上册）《日月潭》一课为例，具体说明如何运用“一讲三化”教学法进行写景文章阅读图式的活化运用的。（本课例曾在2011年国家级课题《高效性课堂教学研究》结题会上做展示汇报，并荣获中国教育学会“十一五”科研规划重点课题“名师教学思想与教法研究”总课题组科研成果一等奖。）

《日月潭》一课是长春版小学语文三年级（上册）第八板块的第三篇课文。之前学过《秋天的味道》《小小的山村》《乡村里的大花园》《窗外》《我家门前的海》《海底世界》等6篇写景的文章，本课是本学期最后一篇写景的文章。在前几课的学习中，学生已经总结并熟练运用了三年级写景文章的基本阅读图式，即“一读明景物；二读抓特点；三读想画面；四读悟情感。”所以，这节课的教学重点，不是总结和提炼图式，而是活化和运用。

①活化运用图式的具体操作程序为：回顾学法，再现图式——借助图式，学习新课——发现难点，探究点拨——丰富内涵，活学活用。

本节课，教师在回顾课文内容的基础上，让学生回忆“以前学习写景文章，是用什么方法来学习的?”随着学生的回答，教者板演图式内容。接着，教师就明确提出本节课的学习重点及学习方法，即“这节课我们继续运用这种方法重点学习课文的3、4 自然段”。教师随机出示第三自然段的“学习提示”——“1 读，边读边用‘——’画出文中描写了哪些景物。2 读，边读边用‘～～’画出描写景物特点的词语。3 读，读词语及

词语所在的句子，说说你眼前仿佛看到了怎样的画面。4 读，把你想象到的画面练习有感情地读出来。”在学生汇报中很快会发现教学的重点、难点，即学生对读词句想画面这一要求学得不够深入，直接影响了学习效果。如果学生不能很好地建立起文字与画面的联系，不能在脑海中形成意象，就很难走到文字的背后，去发现景的美，情的真。因此，本节课，我们把“三读想画面”这一步，从内涵上进行了丰富和补充，把引导学生“透过词句想画面”作为本节课的重点和难点，意在通过这个新生知识点和能力训练点的探究和点拨，达到我们期待的理想教学效果。从课堂上我们不难看到，随着重点、难点的突破和解决，学生不但对文本有了深层次的理解和品味，更对“四读法”的内涵有了新的认识和提升，如果每一节都能对图式进行不同内容的丰富和补充，学生就能达到活学活用图式的目的。

②活化运用图式的关键——结合具体课例，有效突破重难点，丰富图式内涵

这一操作程序体现了运用图式进行学习的基本过程，活用图式的前提是学生已经熟练掌握了阅读图式的基本内容，学生在没有老师指导的情况下能够独立运用图式进行学习。活用图式的关键是能够结合具体课例发现新课学习的重点、难点，并能够结合重点、点难做有效的突破，从而丰富图式的内涵，为建构高年段的阅读图式做好铺垫。在上面的论述中我们已经知道，本课教学的重难点是“如何透过词句想画面”，我们通过“一讲三化”策略教学法做了有效突破。

为了让学生突破重点、难点，深入走进文本，教师先借助第三自然段内容，让学生经历“如何透过词句想画面”这一学法的运用过程，然后总结出了“透过词句想画面”的具体操作方法，即“读词，知词义，找感觉；读句，想画面，悟情感。”

在第四自然段的学习中对此方法进行了“强化”和“内化”。教师让学生借助四读法自学第四自然段，并练习运用“透过词句想画面方法”来尝试读懂文字背后的情感。在自学汇报过程中，教师多次提示和点拨如何使用此方法，即读词时做什么，读句时做什么。这个既属于强化阶段，也是学生内化吸收阶段，最终目的是让学生进一步明确怎样透过词句想画面。

“活化策略”体现在扩展阅读中。经过以上 2 个自然段内容的学习，

学生基本能够在具体语言环境中运用此方法，之后，教师从课外搜集到一段描写“日月潭夜晚的美景”的文字，主要是想检测学生对此方法的掌握程度。于是，教者让学生自读文字，注意表示景物特点的词句，直接把想到的画面读出来。从朗读效果看，虽是课外阅读内容，但多数学生能够把文字背后的美景和意境通过感情朗读读出来，说明学生已经做到了迁移运用。

“活化策略”还体现在作业布置和后续类似内容的学习中，因受课堂教学时间限制，教者不可能在一节课中让学生充分习得此方法，因此，在布置作业时，有意安排了这样一个内容：“搜集其他描写祖国美景的文章读一读，读时要注意想象文字背后的美景。”

我们运用“一讲三化”教学法进行图式教学，关键是要在“活化策略”上多做文章，学生只有达到了活学活用的目的，才真正实现我们期待的“教是为了不教”的目的，实现把课堂的时空还给学生，使其主动求知，会学习，真正成为学习的主人。

8. 小学数学学科图式

整理和复习在小学数学教学中占有重要的地位。小学数学教学要高效，“整理和复习课”不容忽视。整理和复习课，不是教师对知识进行系统整理，而是指导学生进行归类整理。因此，要引导学生经历整理知识的过程，指导学生掌握整理知识的方法，构建整理知识的图式。下面从三个方面寻找图式。

（1）研学段教材，确定学期训练点

细读《教师教学用书》中第一学段的整理和复习内容会发现，一年级（上册）中的“整理和复习”是理论的引领，使我们明确了整理和复习的内容，三年（下册）中的“教学片断”是实践的引领，使我们明确了整理和复习的思路。下面是三年（下册）中的教学片断：

教学片断：整理和复习（《教师教学用书》59 页）

课前准备：

请每一位学生用适当的方式将本单元学习的内容做一个概括性的描述。用文字、表格、框图等方式表示出本单元的知识结构。

提示整理知识的一般方法：

1. 先想一想本单元学了哪些知识？是按什么顺序学习这些知识的？再看课本目录，看看教科书是按怎样的顺序来安排这些内容的？对比一下，自己想的和教科书上安排的顺序一致吗？

2. 再看例题，看看每小节有几个例题，每个例题是什么内容？例题之间有哪些联系？你认为哪几个例题是解释同一个内容的？这些内容你理解了吗？

3. 根据目录和例题，概括出本单元的知识。用自己理解的方式表示出来。

因此，确定了三年级上学期整理和复习课的训练点是整理知识的方法、知识结构图的形式两方面。

（2）研单元教材，确定单元训练点

学生要整理一个单元的知识，就要知道先做什么，再做什么，最后做什么。因此，要制定单元训练计划表（见下表）。

三年级《整理和复习》训练计划表

教学内容	重点训练内容	
第一单元《测量》	整理知识的方法	找课题（大课题和小课题）
第二单元《万以内的加法和减法（二）》		找例题（有几道例题，每道例题是什么内容，例题中重点内容）
第三单元《四边形》		找习题（模仿例题找练习题）
第四单元《有余数的除法》		找例题（例题之间有什么联系）
第五单元《时、分、秒》		找习题（把练习题分类）
第六单元《多位数乘一位数》		构建整理知识的基本图式
第七单元《分数的初步认识》	知识结构图的形式	表格形式
第八单元《可能性》		框图形式
第九单元《数学广角》		树状形式

这样，第一单元整理和复习时重点指导学生找课题，包括大课题和小课题，第二单元整理和复习时重点指导学生找例题，包括有几道例题，每道例题是什么内容，以及例题中重点内容。经过几个单元的逐步训练之后，学生就在头脑中构建了整理知识的完整图式，也就是一找课题，二找例题，三找习题。

（3）研学生情况，确定分层训练点

三年级的学生，如果完全放手让学生整理整个单元的内容，学生会无从下手。因此，循序渐进，分层训练，逐步指导，教学时可经历以下过程：师生合作，探究整理方法；尝试运用，强化整理方法；自主运用，内化整理方法；迁移运用，活化整理方法。

【建构图式】

单元整理和复习课的学习图式：

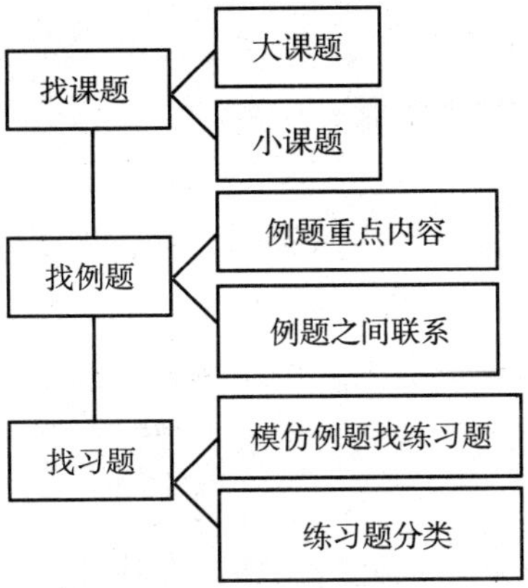

【图式说明】

仔细分析这个图式便会发现：

①图式提炼得“精”。学生学习的图式应当是学生能学会的，要符合学生的年龄特点。因此，图式的提炼非常重要。这个图式提炼得“精”，对于三年级的学生能理解、能记住、能运用。

②图式总结得“当”。注重引导学生经历一个原图式的再现、新图式的构建的过程。这个过程运用了“一讲三化”策略教学法，即：探究整理方法、强化整理方法、内化整理方法、活化整理方法，层次性非常强。

③图式应用得“广”。这个图式可以应用于所有的单元整理和复习中。只是根据课标的要求，根据教材的内容，根据学生的情况，三个层面的内容可以有所侧重。如果长期地训练，这个图式就会内化为学生的认知，再遇到整理和复习的内容时，就自然地运用这个图式自己整理了。

当然，图式的构建需要一个过程。这就需要我们随着学生年级的升高，在指导学生整理知识时，逐步地细化图式、完善图式、活用图式。

9. 小学英语学科图式

（1）小学英语阅读教学图式的建构

①图式建构的基本理念：“一讲三化策略教学模式”是依据认知心理

学学习策略理论、建构主义学习理论、《基础教育课程改革纲要》和《九年义务教育课程标准》为理念建构的。在“一讲三化策略教学模式”的引导下，我们遵循认知心理学学习策略理论、建构主义的图式理论及以人为本的思想，从促使学生学会学习的目标出发，按照教材的知识结构及《英语课程标准》，建构了小学英语阅读教学模式。

②小学英语阅读教学图式内容及解读。小学英语阅读教学图式内容：速读文本抓关键，联系猜测明词义，充分阅读解其义，关键词语助复述，例文仿写来练笔。

小学英语阅读教学图式解读

速读文本抓关键

运用略读策略，引领学生快速阅读文本，训练学生跳读技能，抓住文本中的 Who，What，When，Where，Why，How 等要素，为下面的阅读理清脉络。在阅读前，教师可提出几个问题，让学生带着问题快速阅读，通过判断性或选择性的练习，帮助学生初步理解文本。

联系猜测明词义

运用整体阅读策略和生词处理策略，在快速阅读中遇到记不准或不认识的单词不必花费时间查字典或询问他人，学生可以联系上下文，构词法或同现复现信息猜测词义，对于联系不上或猜测不出词义的单词，可以忽略继续阅读。

充分阅读解其义

运用文本阅读策略和文本利用策略。教师引领学生反复阅读文本，以默读、朗读、齐读、分角色读、小组读、个人读等形式进行阅读，充分调动、发挥学生的积极性和主动性。在读的过程中，教师根据文本内容出示一些检测题，如，判断题、选择题或完成表格等。检测题既能够帮助学生理解文本，又能够检测学生对文本的理解程度。完成的方式可以是学生自主学习，也可以是合作探究。在阅读中，教师应该把常用的阅读策略（如文本阅读策略、文本利用策略等）有计划、有步骤地教给学生，并通过训练使学生掌握一定的阅读技能，例如：理解语句之间关联的技能、理解细节的技能、推论的技能等。通过阅读策略的学习和技能的培养，让学生逐渐变得“会读”“乐读”和“爱读”。需要注意的是，策略的学习和技巧的培养要循序渐进，结合不同的阅读内容有步骤地进行渗透。让学生在体验、感受、总结、实践中逐步掌握阅读策略并形成多种阅读技能，提高阅读能力，体验阅读的乐趣。

关键词语助复述

在英语阅读教学中，复述是非常重要的。因为复述不但是学生加深理解文本，巩固语言知识的有效途径，而且还是学生提高口语表达技能，增强学生语言实践的有效方法。所以教师应该加强复述的训练，教给学生复述的方法，培养学生复述的技能。复述时，根据不同课文的体裁、结构、难度等，教师可以选用以下几种方法组织学生对课文进行复述。

• 问答引导法：教材中的课文基本上都配置了一定数量的问答题。这些问题多数是围绕课文内容而设计的，在学生阅读完对问题进行讨论和回答后，即可以安排学生根据问题所提供的框架进行复述。

• 关键词提示法：即从课文中提取一定数量的关键词或词组，来提示学生复述课文梗概。关键词一般是重要句子中的名词（词组）、动词（词组）或形容词（词组）等实词。关键词的设置密度可以根据课文的复述难度和学生水平来灵活确定。复述初始阶段，可以由教师直接给出，随着学生复述技能提高后，也可以训练学生自己找出关键词。

• 角色扮演法：对含有对话的课文，可以让不同学生扮演不同的角色进行表演，另外安排一个学生旁白，以交代情节的推动，时间或地点的变化。

• 视图描述法：根据文本提供的图片，或利用简笔画的形式，根据文本的故事情节，教师引导学生看图复述。

• 图表概括法：有些阅读材料含有较多的时间、人名、数据和地名等信息。如果不进行图表罗列，学生容易混淆，加大复述的难度。如果把这些信息和相应内容列成图表，则一目了然，可以帮助学生把主要精力释放出来，用到对语言材料的归纳组织和语篇内容的概括提炼上。这样复述时就能取得较好的效果。

例文仿写来练笔

茅盾先生说过：“模仿可以说是创造的第一步。模仿又是学习的最初形式。”仿写的特点是有前车之辙，有章法可循，既降低了难度，又收效明显。例文可帮助学生把范文好的词句和写作技巧充分“吸收”和“消化”，拓宽视野，丰富学生的作文积累，逐步过渡到独立作文，降低学生习作难度，激发学生写作兴趣，提高学生语言综合运用能力。

在仿写过程中，教师可以把关键词句列出一部分，让学生理解并掌握例文仿写的方法，然后指导学生运用这种方法再列出另一部分关键词句，完成本文仿写任务。

（2）小学英语阅读教学图式的运用（即学习操作程序）

建构小学英语阅读教学图式最终目的是让学生理解、掌握并运用这一图式进行阅读材料的学习。教师在教学中要结合教学内容，按照《英语课程标准》对小学阅读教学的要求有所侧重地使用这个图式。只要坚持训练，渐渐地这个图式就会内化为学生的认知，再学习新的阅读课文或遇到与教材难易相当的课外阅读材料，学生自然会运用头脑中的这个图式自学了。如果每个教师都坚持这么做，我们就能真正实现"不用教师教"的目的，实现终身受用的大目标。

下面以一节课为例，阐述小学英语阅读教学图式具体操作情况。

教学内容是 PEP 小学英语六年级（上册）教材 Unit 4 B Let's read。本节课教学目标要求是理解 twins，different，cartoons，excited 的词义，听、说、认读句子 They are very different. 教学重点、难点是理解 Let's read 短文，并能借助图片或关键词进行复述及例文仿写。本节课指导学生运用整体阅读策略、略读策略、生词处理策略、信息分析策略来阅读。

Step1 Read quickly and think.

运用整体阅读策略，要求学生在限定时间内快速阅读文本，指导学生抓住文本中的 Who，Where，What，How，Why 等要素，对文本进行快速阅读，了解文本的大概意思，为下面的阅读理清脉络。

阅读前，设计以下几个问题，让学生带着问题去阅读。

a. Who is Liu Yun's friend?

b. Where does Alice live?

c. What does Alice's mother do?

d. How does Ann go to school?

e. Why is Liu Yun excited?

对上面几个问题，教师在学生阅读后进行检查核对。

Step 2 Read again and guess the new words meaning.

运用生词处理策略和略读策略，并将运用策略的过程示范给学生，使学生能够掌握联系上下文猜词的方法、利用构词法辨认同义词、反义词的方法、利用关联词进行逻辑推断的方法，来提高学生阅读速度和语篇分析能力。

文本中需要理解的词汇有 twins，different，cartoons，excited，soon。这里学生理解比较困难的词 same，different，词组 is coming to，对于学生不能理解的生词，教师只解释词义就可以了。

Step 3 Read the passage fully and finish the questions.

运用文本阅读和文本利用策略。教师引领学生反复阅读文本，充分理解文本。

a. 课文第一段和第二段内容没有生词，比较简单，这两段的处理由学生个体默读，完成填空题。

Fill in the blanks about paragraph 1and 2.

Alice is my new ______ friend. She ______ in Australia. Her father works in a ______ school. He is a ______ . He goes to work by ______ .

Her mother is a ______ . She works in a ______ . She goes to work by ______ .

b. 第三段是文本的重点段，教师要运用多种阅读方法引领学生阅读该段内容：如，听音跟读、齐读、小组读、自由读等方式充分阅读，使学生理解本段的内容，通过完成判断题，来检测学生对该段的理解程度。阅读中，教师引导学生寻找关键句 Alice and her sister are twins. 理解重点句 They look the same，but they are very different. 教给学生整体把握全文的方法，要重视文章的首句，它往往点明了作者写文章的意图、背景等。随着论述的展开，作者往往把一些重要性的结论放在末句，最后一句往往是一篇文章的结论和用意所在。阅读时学生若能把握这些句子，无疑会提高他们对阅读材料理解的准确度，同时也培养了学生理解语句之间关联的技能。

Read and judge about paragraph 3.

(　) 1. Alice and her sister are twins.

(　) 2. Alice and her brother are different.

(　) 3. Alice goes to school by bike.

(　) 4. Ann goes to school on foot.

(　) 5. Every evening，Ann reads newspapers.

c. 运用信息分析策略和学生小组合作的形式阅读最后一段内容，并完成选择题。小组讨论“Alice says her family is coming to China soon.”这句话，说出这句话的汉语意思。

Read and choose about last paragraph.

( ) 1. Liu Yun writes an e－mail every ______.

A. day   B. week   C. month

( ) 2. Alice says her family is coming to ______ soon.

A. China   B. Australia   C. America

Step 4 Retell the text with the help of the words or pictures.

教给学生复述的方法，培养学生复述技能。教会学生运用关键词提示法进行复述。即从课文中提取一定数量的关键词或词组，来提示课文梗概，为复述全文做好铺垫。关键词一般是重要句子中的名词、动词或形容词等实词或数据。教师给出本文的关键词或图片。首先，教师示范，并带领学生借助关键词进行复述，然后由小组合作的形式进行复述，先分段复述，再全文复述，最后达到学生个人能够复述。

本节课复述的关键词：new friend, live, father, teacher, mother, nurse, same, different, go to school, on foot, by bike, read newspaper, watch cartoons, write E-mail, come to China.

Step 5 Imitate writing with the help of the words or pictures.

培养学生英语行文的能力多半从例文仿写起步。仿写前，教师可以把关键句子列出一部分，在仿写过程中，让学生理解并掌握例文仿写的方法，指导学生运用课文中的句型来写，然后让学生自己再列出另一部分关键词，完成对本文的仿写。教师还可以提供一些意思连贯的图片，引导学生根据图片的情景简单进行描述。例文仿写可以在课堂上进行，也可以布置作业，让学生回家完成，教师要按时批改和指导。

根据本节课的教学内容，教师可以给出 My pan pal, My good friend 等题目，再给出一些词句和图片，指导学生进行仿写。

例如，给出关键词和图片，live, in England (Beijing), go to school, on foot, by bike (bus), play football, watch TV, read books, clean the room, water the flowers 等。

古人云：“天在山边，走近山边，天又远；月浮水面，拨开水面，月还深”，我们对“一讲三化策略教学模式”的探索和研究如同这天边远山，水中浮月，需要我们不断追求，不断探索，不断超越。我相信，经过我们的不懈努力，“一讲三化策略教学模式”，必定会使学生学得自主，学得轻松、学得幸福，我们“教，是为了不教”的目标最终会实现。

第三章　“一讲三化策略教学模式”的课堂教学应用

一、初中、小学学科教学设计

教学设计是根据教学对象和教学目标，确定合适的教学起点与终点，将教学诸要素有序、优化地安排，形成教学方案的过程。我们所选取的教学设计是依据“一讲三化策略教学模式”，对教学的规划与安排。

（一）初中思想品德学科教学设计

教学设计一：《自尊是人人都需要的》教学片断

进修学校　袁兰香

1. 体验感知（回顾自我）

假如你有下列经历，谈谈你有什么感受？

（1）妈妈当着同学的面严厉地批评了你。

（2）我在公交车上为老人让座，周围的人投来赞许的目光。

（3）我的建议被老师采纳，当众受到表扬。

（4）期中考试后，学校把全校前十名同学的照片贴在校园的宣传栏内，如果我上榜了，有什么感觉？如果我没有上榜，又会有什么样的体验。

……

学生谈感受时老师与之交流，告诉学生这种感受就是“自尊”带给我们的内心体验。帮助学生初步体验到自尊的快乐感受及失去自尊的不悦心情。

创设情境：播放奥运会上五星红旗一次次升起时，参赛选手和观众及国人的激动心情。你看了是什么心情，为什么会有这种心情？

播放《小兵张嘎》中翻译官的小片断，让学生谈谈看到他是什么感受。引导学生从国家尊严的角度来体会自尊。

【设计意图：本环节通过回顾自我和创设情境两种方式帮助学生从主观上去体验自尊带来的感受，进而了解自尊，激发学生对自尊这种心理品质的亲近感，为下面环节的学习做好了实践储备】

2. 表述交流（师生活动）

刚才我们体验到的就是自尊，大家从自身的体验中可能对自尊有了一定的了解，下面请大家试着谈谈，你觉得什么是自尊？说出自己的感受，交流一下你的体验。

【设计意图：本环节在师生互动或生生互动的过程中，帮助学生试着把自己的体验表述出来，加深对概念的理解。提高学生的表述能力和交流能力】

3. 概括明是（概括归纳）

大家对自尊的体验感受很深啊，现在我们共同把大家的感受归纳一下，概括出“什么是自尊?”“自尊即自我尊重，指既不向别人卑躬屈膝，也不允许别人歧视、侮辱。它是一种健康良好的心理状态。”

我们共同来回顾一下，对自尊的认识，我们是通过哪几个步骤学习的？引导学生初步了解：对于“什么是自尊?”可通过体验感知、表述交流、概括明是这3步进行学习。本册教材中我们还会学到很多概念类知识，我们都可以尝试用这3个步骤来学习。

【设计意图：通过教师的示范、讲解和学生自身的参与、体验，学生才能形象地感知这一活动实施策略的内容及操作步骤。如果我们的学生在学习的过程中知道了、理解了，再遇到“概念类知识”的学习，就能自主提取出这一有效的学习方法，并可以灵活运用】

教学设计二：《生命和健康的权利》

进修学校 袁兰香

1. 探究现象，了解原因

漫画导入，直入主题。

分析漫画《恶作剧》《伤》《自杀》这些社会中存在的现象，了解社会生活中侵犯生命健康权的现象、不能正确行使生命健康权的现象时有发生，所以保护公民的生命健康权尤为重要。那么生命健康权对于我们有多重要呢？我们来看一句名言：

"健康好比数字1，事业、地位、财富、婚姻、名利等等都是后面的0，有了1，后面的0越多，就越富有。反之，没有1，则一切皆无。"

通过这句名言再进一步了解生命健康权的重要作用和地位：生命健康权是首要的人身权利，也是公民最根本的人身权利。

由于这些原因，我国法律保护公民的生命健康权。现在大家一定很想知道有关生命健康权的一些法律知识，下面我们就共同来自学教材，理解生命健康权的内容，明确这项权利。

2. 理解内容，明确权利

自学提示：请从以下4个方面自学教材，掌握相关的法律常识：

（1）了解人身权利、生命健康权及人身自由权的概念。

（2）知道保护公民生命健康权的主要法律。

（3）理解生命健康权及人身自由权的法律规定，尝试依法判断和举例。

（4）明确侵犯他人生命健康权的后果。

自学后教师依据"自学提示"帮助学生梳理本节课的学习要点。

3. 分析案例，提升意识

我们明确了生命健康权的相关法律常识，现在老师给大家提供一个比较复杂的案例，请同学们根据刚才的学习，分析一下这个案例。

案例：《小明的一家》

小明的爷爷奶奶每天早晚都要到公园去锻炼身体。小明每天认真上课间操，做眼保健操。有一天他生病了，他决定不去看病坚持上学。他的一个同学因为学习成绩不好而自杀身亡，他感到很难过。一天妈妈在下班的路上被一辆车号为×××××的小汽车撞伤，被路人送到医院，司机逃跑了，他的妈妈应怎么办呢？

思考问题：

（1）分别分析案例中小明的爷爷奶奶、小明、小明的同学、汽车司机、路人的做法是否正确，为什么？

（2）猜想小明的妈妈可能会怎么做，为什么？

（3）小明妈妈应怎么做才是正确的？

教师运用典型的相关案例引导学生正确行使生命健康权。通过分析案例中每个人物的做法，总结出正确行使生命健康权包括4个方面：

a. 珍爱自己生命健康的权利。

b. 当自己的生命健康权受到非法侵害时，要学会运用合法手段依法维权。

c. 尊重他人的生命健康权利。

d. 在掌握正确行使生命健康权的同时，帮助学生树立法律意识，提高学法、懂法、用法、护法的能力。

4. 实践演练，解惑排难

遇到以下情况你会怎么办？

（1）与同学发生争执时。

（2）路遇险情时。

（3）14 岁的小刚被爸爸送去当童工时。

通过本节课的学习，你收获了哪些？你觉得学习一项权利可以从哪几个方面进行学习？

老师引导学生总结学习过程。今天我们通过探究现象，了解原因；理解内容，明确权利；分析案例，提升意识；实践演练，解惑排难这 4 个环节学习了一项重要的人身权利——生命健康权，以后我们还会学习很多与我们息息相关的权利，这些权利的学习将会有许多共同之处，大家都可以尝试运用今天学习的“四步学权利”的方法来学习。最后让我们共同喊出我们本学期的学习口号：“正确行使权利，忠实履行义务，权利义务与我同在”。

在下节课学习人格尊严权中的名誉权、肖像权、姓名权和隐私权的时候，再引导学生通过这 4 个环节去学习，来强化学习方法。到后面的各项权利学习时，学生就可以自己根据教学内容，灵活运用这个策略去学习，以达到“教是为了不教”的目的。

当然每一课也各有不同，这就需要教师恰当地点拨，引导学生灵活运用，以帮助学生形成恰当运用学习策略自主学习的能力。

（二）初中语文学科教学设计

教学设计一：《强项令》

执教者：第一中学 姜永辉 点评：徐凤侠

【教学目标】

1. 知识与能力目标

（1）学生能够用简洁的语言概括文章所叙事件。

（2）学生能够找出文中的语言描写、动作描写及正、侧面描写，并能说出对塑造人物所起的作用。

2. 过程与方法目标

（1）在朗读、品析中感受人物形象。

（2）学会用品析人物的六步法分析人物。

3. 情感、态度与价值观目标

培养学生公正、廉洁的道德品质。

【教学重点】

1. 学生能够找出文中的语言描写、动作描写及正、侧面描写，并能说出对塑造人物所起的作用。

2. 能够总结出品析人物的六步法，并学会运用此法品析人物。

【教学难点】

运用品析人物的六步法分析人物。

【教学过程】

1. 引入新课

（1）欣赏林俊杰的歌曲《曹操》。

（2）引入：看得出来大家非常喜欢林俊杰，从他的歌曲《曹操》中，让我们感受到了东汉末年的纷乱，其实东汉初年社会也很不安宁。京都洛阳就是全国最难治理的地方，聚居在城内的皇亲国戚、功臣显贵常常纵容自家的子弟和奴仆横行街市，无恶不作，朝廷接连换了几任洛阳令，还是控制不了局面。最后，光武帝百般无奈，决定任命年已69岁的董宣做洛阳令。这位董宣可不是一般的人物，做北海相的时候，曾经将公孙丹及其同党30余人绳之以法，触怒了上司，要处斩他，幸亏皇帝及时降旨，幸免于难。老先生深知此次赴任的凶险。他带上了上次法场上没能用上的那口棺材上任了，这不，刚上任，就遇上了棘手的事儿，什么事呢？想不想知道？好，这节课我们继续学习《强项令》。

【点评：由人物相关的经历引出新课，能使学生产生强烈的阅读期待，激发学生的阅读兴趣，也为学生把握人物性格的核心做了铺垫】

（板书）　　强项令

范晔

2. 讲授新课

（1）整体感知：齐读课文

（2）分析人物形象

思考：

①本文写的主要人物是谁？

生：董宣。

②写了他哪两件事儿？请用简洁的语言概括。

生自由回答。

根据学生回答，师适时归纳：

a. 记叙了董宣执法的故事。

b. 记叙了董宣去世后家中贫困的景况。

③从中你能看出他是一个怎样的人？

生自由回答。

根据学生回答，师生共同归纳：

不畏强权、秉公执法、大义凛然、宁死不屈、不重钱财、关心下属、执法严明、百姓爱戴、清正廉洁。

● 师评价，过渡：

同学们对董宣这个人物感知得很全面，那么你是从哪些描写中看出来的呢？

师：提到描写，我们共同回顾一下描写人物有哪些方法？

生纷纷回答。

师：请大家浏览课文第一段看描写董宣这个人物用了什么方法？

生：语言描写、动作描写。

师：好！先找出动作描写的句子，再圈画出动词，想一想哪些动词用得好？品一品好在哪儿？

师引导学生品析。

● 动作描写：

驻、叩、画、大言数主、叱奴、格杀　　——不畏强权、秉公执法

击楹、流、被面、据地、不肯俯　　——大义凛然、宁死不屈

● 师请同学读“陛下圣德中兴，而纵奴杀良人，将何以理天下乎？臣不须箠，请得自杀”一句。

学生点评。

●师对语言描写进行朗读指导：

揣摩一下说话时语气，如：

“陛下圣德中兴”读时应心理充满敬佩和赞美。

“而纵奴杀良人”一句中“而”表示转折，有一些埋怨的语气。

“将何以理天下乎”有一种质问的语气。

“臣不须箠，请得自杀”一句要读出非常倔强、坚定的语气。

生根据以上的分析自己试读、指名读、齐读。

●师评价：大家读得非常好，董宣铿锵有力的质问，将不畏强权、秉公执法、宁死不屈的精神演绎到了极点。(板书)

●师过渡：大家思考第一段与第二段描写人物的方法一样吗？第二段用了什么描写方法？

生：不一样，第一段主要用了正面描写，第二段是侧面描写。

师：可以看出董宣是一个怎样的人？

师引导学生分析归纳。

侧面描写：由是搏击豪强，莫不震栗。京师号为“卧虎”。歌之曰“桴鼓不鸣董少平。”——执法严明、百姓爱戴

唯见布被覆尸，妻子对哭，有大麦数斛，敝车一乘。——清正廉洁

【点评：为了让学生更深入地走进人物，领略人物的人格魅力，本环节教师重在引导学生从人物的所作所为，举手投足，来一点一点地体味人物，感知人物，为教给学生“品析人物形象”的基本方法做好铺垫】

师：皇权面前，董宣毫不畏惧，特别是他“两手据地，终不肯俯”的经典动作，就像一幅画一样，定格在我们的记忆中，下面我们就共同欣赏一下那精彩的瞬间。

生欣赏视频。

师：董宣因此被刘秀敕为“强项令”，那么谁能解释一下“强项令”什么意思？

生：硬脖子县令。

师（追问）：那么“强项”代表了中国人的一种什么精神？

生：不畏权贵、疾恶如仇、宁死不屈的精神。

④师：你还知道哪些人物身上也具有这种精神？请简要地说说他们的故事。

生：海瑞：海瑞罢官；陶渊明：不为五斗米折腰；朱自清：宁死不食

美国救济粮；文天祥：宁死不降元……

⑤读了他们的故事，对你有什么启示？

学生各抒己见。

【点评：纵观本环节，我们会发现教师是从三个层面来展开教学活动的：第一个层面观看视频，意在引导学生抓住人物精神的核心本质，进而加以提升；第二个层面由“一人”推及“一类人”，不仅拓宽学生的思维，更让学生们在互相的分享中，感受这种精神的博大；第三个层面实际上是指向学生自我，在潜移默化中让学生传承这种精神，水到渠成地实现了对学生情感、态度、价值观的正确引导。】

3. 总结分析人物的过程并提炼出品析人物的六步法

师：下面我们回顾一下，品析董宣这个人物的过程，看看都抓住了哪些关键性问题？

（1）故事写的主要人物是谁？	⟹明确人物	品析人物六步法
（2）写了有关他的几件事？	⟹概括事件	
（3）从中你能看出他是个怎样的人？	⟹分析性格	
（4）从哪些描写中可以看出这一点？	⟹探究写法	
（5）你还知道与他相似的哪些人的故事？	⟹联想名人	
（6）读了这些故事，对你有何启示？	⟹畅谈启示	

【点评：本环节旨在引导学生由“学一文”来总结“学一类文”的方法，使学生由感性学习走向理性学习，为培养学生自主学习能力奠基。但教师在教学中并没有强加给学生，而是和学生一步步梳理学习的过程，充分尊重学生的认知体验，体现了“以人为本”的教学理念】

总结品析人物六步法，请学生大声朗读。

4. 请大家用我们共同总结出的品析人物的六步法，以小组为单位分析文中的另一个人物——光武帝

（1）明确人物：光武帝。

（2）概括事件：

①如何处理董宣杀公主家奴一事。

②董宣死后赏封吊唁董宣。

（3）分析性格：知错就改、识别人才。

（4）探究写法：神态描写：怒——笑——伤（知错就改）　语言：“董宣廉洁，死乃知之。”——识别人才。

（5）联想名人：唐太宗、齐威王。

（6）畅谈启示：各抒己见。

【点评：本环节旨在让学生当堂应用品析人物的六步法，在老师的指导下进一步强化对这种学习方法的理解。学生应用此法后，他们对于人物形象的分析，不再手足无措，而是轻松自如。】

5. 结束语

授之以鱼不如授之以渔，希望同学们在以后学习语文的过程中，关注过程与方法，不断地总结完善学习一类文章的规律，书山题海中找捷径，提高阅读效率，让你的语文学习更具系统化。

6. 布置作业

请运用“品析人物六步法”阅读下面的短文。

【注：①明确人物；②概括事件；③分析性格；④探究写法；⑤联想名人；⑥畅谈启示】

郅都苍鹰

《史记·酷吏列传》

郅都者，扬人也。以郎事孝文帝，孝景时都为中郎将，敢直谏，面折大臣于朝。尝从帝入上林，贾姬如厕，野彘卒入厕。上目都，都不行，上欲自持兵救贾姬，都伏上前曰：“亡一姬复一姬进，天下所少宁贾姬等乎？陛下纵自轻，奈宗庙太后何！”上还，彘亦去。太后闻之，赐都百金，由此重郅都。

济南張氏宗人三百余家，豪滑，二千石莫能制，于是景帝乃拜都为济南太守。至则族灭张氏首恶，余皆股栗。居岁余，郡中不拾遗。旁十余郡守畏都如大府。

郅都迁为中尉。丞相条侯至贵倨也，而都揖丞相。是时民朴，畏罪自重，而都独先严酷，行法不避贵戚，列侯宗室见都侧面而视，号曰“苍鹰”。

补充资料：

郅都是杨县人。孝文帝时担任过郎官，孝景帝时，邪都担任中郎将，敢于直言进谏，在朝上当面指责大臣的过失。曾经跟随景帝去上林苑，贾姬上厕所，一只野猪突然进了厕所，景帝用眼睛示意郅都去救贾姬，郅都没去。景帝想自己拿着武器去救，郅都伏地上前说道：“少一个贾姬会有另一个姬进上，天下少的难道是贾姬这样的人吗？陛下纵然不看重自己，又如何对待国家和太后呢!”景帝回转身，野猪也离去了。太后听说这件事后，赐给邪都100斤银两，并从此看重郅都。

济南的张氏同宗有300多户人家，强横不受法度，地方官不能管制他们，于是景帝任命郅都担任济南太守。郅都一上任就将瞷氏的头号恶人诛灭三族，其余的人都吓得两股战栗。一年多以后，济南郡中出现了路不拾遗的安宁景象。济南旁边的十几个郡的太守像惧怕丞相一样惧怕郅都。

郅都升任为中尉。丞相条侯很尊贵傲慢，而郅都只是以向丞相行礼的礼节对他作揖而已。当时的民风纯朴，百姓害怕犯罪，人人自重，而郅都却率先严厉执法，执法时不回避显贵要人，侯王和皇室宗亲看见郅都都侧目而视，人们称他为“苍鹰”。

【点评：作业设置教师给学生提供了一篇写人物的类型文，意在让学生在课后自主运用品析人物的六步法进行学习，期望能熟练地掌握这一方法，达到“活化”，为其后续学习服务】

教学设计二:《小石潭记》

实验中学　李晓兰

【教学目标】

1. 知识与能力目标

(1) 学习文章按游踪和抓景物特征、运用多种写法来写景状物的方法，并能学习致用，逐步的提高写景状物的能力。

(2) 感受作者情感变化，从而理解作者贬居生活的悲凉心境。

(3) 背诵全文。

2. 过程与方法目标

(1) 齐读概括其内容。

(2) 朗读、品读构建阅读模式。

(3) 自主学习体会写景状物的方法。

(4) 探究交流中理解作者的情感。

(5) 以读促写，深化写景的方法。

3. 情感、态度与价值观目标

体会作者蕴含在字里行间的情感，培养其健康向上的人生态度。

【教学重点】

学习写景状物的方法；理解作者的情感并背诵全文。

【教学难点】

感受作者情感变化，从而理解作者贬居生活的悲凉心境。

【教学方法】

诵读法、问题引导法、讨论点拨法、板书概括法。

【教学过程】

1. 设境导入

同学们，山水历来是中国文人最为欣赏的对象，尤其对那些仕途坎坷失意的文人，山水则是更好的慰藉与寄托，在自然的山水面前，他们自觉或无意地忽略了对功利的计较，将浩淼的心事，抑郁的情怀统统地倾诉于山水之中，于是今天我们有幸读到一篇篇抒情的游记佳作，在这些佳作中我们也能从山水景色中探索诗人的人生历程。

今天让我们接着走进仕途失意诗人柳宗元的佳作，随着他的笔触去感受一下他寄予山水的情怀。

请大家齐读课文，思考每段写了什么内容，并用最简练的语言概括。

【设计意图：创设情境，使学生对文章产生阅读期待心理，并在读中初步感知文容】

2. 深入理解

（1）建学法。

接下来我们共同学习第一段，请一名同学读课文，其他同学思考：

①作者在发现小石潭时看到了哪些景物？

②作者抓住了景物哪些特征写的？

③作者在描写这些景物时运用了怎样的写法？

④每步入眼的都是不同的美景，作者的心情如何呢？

（2）明学法。

看板书，能不能概括一下我们是从哪几方面来学习第一段的？

明确：明景物；抓特征；析写法；品情感。

（3）用学法。

把学生分成3个小组，每小组同学以自主、合作、探究的方式运用刚才构建的学习模式学习其中的一段。

【设计意图：教学中教师步步引导，构建学习写景文章的阅读模式，授之以渔，实现学生对文章的自主学习，既方便了教师的教，也易于学生的学，同时也为学生以后学习写景文章提供了良好的范例】

3. 问题探究

如此美文，不止美在他的细腻描写，更美在流淌在文章间的情感。但作者先乐后忧，你能联系文章内容说说作者为何而乐，为何而忧吗？令作者心情变化的原因除了景还有什么呢？

【设计意图：依托于文本，抓文中的景物带给人情感的变化，并联系写作背景，从而探究作者写作意图，进一步加深了学生对文章内容的理解】

4. 扩展延伸

古往今来，有很多失意的文人寄情于山水，抒发贬居生活情怀，你知道哪些这样的文人与其作品，请与大家交流一下？对于这些人你更为欣赏谁，说说原因？

【设计意图：意在调动学生积累，使其在各抒己见中张扬个性的同时，引导在困境中要以豁达的心境去看待人生，从而形成积极的人生观】

5. 堂清测试

（1）用原文填空

描写小石潭周围优美景色的句子：________________________________。

与“游鱼细石，直视无碍”有异曲同工之妙的句子：________________。

写潭中游鱼动静相宜、灵活有趣的句子：__________________________。

描写溪流曲折悠远的句子：______________________________________。

（2）思考下列题

本文第一段描写小石潭的概貌，突出其__________特点；采用__________的写法；第二段写潭水和游鱼，则变换为__________的写法，主要写水________特点、鱼________特点；第三段写潭水来源及岸势，多用______________修辞格，突出溪身__________特点，岸势__________特点；第四段主要写了景物______________特点，突出人物______________心情，运用______________写法。

文章前面写“心乐之”，后面又写“悄怆幽邃”，一乐一忧似难相容，你觉得矛盾吗？说说你的理解？

6. 学法强化

林语堂曾说过：山水是地上的文章，文章是纸上的山水。读完文章，我们的心会随文波动或喜或忧，但更多的陶醉来自于文中的美景。作者细致入微的刻画凝于精练的语言之中，我想我们在与大师对话的同时，也会从此文、此课中有所收获，请运用本文学到的写景散文四步学习法，学习下面片段，并试抓秋草、秋风或秋雨的特点描写一段。

小草偷偷地从土里钻出来，嫩嫩的，绿绿的。园子里，田野里，瞧去，一大片一大片满是的。坐着，躺着，打两个滚，踢几脚球，赛几趟跑，捉几回迷藏。风轻悄悄的，草绵软软的。

桃树、杏树、梨树，你不让我，我不让你，都开满了花赶趟儿。红的像火，粉的像霞，白的像雪。花里带着甜味，闭了眼，树上仿佛已经满是桃儿、杏儿、梨儿。花下成千成百的蜜蜂嗡嗡地闹着，大小的蝴蝶飞来飞去。野花遍地是：杂样儿，有名字的，没名字的，散在花丛里，像眼睛，像星星，还眨呀眨的。

“吹面不寒杨柳风”，不错的，像母亲的手抚摸着你。风里带来些新翻的泥土的气息，混着青草味，还有各种花的香，都在微微润湿的空气里酝酿。鸟儿将窠巢安在繁花嫩叶当中，高兴起来了，呼朋引伴地卖弄清脆的喉咙，唱出宛转的曲子，与轻风流水应和着。牛背上牧童的短笛，这时候也成天在嘹亮地响。

雨是最寻常的，一下就是三两天。可别恼。看，像牛毛，像花针，像细丝，密密地斜织着，人家屋顶上全笼着一层薄烟。树叶子却绿得发亮，小草也青得逼你的眼。傍晚时候，上灯了，一点点黄晕的光，烘托出一片这安静而和平的夜。乡下去，小路上，石桥边，撑起伞慢慢走着的人；还有地里工作的农夫，披着蓑，戴着笠的。他们的草屋，稀稀疏疏的在雨里静默着。

——节选自朱自清《春》

（1）明景物：________________________________。

（2）抓特征：________________________________。

（3）析写法：________________________________。

（4）品情感：________________________________。

【设计意图：运用学到的写景散文四步法进行强化训练，在训练中理清写作思路，以实现以读促写，提升学生的写作能力】

7. 板书设计

明景物　　　　抓特征　　　　析写法　　　　品情感

教学设计三：《天净沙·秋思》

善友中学　鲁墨秀

【教学目标】

1. 知识与能力目标

能有感情地朗读并背诵诗歌。

2. 过程与方法目标

（1）通过反复朗读，体会诗歌蕴涵的思想感情。

（2）在阅读中，能通过品味诗词中的景物特点，发挥想象，读景组图，更好地理解借景抒情这一手法在本诗中的运用。

（3）归纳总结出学习借景抒情类诗歌的一般方法，并能学以致用。

3. 情感、态度与价值观目标

体会作者蕴含在字里行间的情感，理解游子思乡之情。

【教学重点】

借助本诗理解借景抒情这一手法。

【教学难点】

在阅读中，能通过品味诗词中的景物特点，发挥想象，读景组图，更好地理解借景抒情这一手法在本诗中的运用。

【教学方法】

诵读法、关键词品味法。

【教学过程】

1. 设境导入

（1）课前循环播放歌曲《故乡的云》。

（2）同学们，故乡是我们脚踩的第一块土地，故乡有我们童年的欢声笑语……从古到今，有多少游子把他们满满的乡情，挥洒成壮丽的诗篇。今天，我们就跟随着元代的马致远去品一品他的《天净沙·秋思》。

【设计意图：创设情境，烘托氛围，为学生快速地把握诗歌的感情基调做铺垫】

2. 入境品读

（1）反复朗读，体会情感

①我们知道古代诗人往往借助唐诗、宋词、元曲等多种古诗体裁来表达自己的思想和感情，那么这首诗抒发了作者怎样的思想情感呢？请同学

们先自由读这首诗歌，细心体会其中蕴涵的思想感情。

②学生练习朗读。

③教师引导学生交流自己的初读感受。

④请同学有感情地尝试朗读诗歌。

⑤师生评价学生的朗读。

【设计意图：课标要求珍视学生独特的感受、体验和理解，此环节的设计既能从整体上把握学生的初读感受，又能为学生体会诗歌的思想感情做铺垫】

（2）抓关键词，品味意象

①师设问，引发学生深入学习。

a. 这首诗歌有没有直接写到悲伤呢？（没有）

b. 作者是怎样写出这种感情的呢？（借景抒情）

c. 这种感情从哪一关键诗句可以体现出来？（断肠人在天涯）

师追问：为什么说这句呢？

引导学生抓关键词，咬文嚼字。如："天涯"一词写出了诗人此时此刻背井离乡，内心孤苦无依。再如："断肠"一词，你学过的哪些诗词中出现过？一般情况下，都用在什么样的情境中？

②学生分组讨论以下问题：

除此句外，作者还列举了一些景物，为什么要列举这些景物呢？

提示学生从这几方面思考：先找出写的景物有哪些？再看看怎么写这些景物的？有何特点？最后说说蕴含其中的情感。

【设计意图：依据本诗的写作特点借景抒情，由对"情"的一个整体把握过渡到对"景"的品味，而诗中"景"又处处含"情"，所以对这些情景相生"意象"，就要深入品味，而品味的主要方法就是"抓关键词"】

（3）发挥想象，读景组图

一首小令，千古传唱，有口皆碑；二十八字，登峰造极，秋思之祖。同学们，它是一杯酒，浓香馥郁；它是一首歌，荡气回肠。请你发挥想象，再次走进诗歌，用你的语言来为本诗描绘出一幅幅动人的图景吧！

提示学生：借助诗歌中的"景物"，把握好其中蕴涵的情感，转换角色，深入其境，进行二度创作。

【设计意图：诗歌是高度凝练的语言艺术，每一个跳动的字符都迸发着诗人的情感，此环节引导学生发挥想象，读景组图，就是希望学生能真

正地理解每一个文字蕴涵的情感，从创作的角度来深入理解诗歌】

3. 归纳提升

师一：翻开浩瀚的书卷，秋已然成为文人墨客的知己，他们把满腹的愁思向它倾吐，他们把内心的苦痛与它分享，他们把对人生的思考与它探索……现在，请你说说你积累的与秋相关的诗文名篇或名句，并谈谈自己的认识。

师二：请同学们回想一下，我们学习本诗的过程，看看谁能够总结出学习诗歌的一般方法？

（1）生自由说

有的说先要读，有的说得理解作者的思想感情，有的说要了解诗意，有的说一定要抓住诗中所写到的景物，还要注意这些景物的特点……

（2）师结合本文的学习归纳总结出学习借景抒情类诗词的一般方法：

- 反复朗读，体会感情。
- 抓关键词，品味意象。
- 发挥想象，读景组图。

（师板书并讲解）

（3）学生齐读

【设计意图：此环节一方面能拓宽学生的知识面，让学生对古今写秋名句有一个全面的认识，并适当引导学生进行比较；另一方面帮助学生整理学习过程，总结学习方法，提升学生的阅读水平，让学生会自主阅读】

4. 演练学法

借景抒情的诗歌浩如烟海，虽然所写之景不同，所抒之情迥异，但情景交融又让它们惊人的相似。这就为我们走进它们提供了一条捷径，现在请同学们运用刚刚总结出的学习借景抒情类诗词的一般方法来自学温庭筠的《望江南》。

望江南

温庭筠

梳洗罢，独倚望江楼。过尽千帆皆不是，斜晖脉脉水悠悠。肠断白蘋洲。

【设计意图：运用学习借景抒情类诗词的一般方法，在演练中加深对这一方法的理解，从而达到活化迁移】

教学设计四：《〈宽容〉序》

实验中学　李晓兰

【教学目标】

1. 知识与能力目标

（1）说出作者及相关文学常识，并积累文中的字、词、句。

（2）阅读课文，并能自主的复述文章的内容。

（3）分析人物形象，深刻理解此序的内涵。

（4）总结学寓言的方法，并能学以致用。

2. 过程与方法目标

（1）自主收集资料，预读文章，完成预习导学。

（2）快速阅读，熟悉文本，复述故事内容。

（3）运用圈点勾画法精读课文，揣摩人物性格及象征意义。

（4）联系文章背景，深入挖掘文章的思想内涵。

（5）拓展延伸，感受优秀作品的现实意义。

3. 情感、态度与价值观目标

从文中三个形象上能反观自己及生活的环境，学会辩证地看待问题，能够宽容异见，并形成正确的人生观。

【教学重点】

引导学生运用圈点勾画自主的分析文章，并运用有感情诵读的方式来揣摩人物性格特点及象征意义。

【教学难点】

透过本文主旨，进行创造人格的熏陶，培养对新事物理解、宽容的态度。

【教学过程】

1. 调动积累，言说作者

历史学家曹聚仁在《我与我的世界》中回忆说：20 世纪 20 年代他在候车时偶然买到《人类的故事》中译本，"于是那天下午，我发痴似的，把这部史话读下去，车来了，在车上读，到了家中，把晚饭吞下去，就靠在床上读，一直读到天明，走马看花地总算看完了。这 50 年中，总是看了又看，除了《儒林外史》《红楼梦》，没有其他的书那么吸引我了。我还立志要写一部《东方的人类故事》。岁月迫人，看来是写不成了；但房龙对我的影响，真的比王船山、章实斋还深远呢!”

作家对其有这样高的评价，他的文章究竟有什么魅力呢？我们走进他《人类故事》的序言感受一下吧。

【设计意图：走进文章的最好办法是先走进作者，在感受不同的评价中，尤其是名人的评价中设计问题，引起对文章的期待心理。】

2. 听写积累，速读复述

合好书，听写学过的字词。

（1）交流生字词。

（2）再速读课文，用自己的话说说文章的内容。

（3）通过刚才复述，想想文章中以寓言的形式，刻画了几个主要的形象？（板书）

【设计意图：学生依托讲学案进行预习基础上，对基础和基本内容加以理解，因此课上以检测为主，运用听写的生字进行复述，已达到对其预习的检测】

3. 品评形象，挖掘内涵

（1）通过刚才的复述，你能说说“无知山谷”是一个什么地方？你从文中哪些地方看出来的？这些人处于一个什么样的生存状态？

本文以诗化的语言对人物进行了形象的刻画。请根据我们以前对人物的分析方法，采用圈点批注的方式，找出对不同人物的描写方法，并抓关键的词语与语句来评析人物。（自主批注，可适当地进行小组交流）

（2）说说你眼中的三个形象

请根据批注，用句式“我觉得（守旧老人、民众、先驱者）是________的人，从________中看出来的”来交流，并对一些关键语句进行分析、范读。

（师在学生的汇报中指导朗读，并可对一些关键语句进行范读）

【设计意图：依托于文本，抓文中的关键句子，引导学生谈出不同的评价，以便显露其真实的人生观。我们可做正确的引导，同时也为理解文章的内涵奠定了一定的基础】

（3）说说作者眼中三个形象的象征意义：

刚才大家各抒已见，说出了你对三种人的不同看法，作者所刻画的这三类人物是否有一定的象征意义。

（采用小组合作的方式进行）

（4）你认为探索者失败的原因是什么？

（5）作者以寓言的形式给我们讲这样一个故事的目的是什么？

【设计意图：由3种人物的象征意义，联想到社会发展历程，进而深刻的理解文章的写作内涵】

4. 探究思考，总结技法

那些曾经和现在发生的事，以及那些为了坚守真理而遭遇不宽容的先驱者们是不应该被遗忘的，你能列举一些中外历史上的或现实中的例子吗？

【设计意图：在学生各抒己见中张扬个性，同时引导学生上升到文章对生活暗示指导作用上来，在比较交流中更深入的加深对文章内涵的理解，同时达到情感的渗透】

请大家看板书的学习环节，思考学习寓言这一体裁，我们是按哪几步来学习的？（副板书）

（1）速读，复述内容

创造性复述策略：补充情节、改变人称、改变结构、刻画人物、改变体裁。

（2）品读，分析形象

品析人物策略。

①分析环境：自然环境烘托人物心情；社会环境造就人物性格。

②人物描写：肖像（神态）、动作、语言、心理、细节。

③侧面描写的烘托。

④抓关键词品析。

词性：动词、形容词，副词。

还可进行词语的比较、删除等。

⑤修辞的运用。

（3）速读，理解寓意

理解寓意策略。

古代寓言：结尾关键句点明寓意。

现代寓言：联系写作背景，抓文中关键句或关键词理解。

（4）跳读，自说感悟

自说感悟策略。

联系现实多角度理解：人物品质、表达思想、语言运用、结构立意、表达方式、写作手法等。

【设计意图：总结此课的学习方法，以达到对此类体裁学习方法的总结，方便学生的应用，提高其学习能力】

5. 谈说收获，布置作业

在这篇《〈宽容〉序言》里，除了呼唤“宽容”这一主题，你还能读出哪些相关的启示？（内容、语言、写法、主题上等）

学生自由谈说。

此文作为序，打破了其他序的特点，以诗化的语言，寓言的形式，生动而形象地展示《宽容》这本书的主旨，相信同学们已迫不及待地想读此书。更进一步的感受“思想自由、宽容已见”的重要性。

6. 板书设计（正板书）

形象	性格	象征	寓意
守旧老人		守旧思想统治者	主旨：思想自由
村民们		守旧势力的帮凶	宽容异见
先驱者		创新思想开拓者	感受：……

【设计意图：既是课堂教学内容的展示，同时也清析地展示了作者创作此文的目的性，更为学生学习步骤做了总结，其中性格根据学生的生成进行填写】

教学设计五：《阿长与〈山海经〉》

第一中学 田 巍

1. 导入新课

有人曾这样评价过一位作家：“人们只看到他横眉冷对的斗士模样，可在他的内心深处，却涌动着一股爱的热血……”同学们，你们知道这说的是谁吗？（鲁迅）

当鲁迅先生回忆起自己童年的保姆阿长时，胸中炽热浓烈的真情便顺着笔尖流淌而出，凝聚成了这篇《阿长与〈山海经〉》。

2. 检查预习

（1）字词掌握情况。

（2）介绍鲁迅及其作品。

3. 整体感知

快速默读课文，给段落标上序号，用简练的语言归纳：鲁迅先生回忆了哪些与阿长有关的事情？

（阿长名称的来历、喜欢“切切察察”、“大”字型睡姿、元旦的古怪仪式、讲长毛的故事、送“我”《山海经》等）

4. 研读赏析

（1）最让鲁迅先生难忘的是哪件事？（买《山海经》）

【设计意图：一篇长而博大的文章，在有限的课时内，很难做到面面俱到。那么，只能从片段入手，尽量做到短而精深。

如何选择片段做重点分析？不言而喻，这一片段应该是最能体现文章主题或人物性格特征的部分。

对《阿长与〈山海经〉》，我大胆地进行了裁剪。教学伊始，就用一个主问题“鲁迅先生回忆了哪些与阿长有关的事情”，将几个事件整体概括。随即，便直接进入“买”《山海经》的部分，用了几乎大半堂课的时间精心分析。这样的学习策略，既能突出中心，又不显得冗杂繁乱。所以，教学一定要懂得“取舍”】

（2）在买《山海经》前后，“我”的心情有什么变化？

（得书之前：渴慕；得书之时：惊喜）

（3）鲁迅先生最擅长用精炼的文字来传情达意。请同学们找出能体现“我”对书的渴慕的句子，有感情地读一读。

（指导：要读出渴慕。）

——“他说给我听，曾经有过一部绘图的《山海经》，画着人面的兽，九头的蛇，三脚的鸟，生着翅膀的人，没有头而以两乳当做眼睛的怪物……可惜现在不知道放在那里了。”（“可惜”、“不知道”等词要重读，以表达“我”没有办法买到书的那种无奈和失落）

——“玩的时候倒是没有什么的，但一坐下来，我就记得绘图的《山海经》。”（要读出寝食难安、日思夜想、念念不忘的感受）

（找学生对朗读进行点评，教师适当指导）

（4）当这本令“我”朝思暮想的书终于出现在“我”眼前时，“我”又惊又喜。请同学生齐声朗读第25段，去体会那瞬间的震撼。

（指导：要读出喜悦）

（5）“震悚”之“惊”，又来于何处呢？请同学们进行小组讨论。

（讨论后明确：不仅是因为书，更是因为人。“我”根本没有想到阿长能买到《山海经》。她不识字，连书名都错念成“三哼经”了。然而，

“我”翻了翻，果然是那本书。阿长竟然买对了，所以很惊讶；“别人不肯做，或不能做的事，她却能够做成功。”这也使“我”震惊）

（6）在所有人都毫不在意之时，阿长却实现了“我”的愿望，可见她对“我”是多么关注和关心。然而，“我”之前对待她的态度如何呢？我们一起来看第22段。老师先范读给大家听。

（“非”“也”“既然”“就”等要重读，让学生体会“我”对阿长的情感变化。——轻视、厌恶、冷淡、不以为然……）

小结：“我”震悚的原因：“我”一直厌烦、憎恶阿长，却忽然发现阿长是全心全意关爱着“我”的，“我”能不受到震撼吗？让我们齐读23～26段，感受阿长对“我”朴实真挚的爱，以及“我”对阿长的肃然起敬。

那伟大的神力，其实就是一个普通劳动妇女内心最朴素的情感，但这爱确实是伟大的，它让鲁迅先生铭刻一生，以至在46岁那年还要写文纪念。

【设计意图：“我”得书前后感情的变化就是教学的一个切入点。有了这个关键轴，各个事件都能有序组合运转了。所以，我设计了在买《山海经》前后，我的心情有什么变化？和我之前对阿长的态度如何？等问题，就是引导学生去把握这条感情线索。而攻破了这个重点之后，“我”当时为何会“似乎遇着了一个霹雳，全体都震悚起来”，之后又为何一直对阿长感激怀念，便迎刃而解了。

由于把握了感情线索，《阿长与〈山海经〉》这篇长文被几个围绕感情变化的主问题统领起来，教师提问不显琐碎，脉络清晰，学生也容易理解。

在分析过程中，注重分析细节描写，因为富有特征性的细节，能够勾勒出人物的个性。如：写阿长买来《山海经》时，“穿着新的蓝布衫回来了”，一见面，就将一包书递给“我”，高兴地说：“哥儿，有画儿的‘三哼经’，我给你买来了！”这里，不仅看到一个衣着朴素、满脸笑容的劳动妇女的外貌，而且听到她那亲切自然的语言，感受到她为孩子办成一件事后内心的无比喜悦。“三哼经”恰如其分地表现了她的身份和社会地位。这个细节也说明了，为“我”办这件事情的不是学问人，而是连书名都说错的劳动妇女，联系课文的标题可以体会到，作者把阿长同《山海经》连接在一起，表现了设题同构思的新颖和巧妙】

（7）推荐一名同学，再次朗读这篇文章中最精彩的部分（22～26段），让我们在朗读中，体会那段人间真情。

（指导：抑扬顿挫、声情并茂、动人心弦）

（8）回忆着阿长与“我”一起生活的点点滴滴，她买来书时慈爱的笑脸又浮现眼前，那熟悉的声音还回响在耳边，但，阿长却已不能再陪伴“我”的左右了！

（教师范读 30、31 段，读出感激、怀念之情；师生共同朗读 30、31 段，将结尾抒情反复强调，将感情推至高潮）

【设计意图：朗读是教学设计中必不可少的环节。对精彩段落一定要反复诵读。所以，教授《阿长与〈山海经〉》时，我便设计了多种形式的朗读，力求将文本读熟、读懂、读准确、读透彻。要边读边揣摩，不能只读不思考。要引导学生在朗读过程中潜心揣摩，既要把文章的语气、节奏、句式和作者的情趣意旨通过富有情感的诵读表现出来，还要探究一些语言规律，如词义、句义的涵义，分辨出语言的细微差别，才能领悟语言之美。学生读完之后，教师一定要给予中肯的点评，不能读成什么样都无所谓。

以读促学，赏析语言的方法在《阿长与〈山海经〉》的教学中取得了很好的效果。学生们越读越准确，越读越生动。因为朗读到位，所以理解透彻；因为理解透彻，所以朗读不再浮于表面，而成为了感同身受的心声的倾诉】

5. 拓展延伸

一本小小的《山海经》，让“我”感受到了长妈妈爱的温暖。其实爱很简单，它就在我们身边。同学们能说说你亲身经历的真情小事吗？

……（略）

小结：生活中有许多和阿长一样的，卑微、平凡却值得我们尊重的人。只要我们用心去感受，其实，爱，就在我们身边。

【设计意图：语文课程的学习，既是学生通过语文学习和实践活动，逐步掌握语文知识和技能，提高语言实际运用能力的过程，又是他们磨砺意志、陶冶情操、丰富生活经历的过程。因此，在教学中，对于兼具工具性与人文性的语文，还应拓展更大的空间，来培养学生感悟生活的能力。

而在散文教学中，拓展延伸是最易出新、出奇的环节，往往由课内迁移到课外，学生可以自由地畅谈人生、社会等，可以用多种形式去表达情感】

6. 总结归纳

（1）内容总结。本文刻画了一个真实、生动、鲜活的普通劳动妇女的形象，她饶舌多事、不拘小节，但为人诚恳、热情、乐于助人，有着宽厚、淳朴、善良、仁慈的美德，这些都是令作者心灵震撼的原因，文中表达了作者对长妈妈的深切怀念之情。

（2）方法归纳（引导学生归纳）。本文为写人叙事类散文，篇幅较长，但线索清晰，详略得当，感情真挚，在学习过程中，按“理线索——抓细节——赏语言——悟精神”的策略来分析，有利于理解人物形象，把握文章的主旨。

【教后反思】本文篇幅较长，在教学设计时，首先把握感情线索，梳理情节；然后抓细节，选择重点片段进行分析；重视朗读，赏析语言；拓展延伸，感悟精神。这样的教学设计，能使学生在有限的课时内，快速、准确、深入地理解文章的内涵，体会文章所蕴含的情感。

浏览人教版教材、长春版教材，散文占的篇幅较多，尤其是写人叙事类散文，通过学习《阿长与〈山海经〉》一文，使学生掌握写人叙事类散文的学习方法，培养自学意识，并且能够运用这一学习策略，去自主地学习同一类型的文章。

人教版教材中《紫藤萝瀑布》《散步》《从百草原到三味书屋》《藤野先生》《我的第一本书》《老王》《信客》等文章；长春版教材中《在梦的远方》《给我的孩子们》《金岳霖先生》《背影》等文章，都可以按“理线索——抓细节——赏语言——悟精神”的方法来学习。

教学设计六：《最后一课》

朝阳中学　李楠楠

【整体设想】

《最后一课》这篇小说一直被人们誉为世界文学宝库中的一颗璀璨的明珠。小说将普法战争这一重大社会历史题材浓缩在一所小学最后一堂法语课的场景里，谱写了一曲悲壮昂扬的爱国主义颂歌，创造了短篇小说艺术的典范，为世界人民广泛传诵。因为本文是长春版语文课本中第一篇小说，所以在本课的教学过程中教者将围绕着小说四步阅读法，进行师生互动的学习策略的研究。

【教学目标】

（1）结合小说背景理解“最后一课”的含义。

（2）分析小弗郎士和韩麦尔先生是怎样的人，从而感受法国人民在亡国之际的强烈的爱国情感。

（3）懂得母语和国家之间的关系，树立热爱汉语、学好汉语的意识，培养自己的爱国感情。

【教学重点】在分析人物形象过程中体会法国人民的爱国情感。

【教学难点】

（1）小弗郎士的情感变化线索。

（2）分析韩麦尔先生的艺术形象。

【教学方法】概括法、讨论与点拨法。

【学法指导】小说四步阅读法。

【教学过程】

1. 导语设计

一个民族有一个民族的语言，一个国家有一个国家的尊严。学习、热爱民族语言，就是维护国家的尊严，是爱国的表现，失去民族语言就等于丧失国土。如果有一天，有人告诉你，你再也不能学习汉语，每天你挂在嘴边的普通话不能再用了，从今天开始你只能用日语交流，那么你会有怎样的感受呢？（学生发表感言）今天我们一起走进都德的小说《最后课》，体会一下国家被占领，将要失去自己祖国语言的法国人民的感受，同时学习阅读小说的方法。

【设计意图：无论是外国小说还是中国小说，都要寻找贴近学生生活，能够帮助学生理解的情境，进行设计导入，拉近文本与学生的距离】

2. 了解作者及文体知识

（1）阿尔封斯·都德（1840～1897），法国19世纪著名小说家。28岁的时候他出版了第一部长篇自传体小说《小东西》，获得巨大成功。《最后一课》是他短篇小说的代表作，这篇小说写于1873年，当时正是普法战争法国战败时期，普鲁士军队长驱直入，占领了法国的阿尔萨斯、洛林等地区。为了让当地人民永远忘记祖国，好永远统治这些地方，普鲁士政府下了一道命令：这两个州的学校，只准教德语，不准再教法语。《最后一课》就产生于这样的时代背景。

（2）本文的体裁为短篇小说，小说有三要素：人物、情节、环境。小说以塑造人物形象为主，今天我们将主要由分析人物形象入手，体会小说所要表达的情感。

【设计意图：夯实基础，为小说阅读教学的下一步研究奠定基础，同时体现语文学科工具性】

3. 扫清字词障碍，整体感知课文

（1）预习检测：郝 hǎo 叟 sǒu　　懊 ào 悔　　字帖 tiè

强 qiǎng 迫　　踱 duó 步　　哽咽 gěng yè

（2）在此部分中，将设计几个基本问题，帮助学生理解文章主要内容。

本文是按照什么线索展开的？（小弗郎士的见闻展开的）

根据小弗朗士的活动可以分为几个内容？分别概括各阶段内容的主要意思。

小说阅读学习策略一：理故事情节，弄清结构特点。具体方法：

从线索角度来整理情节。
从小说情节组成部分即“（序幕）——开端——发展——高潮——结局——（尾声）”几个部分入手理清情节。
从主要人物的表现角度来帮助理清故事情节。

【设计意图：帮助学生发现小说阅读中关于如何理清故事情节的方法，并以点带面，辐射到其他小说的情节梳理中，从而形成学生的初步认知】

4. 重点研读，理解人物形象

（1）在这篇文章中有几个主要人物？

（2）在整堂课的过程中变化最大的人物是谁？（小弗郎士）

（3）在最后一课中小弗郎士对什么的思想感情都发生了根本的变化？请大家结合课文具体内容从对学习，对老师、对祖国几个方面来谈小弗郎士的变化。（小组讨论）

①小弗郎士本来是一个贪玩、不爱学习的孩子，他总是想着逃课，去找鸟窝，去溜冰，最讨厌课本，觉得它们很讨厌，带着又那么沉重。而现在他觉得它们都是他的好朋友，舍不得跟它们分手了。

②以前他觉得韩麦尔先生是个很严厉的人，现在他称韩麦尔先生为“可怜的人”，开始理解和同情韩麦尔先生，甚至敬仰先生的人格，“觉得他从来没有这么高大”。

③对于祖国，作为小学生的小弗郎士一开始并没有失去国土的悲痛，没有爱国的意识，看到普鲁士兵在操练还觉得比学习有意思，而在最后一堂课上他懂得侵略者的意义，懂得去仇恨普鲁士的侵略者，说他们是“坏家伙”，成长为了一个懂事成熟、热爱祖国的孩子。

（4）是什么让本来贪玩的小弗郎士发生了这么大的变化呢？

是他的老师韩麦尔先生的一言一行教育了他，是亡国的惨痛剧烈地震撼了他，是最后一课的典型环境感染了他，更是普鲁士侵略者对法兰西人民民族感情的无情伤害促进了他心灵深处爱国主义思想的猛醒。

（5）看来韩麦尔先生对于小弗郎士的影响非常大。你认为韩麦尔先生是一个什么样的人呢？结合具体内容来谈。(学生小组讨论)

学生谈时提醒：自己思考准备回答的同时注意倾听同学的发言，进行反驳。

学生发言，认为韩麦尔先生：

①是一个可怜的人；②是一个原先不大负责的人；③是一个严厉的人；④是一个普通的人；⑤是一个温和而严肃的人；⑥是一个有勇气的人；⑦是一忠心耿耿的人；⑧是一个爱国的人；⑨是一个留下了高大形象的人……

教师调控，组织讨论三种“见解”：

①韩麦尔先生是一个普通的人：镇上的一位普普通通的教师。平平常常工作了40年，课堂教学的管理水平不大高。有时还“玩忽职守”——“我不是常常让你们丢下功课替我浇花吗？我去钓鱼的时候，不是干脆就放你们一天假吗？”

②韩麦尔先生是一个“可怜”的人：这是他给孩子们及镇上的人上的最后一次课，明天就要永远离开这个地方。离开他工作40年的地方，离开自己的工作岗位，而且再也不能教法语了，他唯一能做的就是教一节课又一节课，恨不得把全部知识都教给我们。这个可怜的人异常的难受，他一动也不动地瞪着眼看周围的东西。脸色惨白，话也说不下去……

③韩麦尔是一个爱国者：换上礼服，纪念这最后一课，以表示对失去国土的敬意；对自己从前的工作态度进行了反省，对阿尔萨斯人进行了直率的批评；赞美法语，说法语是世界上最美的语言；说明语言好比打开监狱大门的钥匙；面对即将要丧失的祖国语言内心的极大悲痛，使出全身的力量写“法兰西万岁！”这两个大字。这些都足以证明韩麦尔先生对于祖国的热爱。

（在讨论中重点放在第③种“见解”。注意最后一部分，韩麦尔先生的语言、神态、动作的描写）

（6）最后一部分，作者从人物描写的哪些方面来刻画韩麦尔先生？

语言：“我的朋友们啊”“我——我——”；神态：“脸色惨白”“呆在那里”；动作：转、拿、使、写、靠、做手势。写出了他对侵略者的强烈的愤恨和丧失国土给他的沉重的打击，表明他具有强烈的爱国情感。

（结合讨论，有感情地诵读韩麦尔先生的大段独白，诵读课文最后一部分，想象、描述这一精彩的特写镜头，体会其中的情感，掀起课堂教学的高潮）

【设计意图：以组织研讨的形式，对人物形象进行分析，特别是注意了小说中主要人物相互的关系，从一个人物到另一个人物的过渡分析，对人物描写中典型的方面进行指导分析，帮助学生在心中将人物“立”起来。并对分析人物形象的学习策略做一个系统归纳整理】

小说阅读学习策略之二：分析人物形象，理解典型意义。具体方法：

①围绕情节分析各阶段人物的变化，并探究产生此种变化的心理，了解人物的内心世界。
②将典型人物置于典型环境中来理解，分析典型环境造就的典型性格。
③通过圈点、勾画从人物的肖像、行动、语言等方面分析人物。

5. 结合三要素，把握小说主题

（1）小说中哪些属于环境描写？他们对表现主题有何作用？

例如：开头的一处描写，交代了故事发生的时间、地点，也暗示了背景，同时还有烘托人物心情、渲染气氛等作用，更是推动了故事情节的发展。

学生积极从文本中发现这些环境描写，并探寻描写对表现主题的推动作用。

（2）在这种环境下，作者写到了最后一堂法语课上，无论是本来贪玩的小弗郎士还是原本普通的韩麦尔先生都发生了巨大的变化，作者如此深入刻画韩麦尔先生和小弗郎士的形象，同时利用了典型的环境描写其最终的目的是想要传达给读者什么样的思想感情呢？

表达了法国人民对于祖国的热爱，对于侵略者的仇恨。

小说阅读学习策略之三：凭借三要素，把握小说主题。具体方法如下。

归纳小说中三要素的具体描写。
探寻各部分在文章中的作用。
把握作品反映的社会本质。
揭示小说的主题。

【设计意图：根据小说中人物、情节、环境的具体描写，形成对小说阅读三要素的完整认识和理解，有利于小说主题的挖掘】

6. 延伸拓展，探究写作特色

文中的哪个人物给你留下了深刻印象，你觉得作者在勾画他们的时候，对你的写作有怎样的借鉴意义？

小说阅读学习策略之四：赏写作特色，揣摩借鉴之处。具体方法：

寻找小说中优美、精辟的语句
①深刻揭示主题的句子（在情节高潮处去找）
②含蓄烘托主题的句子（到文章结尾处去找）
③展示人物性格的句子（到人物的细节描写中去找）
小说中人物描写的方法，学习寻找小说中最突出的人物描写方法
小说中突出的写作手法——以小见大、衬托、对比

【设计意图：赏小说的写作特色，从多个角度感受小说创作手法，一方面提高学生的艺术鉴赏力，一方面为今后写作提供了借鉴。】

7. 板书

最后一课

都德（法）

环境：（时代背景）普法战争，法国战败

人物：小弗郎士　　　　　　　　　　韩麦尔先生

贪玩、不爱学习、幼稚　　　　　　普通教师、不大负责任的人

情节：变

懂事、爱学习、爱祖国　　　　　　爱国志士

情感：对祖国的热爱，对侵略者的仇恨。

（三）初中数学学科教学设计

教学设计一:《一元二次方程概念》

第六中学　王凤

【所采取的教学图式】问题情境（抽象、建模）——（类比、迁移）新概念——比较分析（共性、异性）——形成新概念体系——应用——反馈

【教材分析】

本节以实际问题为背景，引出一元二次方程的概念，归纳出一元二次方程的一般形式，让学生感受一元二次方程这一概念的内涵，并通过提出问题，要求学生观察思考方程中未知数的个数和次数，引导学生联想并类比一元一次方程，以便更好地理解一元二次方程的有关概念。这样编排，既有利于学生理解并接受新知识，又充分地反映出一元二次方程及其有关概念来源于现实世界，是刻画现实世界的一个有效数学模型。

【教学目标】

1. 知识技能

（1）理解一元二次方程的概念。

（2）掌握一元二次方程的一般形式，正确认识二次项系数、一次项系数及常数项。

2. 数学思考

（1）通过一元二次方程的引入，培养学生建模思想，归纳、分析问题及解决问题的能力。

（2）通过一元二次方程概念的学习，培养学生概念理解的完整性和深刻性。

（3）由知识来源于实际，树立转化的思想，由设未知数、列方程向学生渗透方程的思想，从而进一步提高学生分析问题、解决问题的能力。

3. 问题解决

在分析、揭示实际问题的数量关系并把实际问题转化为数学模型（一元二次方程）的过程中，使学生感受方程是刻画现实世界数量关系的工具，增加对一元二次方程的感性认识。

4. 情感态度

（1）培养学生主动探究知识、自主学习和合作交流的意识。

（2）激发学生学数学的兴趣，体会学数学的快乐，培养用数学的意识。

【教学重点】一元二次方程的概念及一般形式。

【教学难点】

（1）由实际问题向数学问题的转化过程。

（2）正确识别一般式中的“项”及“系数”。

【教学过程】

1. 在知识、思想和方法上为学习本章做好铺垫和准备

（1）我们学过的方程有哪些？学习了方程的哪些内容？（教师在学生回忆的基础上梳理并板书五方面的内容）

（2）整式方程中的一元一次方程、二元一次方程（组）是如何下定义的？（由未知数的次数和个数决定的）

（3）解二元一次方程（组）、分式方程的解题思想是什么？具体方法是什么？

（4）用方程解应用题步骤是什么？关键是什么？

我们今天继续学习另外一种方程，这种方程学习的内容和用到的思想和方法和以前我们学习的方程类似。具体又有哪些区别和联系呢？我们学完这一章就会清晰的（引入新课）。

【设计意图：作为一元二次方程的起始课，复习方程这部分知识的研究顺序和内容、整体的知识结构，及解决问题的思想和方法有两方面作用：一方面让学生明晰本章要研究的内容，让学生在整体的知识体系下去学习新知，学生的学习方向更明确，目的性更强；另一方面为学生用类比的方法学习本章内容做好铺垫，从而提高学习效率】

2. 新课教学

（1）创设问题情境、建立模型

由教材中的实例得到3个方程：①$x^2+2x-4=0$；②$x^2-75x+350=0$；③$x^2-x=56$

教师引导学生观察，列出3个方程在形式上的共同点。

提出问题：谁能给3个方程起一个名字？根据方程下定义的方法，你能给这样的方程下定义吗？

（2）类比、迁移总结概念

学生可以类比整式方程下定义：只含有一个未知数并且未知数的最高次数是2的整式方程，叫做一元二次方程。

学生在定义时受认知水平的限制及概念迁移的负作用，可能会存在一元二次方程概念总结不到位，语言表述不严谨和不准确的现象。教师不要急于指出错误，可以根据学生出现的漏洞举出例子，让学生思考讨论，让他们的思维经历对与错的碰撞，然后再总结概括，学生的思维能力和语言能力都会得以提高。

（3）比较分析形成新概念体系

教师在学生给出概念后设置一组练习：

判断下列方程哪些是一元二次方程：

① $x^2-1=0$　② $4x^2+2y=0$　③ $(x+1)(x-3)=0$　④ $x^2+\frac{1}{x}=1$

提出问题：在判断一个方程是否是一元二次方程时你要注意哪些问题？与我们学过的方程有哪些区别？

教师意在引导学生挖掘概念中的关键要素：整式方程、一元、二次。

提出问题：你能说出一个一元二次方程，请你的同桌说出它的一般形式，并写出它的二次项系数、一次项系数及常数项吗？

教师接着提出问题：任何一个一元二次方程经过整理都可化成一般的形式，你认为一般形式是怎样的呢？

让学生在思考中自己对知识进行数学推广，最终归纳出一般式。教师在这一过程中引领学生不断改进和完善，可以培养学生由特例化归一般的能力。

师生共同总结一元二次方程的一般式：$ax^2+bx+c=0$（$a\neq0$）。ax^2是二次项，a是二次项系数，bx是一次项，b是一次项系数，c是常数项。

【设计意图：概念的教学主要要完成两个环节，即概念的形成和概念的同化。新概念是学生初次接触的，所以在教学中应首先列举适当的、具体的、结合学生实际生活的例子，归纳出特征并与已有的概念加以区别和联系，领会新概念的本质属性，从而更好地理解和掌握一元二次方程的概念】

（4）应用反馈

①教材第27页练习。

②将方程 $3x(x-1)=5(x+2)$ 化成一元二次方程的一般式，并写出其中的二次项系数、一次项系数及常数项。

③方程 $3x^2-3=2x+1$ 的二次项系数为____一次项系数为____常数项为____。

④关于 x 的方程 $(a-1)x^2+3x=0$ 是一元二次方程，则 a 的取值范围是____。

【设计意图：教师引导、组织学生练习，巡回辅导，重点问题进行强化、点拨方法、总结规律。通过练习培养学生分析问题、解决问题的能力，帮助学生熟练掌握一元二次方程的概念】

3. 总结

通过本节的学习你学到了哪些知识和方法?

教学设计二:《配方法解一元二次方程》

宁江区教师进修学校　王永波

【所采取的教学图式】

探究方法（由特殊到一般）——归纳方法——尝试解方程——归纳一般步骤——深化练习

【教材分析】

一元二次方程的解法是本章的重点内容，“配方法”是学生接触到的第二种一元二次方程的解法，它是以直接开平方法为基础的一次深入探究，是由特殊到一般的一个拓展过程，又对继续学习后面的公式法有着指导和铺垫的作用。在“配方法”的探索过程中体现了“化未知为已知”的数学思想方法，为今后学习高次方程、函数等奠定了基础，具有承上启下的作用。

【教学目标】

1. 知识技能

（1）会用直接开平方法解形如：$(x+m)^2=n$ 的一元二次方程。

（2）理解配方法的思想，掌握用配方法解形如 $x^2+bx+c=0$ 的一元二次方程。

（3）能利用方程解决实际问题，并增强学生的数学应用意识和能力。

2. 数学思考

利用配方法将一元二次方程变形的过程，体现“等价转化”的数学思想方法。

3. 问题解决

通过对比、转化、总结得出配方法的一般过程，发现不同方程的转化方式，运用已有知识解决新问题。

4. 情感态度

通过配方法的探究活动，培养学生勇于探索的良好学习习惯，感受数学的严谨性以及数学结论的确定性。

【教学重点】运用配方法解二次项系数为1的一元二次方程。

【教学难点】发现与理解配方的方法。

【教学过程】

引入新课：解二元一次方程组及分式方程时是通过消元思想转化为一元一次方程来解决的，那么上节学习的一元二次方程 $ax^2+bx+c=0$（$a\neq0$）应如何解呢?

1. 探究方法（由特殊到一般）

问题一：我们解决数学问题的通常策略是由特殊到一般、由简单到复杂。同学们思考：对于 $ax^2+bx+c=0$（$a\neq0$）方程，最简单的形式是什么样的?

学生思考后纷纷说出较简单形式，教师引导学生比较后、按由简单到复杂的顺序写到黑板上①$x^2=25$；②$3x^2=9$；③$(x+3)^2=2$；④$2(x+3)^2=8$。

【设计意图：教会学生从一般式中找出最简单的形式，从简单入手的解决问题的策略，也意在让学生发现研究复杂事物时思考的方向】

问题二：像方程①这样的方程我们能得到它的解吗？利用什么知识？它的解有什么特点?

【设计意图：搜索已有知识，学生很容易用直接开平方法解决问题，引出直接开平方法，并且学生通过比较能够初步感受方程解的情况与学过的方程的不同】

问题三：对照方程①的解法你能解方程②、③、④吗?

教师引导学生观察方程②、③、④与方程①的区别与联系，能否转化为方程①的形式。给学生充足的时间去思考、讨论。请3名同学回答，师生共同评价。

【设计意图：一方面巩固直接开平方法，体会一元二次方程解的情况。

另一方面为配方法做好铺垫】

问题四：我们的最终目标是研究一般形式 $ax^2+bx+c=0$ 的一元二次方程的解法，现在我们已解决的方程离我们目标还有多远呢？

让学生在解决问题的过程中始终有目标和方向。

引导学生把③、④方程按完全平方公式展开，与一般形式对照已解决到什么程度。学生会发现③、④方程展开后就是一般形式，那么如何将一般形式化为 $a(x-b)^2=c$ 形式呢？

【设计意图：通过对比，发现问题，设置矛盾冲突，激发学生的探究欲】

问题五：方程 $x^2+6x-16=0$ 与方程③的展开式 $x^2+6x+9=2$ 有何区别和联系？如何解这个方程呢？

学生观察，找到联系与区别，请同学回答，教师注意其观察能力和语言表达的准确性并引导其得出：方程 $x^2+6x+9=2$ 的等号左边是完全平方式，可用直接开平方。方程 $x^2+6x-16=0$ 的等号左边不是一个完全平方式，但其二次项与一次项与方程 $x^2+6x+9=2$ 完全相同。教师提出问题六。

问题六：你能由方程 $x^2+6x+9=2$ 的解法联想到怎样解方程 $x^2+6x-16=0$ 吗？

学生思考、讨论，发表意见。教师组织学生讨论，并引导学生发现问题关键：要解方程 $x^2+6x-16=0$ 只要将其等号左边转化为一个完全平方式——配方。而配方的关键是常数项的选择。由学生找出常数项，教师演示配方过程，完成由不可解到可解的转化。

【设计意图：问题五、问题六意在引导学生通过观察、比较找到解决问题的思路，渗透转化思想】

2. 归纳方法、总结规律

通过对以上问题的研究，我们发现对不具备直接开平方形式的一元二次方程可以用配方法来解决，教师总结这种方法叫配方法。它的基本思路是将方程转化成 $(x+m)^2=n$ 的形式，两边开平方便可以将方程化为两个一次方程求解，而配方的关键是常数项的选择。

教师提问：大家如何选择常数项呢？

教师设置练习题：

练习：填上适当的数，使等式成立。

(1) $x^2+12x+\_\_\_\_=(x+6)^2$

（2）x^2-4x+____ $=(x-\quad)^2$

（3）x^2+8x+____ $=(x+\quad)^2$

学生练习，教师巡视，适当辅导，共同纠错。

【设计意图：为学生找到配方规律和方法做铺垫】

问题七：在上面等式左边常数项和一次项有什么关系？

学生分组讨论、总结，师生共同归纳：

对二次项系数为1的一元二次方程配方时，一般在方程两边各加上一次项系数一半的平方。

在此活动中，教师充分发挥学生主体作用，适当引导锻炼学生的总结能力。

【设计意图：在学生获取了一种新的解题手段的基础上，教师首先解释配方法的意义，继而配合练习和问题，熟悉配方过程，巩固知识，并进一步探究规律。配方法的关键在于如何配方，随着问题的不断深入，学生必然不满足于单纯表面的发现，而更希望通过理论思维去推理。问题七是引导学生做进一步探究，找到配方规律，这种教学过程有利于提高学生的探究能力】

3. 尝试解方程

问题八：解方程 $2x^2+1=3x$ 你有什么新发现？

学生讨论后，会发现与前面所解方程不同，单纯在用方程两边各加上一次项系数一半平方的方法，不能达到使方程的等号左边是一个完全平方式的目的，引导学生对比发现前面的方程是二次项系数为1的方程，那么二次项系数不为1的如何处理呢？

学生分组讨论思考后，师生归纳出：需要利用等式性质将二次项系数化为1。

问题九：解方程 $3x^2-6x+4=0$，你有什么发现？

学生继续讨论，给予学生一定时间的思考会发现，配方后，出现完全平方式等于负数情况。

教师引导学生分析归纳，此时方程无实数根。

【设计意图：在上一环节中，学生对配方法有了一定的认识，但认识是片面的，不具备普遍性和完整性，要将配方法用于一般性的题目中，针对不同的条件、不同的环境，会出现新的问题，如二次项系数不为1如何配方，配方后方程无意义如何处理等，设置问题八、九给学生设置两个疑

问，学生在质疑、解疑中完善了思维，锻炼了能力，同时感悟了学习方法的产生过程及由特殊到一般的解决问题的方法】

4. 归纳一般步骤

问题：用你的语言描述一下配方法解一元二次方程的基本步骤和需注意的问题。

学生回顾配方的过程，归纳并回答。

教师协助总结一般步骤并有条理的板书：①把常数项移到右边；②二次项系数化1；③两边同加一次项系数一半的平方；④判别右边正负情况；⑤得解。

教师应特别强调配方前移项、二次项系数化1、配方后分情况处理等步骤。

【设计意图：前面讨论的问题是从配方法的原理如何配方，配方法解题中应注意的问题等逐层深入，层层递进，由特殊到一般进行探究，但都是分离的，在这一环节中，引导学生对配方法的完整过程做一回顾，给学生一个明晰的思路，可以加深对知识的理解，加强应用能力】

5. 深化练习

设置一组不同特征的练习题（略）

【设计意图：关注学生能否熟练运用配方法解决不同特征的一元二次方程，通过互评、互纠，加深对配方法本质的理解】

【我的思考】

第一，我认为，概念教学主要完成两个环节，即概念的形成和概念的同化。新概念是学生初次接触或较难理解的，所以在教学中应首先列出适当的具体的例子，结合学生的实际生活经验归纳出这一类事物的特征，并与已有概念加以区别、联系、比较，领会新概念本质属性，从而获得新概念体系。所以，我将第一课例的方程概念教学设计的教学图式为：问题情境（抽象、建模）—（类比、迁移）新概念—比较分析（共性、异性）—形成新概念体系—应用—反馈。这种教学模式有助于学生学习方程概念、理解方程概念的形成过程，这种图式可以推广到所有方程概念的教学中。

第二课例《配方法解方程》的设计意在为方程解法这部分教学找到一种通用的教学模式，使学生更好的掌握解方程（组）的方法，理解解法的本质，教会学生探究类似问题的方法。本课例采取的教学图式：探究方法

（由特殊到一般）——归纳方法——尝试解方程——归纳一般步骤——深化练习。

这种教学图式比较完整地展示了学生研究方程解法的方法和途径。先从最简单的方程入手，通过问题串逐层深入的推向复杂，最终找到方程的解法，归纳方法，总结规律，在初步认识的基础上再尝试解更一般的方程，进一步消化理解这种方法，在此基础上归纳一般步骤，再深化练习，巩固新知。这种设计既尊重学生的认知基础，又遵循学生的认知规律，使学生理解配方法的本质，熟练掌握解法。同时，在整节课的教学中，学生在教师的引导下，通过观察、对比、转化的手段不断地使问题得以解决，学生可以从中体悟到解决问题的方法和策略，可以利用这种解决问题策略去学习其他方程的解法。

第二，数学的学习应该让学生明晰所学知识属于哪个知识体系，要研究哪些问题，研究的方法是什么？与哪些知识、方法有联系。这样学生的学习就有明确的目的和方向。有利于学生自我构建知识体系，便于掌握学习方法，大大提高学习效率、增强学习能力。一元二次方程概念教学是本章起始课。我在设计本节课时多了“知识、思想方法的准备”一个环节，目的也在于此。

（四）初中英语学科教学设计

教学设计一：七年级（下册）Unit 10　Where did you go on vacation?

宁江区教师进修学校　包冬梅

【教学内容分析】

本单元是九年制义务课程标准实验教科书《新目标英语》七年级（下册）第10单元。是围绕“与朋友共同回忆假期”为话题开展的教学活动，学习动词一般过去时的表达法。是在上一单元的基础上对一般过去时用法的进一步巩固和延伸。假期的去向及评价的话题与九单元谈论周末活动的话题密切相关。Section A 1a－2c 首先以图片的形式呈现了本单元的重点词汇和句型，然后设计了听力活动、结伴问答，从听说角度训练了本单元核心句型。从单元的整体框架来看，这部分是一个介绍和导入的部分；从整册书看，是对以前所学知识的延伸和升华，同时又为八年级（上册）第八单元“How was your school trip?”在语法和话题方面奠定了基础，具有承上启下的作用。所以，本节课内容对学生下一步学习具有重要作用。

【学生情况分析】

"以学生的发展为本"的新课程理念，要求教学必须以学生的学习基础、学生需要、学习兴趣等为出发点，联系学生的校内外生活，让课堂教学成为学生生命成长和个性张扬的过程。七年级的学生活泼好动，好奇心强，乐于与人合作，渴望得到老师的关注和同学的认可，但自制力较差，遇到困难和挫折容易灰心，缺少持续学习的动力等。在教学中，我们应充分考虑和尊重学生的这些特点，因材施教。

【学生原有知识基础】

通过第九单元的学习，学生已经具有了学习本单元知识的认知前提，知道从用法、构成、转化、时间状语、注意问题几个方面去学习时态，第九单元关于周末活动内容的学习能自然地与本单元话题衔接。假期活动去爬山，去徒步旅行，参加夏令营等接近学生的生活，能激发起他们谈论本话题的兴趣，这些都为顺利学习新的语言做好了铺垫。

【教学目标】

（1）能够准确掌握度假的的词汇和短语，New York City，Central Park，visit the museum ，summer camp etc. 学会用一般过去时询问并描述假期去向及活动。

（2）能够准确理解一般过去时的用法，能就过去所做的事与他人进行交流。

（3）通过交流所见所闻和感想，增进学生间的相互了解，热爱生活，热爱自然。

【教学重点】

（1）掌握本单元的目标语言，基本句型。

"Where did you go on vacation?" "Did you go to the beach? Yes，I did. No，I didn' t."

（2）掌握看、听、说、结、用五步时态学习策略。

【教学难点】

（1）发现总结动词的一般过去时的肯定句，一般疑问句、特殊疑问句的转化规律。

（2）动词的过去式发音及不规则动词过去式的记忆。

【教学媒体】运用多媒体辅助教学。通过多媒体来激发学生的学习兴趣，培养积极的人生态度，促进彼此间的合作和交流。

步骤1：温故知新

（Show some pictures about weekend activities）I had a great weekend. What did I do ? How about you? How was your weekend? What did you do ? Please talk about it with your partner.

【设计意图：通过看图问答谈论上周末的活动，既激活了学生已有的知识储备，使学生产生学习上的成就感，又创设了轻松愉快的学习气氛，为新知的学习做好了情感上的铺垫】

步骤2：情景导入（1 min）

I know many students had a great time during last vacation. This is a photo of mine. Where did I go?

Help the students to say：went to the beach.

【设计意图：展示去大连旅行时的照片，让学生观察，谈论在大连旅行的见闻。通过对自己去大连亲身经历的描述，激发学生的兴趣，使他们很快进入学习状态，自然地引出课题任务，使学生情不自禁地回想起自己的假期活动，从而去讨论，交流，初步感知一般过去时在生活中实际意义。通过猜谜形式猜测学生假期去向，易于激发学生兴趣，尝试用英语表达所见、所感，引出学习的主题】

步骤3：探究新知（23 mins）

（1）情境体验　感知理解（Task 1）（6 mins）

①Look at your pictures and learn the new words and expressions.

Ask and answer like this：

A：How was your/his/her/their vacation?

B：It was great/pretty good/OK/bad.

A：Where did you/he/she/they go on vacation?

B：I/He /She /They . . .

通过展示“我”的动感影集，观察假期旅行的照片，直观的学习 visited the museum \ went to the mountains \ went to summer camp 等动词短语，分享彼此信息。教师给予必要帮助，提示学生注意动词的词形变化及发音。通过看、猜、说等活动，激发学生的求知欲，培养学生的观察力，想象力，表达力。课伊始，趣已生。

②Finish 1a.（2 mins）

Can you match words with the people in the pictures? When I say the letters, please read these activities.

2. 听说训练，合作探究（Task 2）（8 mins）

①Finish 1b.（4 mins）

Look at the form, I have some friends. Can you read the names? Can you guess what they did on vacation? Remember: past forms.

First, Please listen to the tape and fill in the form.

Name	Activities
Tina	
Xiang Hua	
Sally	
Brad	
Tom	

②Listen again, then use the messages to act out the conversations. You can do like this:

A: where did ... go on vacation ?

B: She /He went to the mountains/...

【设计意图：指导学生通过看、猜、听、答、查 5 步答题法听 Tina 等人假期旅行的有关信息，通过再现所学话题，培养学生在在具体语境中捕捉信息、处理信息的能力，逐渐形成听力答题策略。就听力内容开展的会话练习，帮助学生准确掌握和灵活运用所学目标语言，为综合运用做好铺垫】

（3）巩固强化，综合应用（Task 3）（8 mins）

Read the postcard from Mary to Mrs. Wang , answer the questions:

①How was Mary's vacation?

Where did Mary go on vacation?

How was the weather?

What did Mary do on vacation?

②Do you know how to talk about the vacation? Discuss with your partner and try to fill in the mind-map.

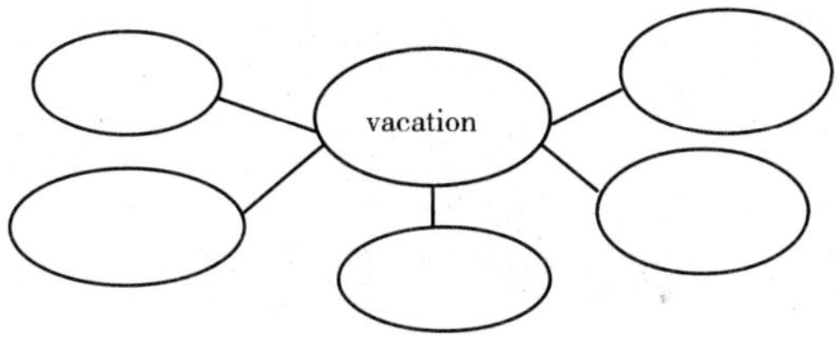

③Do you know how to ask the questions about vacations? work with your partner.

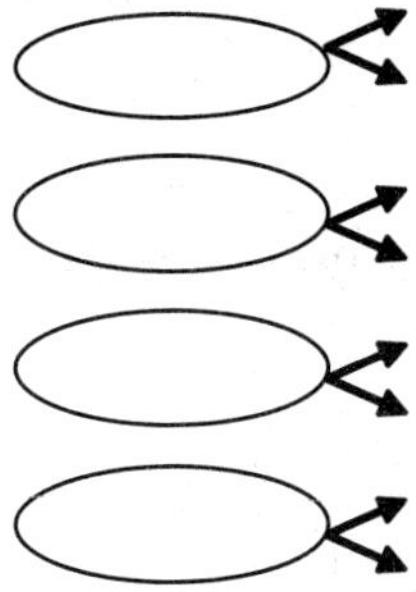

【设计意图：通过阅读旅游明信片，介绍国外旅游的知识，开阔学生视野。通过回答问题，培养学生分析、理解、归纳问题的能力及解题能力。小组讨论总结出从哪些方面谈论关于度假的话题（去了哪里；做了什么；天气如何；感受怎样等）形成本节课知识网，构建知识体系，体现听说领先，读写并举的原则】

步骤4：链接生活，拓展延伸（Task4）（5 mins）

You are a reporter, you are interviewing the famous actor—Jackie Chan about his vacation plan.

You may begin like this :

How was your last weekend?

——

Where did you go on vacation?

——

What did you do there?

——

How was the weather?

——

【设计意图：崇拜名人，了解名人，是青少年共同的心理，通过采访名人的形式谈论假期去向、感受、天气、活动等问题，能进一步激发学生

的学习兴趣，培养学生综合语言运用能力，汇报的过程即为综合语言输出的过程，培养了学生综合语言运用能力】

步骤5：反思小结（3 mins）

What do you learn in this class? Can you give us a summary?

知识树
- 语法 一般过去时
  - 1. 用法：
  - 2. 构成：
    - 1. 肯定句
    - 2. 否定句
    - 3. 一般疑问句
    - 4. 特殊疑问句
  - 3. 时间状语：
    - 1. yesterday（morning/afternoon/evening）
    - 2. last（week/month/year/January/winter）
    - 3. two days/three minutes /ago
    - 4. in + past year
    - 5. just now =a moment ago
  - 4. 过去式的变化规则：
    - 规则变化
    - 不规则变化
      - 1.
      - 2.
      - 3.
      - 4.
- 话题（vacation）

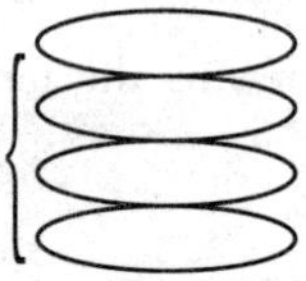

【设计意图：通过让学生自己动脑，梳理本节课的知识线索，画出知识树，形成语法和话题两条主线的知识网络。同时反思以语法和话题内容为依托，学到了关于英语听力、时态学习方面的哪些学习策略，达到知识、技能、情感、策略、文化意识的同步提升】

Homework:

Interview two of your friends and write down what they did in their vacations.

步骤6：教学评价设计

综合评价：达标检测（6 mins）

1. 你能写出下列短语的过去式形式吗？快来试一试！

待在家里 ________________　去爬山________________

去纽约 ________________　去海滩________________

拜访我叔叔________________　参观博物馆________________

去夏令营________________　做作业________________

2. 你知道怎么谈论假日了吗？请你补全下面的对话，并和你的同桌一起读一读：

(The two students came back to school after a long vacation.)

A：Hi，Bob！How are you?

B：1 ________________. How about you?

A：I'm fine，too.

B：2 ________________?

A：It was great.

B：3 ________________?

A：I went to New York with my parents. It's my favorite city.

B：4 ________________?

A：We went to museums and we went shopping.

B：And 5 ________________ there?

A：It was hot，but we didn't mind it.

B：学习方法评价：(2 mins)

(1) 小组展开讨论，谈论本节课学习方法；针对本组的学习方法，补充的其他组的学习方法.

(2) 汇报本组同学对本组记录的学习方法的评价结果。

评价方法：课堂检测法，自我评价法，交流展示法

【设计意图：总之，本节课的时态学习，我注重对学生进行学习方法的指导，通过看、听、说、结、用五步学习策略，由浅入深，循序渐进，使知识的学习变成教师引导下的学生的主动构建。在具体的语言实践活动中，学生经历了对一般过去时感知、理解、操练、巩固、综合运用，形成了完整的知识体系，为以后时态类知识的学习积累了方法，铺平了道路】

(以上设计获得人民教育出版社组织的国家级教学案例设计大赛二等奖)

教学设计二：七年级上 Unit6　Do you like bananas?

Section B　3a – 3c

新城中学　五丽敏

【教学内容分析】

本单元的中心话题是 Food. 主要语言功能项目是 Talk about likes and dislikes. 语法结构为 Present tense to like，Yes /No questions and short answers. Section B 是在 Section A 基础上的知识的扩展和延伸。Section B 首先以听、说、写的形式展开了食物与名称配对以及对食物进行分类。接着设计了听力填写 Sandra 和 Tom 喜欢与不喜欢的食物；自然引到了谈论一日三餐的话题的结对活动，实现了新旧知识的综合运用；一日三餐合理膳食引出同步阅读；之后的写一段话谈谈朋友的一日三餐，使学生从完成半真实的任务转向了完成真实的任务，从而达到了创造性运用所学语言的目的。综上所述，本单元以食物为主线，围绕着谈论喜欢与不喜欢以及一日三餐等语言功能项目展开了一系列任务活动。教材内容从基本语言知识到语言综合运用层层递进，听说读写依次展开，以一种循序渐进的生活化的学习程序，引导学生在做事中有目的地学习语言。

【教学目标】

1. 掌握下列单词和句型

run，runner，eat，dessert，What do you like for breakfast/lunch/dinner? For breakfast，I like...，学会用英语谈论自己与他人早、中、晚餐喜爱吃的食物。

2. 能根据具体情景对话，与他人沟通信息，合作完成任务；运用五步阅读策略，提高阅读能力及综合运用语言的能力。

3. 懂得营养搭配，养成健康的饮食习惯。了解中西方不同的一日三餐营养搭配。

【教学重点】

准确掌握一般现在时主语是第三人称单数时，行为动词的变化及一日三餐英文表述方法。

【教学难点】

1. 描述一日三餐的方法。

2. 一般现在时主语是三单时助动词与动词的变化，英语阅读策略的熟练与运用。

【教学过程】

Step 1 Let's tack.

通过师生自由交谈的形式，处理预习任务，同时复习前两课所学单词，同时贯穿 Do you like it？的句型。接下来呈现刘翔的图片，通过和学生谈论刘翔的一些信息，引导学生学习本节课的主要单词，并将这些单词用在具体的语言环境中。因为学生之前通过预习基本完成了学案上的短文填空，所以大大降低了学习生词的难度。

Step 2 Let's look Look at the pictures. What are these?

让学生观察文章前面的插图，并询问这些都是什么？

水果——苹果、香蕉
主食——汉堡、鸡肉
蔬菜——花椰菜、洋葱

通过观察，让学生回顾了以前学过的水果蔬菜等单词的英文表达方法，猜测到了即将学习的话题（健康饮食），激活了学生已有的知识储备，为新知的学习做好了知识和情感上的铺垫。

Step 3 Let's listen

泛听课文内容，捕捉文章的主要信息。即将学习的内容是关于谁（运动明星）、哪方面的的内容（一日三餐），哪些食物（主食、水果、蔬菜、甜点等）。让学生初步感知用英语表达一日三餐的方法。通过听录音，让学生将食物图片与一日三餐相匹配。然后引领学生运用句式 She likes…for breakfast \ lunch \ dinner \ dessert 进行核对答案。边听音、边思考、边记录、边分析、边回答。通过听音训练，让学生了解了文章的主要内容，接触了标准地道的英语，为下文的细节分析和语言输出做好了铺垫。做到在用中学，学了就用，达到学以致用的目的。

Step 4 Let's read

读，即精读文章，析结构。在这一环节我设计了两个学习任务：一个是要求学生对表示水果的词汇画线，并圈出表示蔬菜的词汇，让学生体会食物的分类。接下来，再读文章，并根据文章的内容，完成填空题，训练学生把握文章主旨的能力。同时剖析文章的结构，引导学生体会如何描述一个人的三餐。在这个教学环节中，既学习了目标语言，同时也使学生对一日三餐的描述有了整体感知，为后面的同伴问答并仿写打下很好的基础。

Step 5 Let's summarize

结，即总结规律，汇图式。经过课前的自主预习，又经过课堂上一系列的看、听、读的训练，学生对如何用英语描述一日三餐已经有了全面的认识和理解。这时进行小结概括，可以说是水到渠成。然后问学生，现在你知道怎么谈论你的一日三餐了吗？让学生发表自己的意见，师生共同总结出描述一日三餐的图示：

______ (eat well/lots of healthy food)

______: Sb. + v. { like (s) / ______ / ______ } + food { ______ / ______ / ______ / others } + for + meals { ______ / ______ / ______ }

通过总结归纳使学生形成完整知识体系，对怎样谈论这一话题更加明确和具体，同时也培养学生观察和总结归纳的能力。

Step 6 Let's use

用，即话题仿写，练表达。在进行篇章感知和理论提升的环节之后，组织学生开展实践活动。首先，将自己喜欢的食物放在代表三餐的盘子里。然后，进行同伴问答，询问对方三餐都喜欢吃什么，并根据作答，完成讲学案上的表格，将表格里的内容以书面表达的形式写在讲学案的指定位置上。然后在小组内进行互评，改正报告中出现的错误。通过合作交流，充分调动每一个学生的学习积极性。这时，教师也可以对学困生进行个别的辅导，帮助他们更好地掌握一日三餐的表达方法。由听说升华到写的环节，培养学生的写作能力。这样的小调查，在真实的语言环境中将学生所学的语言运用于实践。做到了在用中学，学了就用的目的。

Step 7 Homework

我预留了两个作业：1. Finish 3b on page 35 经过前面的训练，学生完成这个任务，应该没有困难；2. Write a passage about your parents for three meals. 学生通过完成这个作业，可以进一步进行这个话题的听、说、写的训练，并能够引导学生关心父母的生活。

总之，这节课我尽量体现“以人为本，以学生为主体，以教师为主导”的现代教育新理念，主要采用“任务型”教学模式，使学生愉快，积极地，高效地对新学语言进行感知、体验、学习和运用，努力使这节课具有交际性、实用性、趣味性和科学性。我通过“直观情境，学词汇——泛读课文，明大意—解析文章，汇图式——话题复述，练表达—综合运用，促提升”这5步，在教学活动中，由浅入深，潜移默化地进行引导学生进行阅读学习，帮助学生形成有效的阅读策略。(附本课讲学案)

七年级（上） Unit 6 Do you like bananas?

Period 4 (3a - 3b)

课　题	Unit6 Do you like bananas? Section B　3a - 3c	时　间	2011 - 10 - 28
主备教师	王丽敏	讲课教师	王丽敏
年　级	七年级（上）	学生姓名	

【学习目标】

(1) 能准确理解一般现在时的用法，掌握下列单词和句型：run，runner，eat，well，star，lots of，healthy，dessert What do you/does he like for breakfast/lunch/dinner? For breakfast，I like/he likes... 熟练运用关于食物的词汇和短语来询问并描述一日三餐的食谱。

(2) 能够运用三餐的话题进行对话，能够积极与他人交流合作完成任务；运用5步阅读策略提高英语阅读能力及综合运用语言的能力。

(3) 懂得营养搭配，养成健康的饮食习惯；了解中西方不同的一日三餐营养搭配；在学习中积极合作，乐于交流。

【重点难点】

准确掌握一般现在时，主语是第三人称单数时，行为动词的变化及描述一日三餐英文表述方法。

【导学流程】

预习导学：

1. We have learned many words about the food. They are fruits、vegetables meat and others. Do you remember? Write them down as many as possible.

Fruits	
Vegetables	
Meat	
Others	

这些食物中，你认为哪些是健康的呢？请你画√，哪些是不健康的

呢？请你画×

2. Do you know the man? Try to fill in the blanks with the words on page 35. Then read the passage aloud.

This is ____________. He can r ____ very fast, He is a r ________. He is very famous（著名的）in China. He is a running s ________. He eats l ____ o ____ fruit and vegetables. He doesn't like d ________. Because he eats w ________, he is very h ________.

探究新知：

Step 1　Greeting and check the answers in the prepare（预习部分）.

Step 2　Let's look　　Look at the pictures. What are these?

Step 3　Let's listen

Listen to the article about Sandra Clark. And match the pictures with breakfast/lunch/dinner/dessert.

Step 4　Let's read

Read the article and check the answers.

Read again, underline the fruits and circle the vegetables.

Read the passage, then try to fill in the blanks:

①Sandra Clark is a ________________.

②Sandra Clark likes ________________ for breakfast.

③For lunch, Sandra Clark eats ________________.

④Sandra Clark has ________________ for dessert.

⑤According to（根据）the article, she eats ______, she is ______.

Step 5　Let's summarize

Do you know how to talk about your three meals?

- ______ (eat well/lots of healthy food)
- ______: Sb. + v.
  - like (s)
  - ______
  - ______

  \+ food
  - ______
  - ______
  - ______
  - others

  \+ for + meals
  - ______
  - ______
  - ______

Step 6 Let's use

What about you? What do you like for breakfast/lunch/dinner? Please write or draw the food that you like on each plate (盘子).

breakfast lunch dinner

Practice with your friend like this and fill in the chart:

——What do you like for breakfast/lunch/dinner?

——For breakfast/lunch/dinner, I like ...

name	breakfast	lunch	dinner

What does your friend like for three meals? Please write a passage according to the chart above. You can begin like this:

______________ is my friend. He/She eats well. For breakfast, he/she likes ____

____

Step 7 Homework

1. Finish 3b on page 35.

2. Write a passage about your parents for three meals.

反思总结:

My harvest
- Knowledge and Skills
  - Grammar: The Present Simple Tense
  - Topic: ____________
- Reading Strategies:
  - ①____________
  - ②____________
  - ③____________
  - ④____________
  - ⑤____________

【达标检测】

1. 用所给单词的正确形式填空

（1） The ________ （run） runs very fast（快）.

（2） Sandra Clark ________ （eat） eggs and apples every day.

（3） My sister ________ （like） bread and milk for breakfast.

（4） Sandra Clark is a ________ （run） star.

（5） Tom eats ________ （good）， he is very healthy.

2. 短文理解

I have a good friend，Tom. He is a nice boy，but he eats too much（太多）and he doesn't like sports. He has a big breakfast every morning. He has four eggs，some bread and milk. For lunch，he eats two hamburgers，lots of French fries and chicken. He has much Coke（可乐），too. For dinner，he likes beef（牛肉）and salad. He likes ice cream，Coke，hamburgers for dessert.

Too much food is not good for Tom. And he isunhealthy.

根据短文内容，判断下面句子的正误（T/F）。

（　　）1. Tom eats lots of food and he plays sports every day.

（　　）2. Tom eats eggs，bread and milk for breakfast.

（　　）3. Tom likes hamburgers.

（　　）4. Tom has lots of vegetables and fruits.

（　　）5. Tom eats too much food. He isn't healthy.

根据短文内容回答问题。

1. Does Tom like sports?

____

2. What does Tom have for lunch?

____

3. Does Tom like fruits and vegetables?

____

4. Does he eat well?

____

5. Do you want to eat like（像……一样）Tom? Why or why not?

____

【教师寄语】

One apple a day keeps doctors away.

（五）初中物理学科教学设计

《运动的快慢》教学设计

宁江区教师进修学校　王云香

1. 编制导学案

课堂教学是教师、学生、教材之间的三重对话过程，教为学服务。教师需要研究如何让学生掌握学习策略，学生则希望在教师的引导下如何完成学习目标，《导学案》就是将教与学统一在一起，是对教材内容的再升华。

我们现在用的讲学案或导学案，是打造高效课堂的辅助手段，而针对学生来说，学案更适合，它主要体现学生学什么、怎么学，学生看起来更直观、方便，学习策略渗透于各个部分，而不是标签式的，如阅读法、观察法、迁移法等。

《导学案》的设计形式应简洁而直观，主要包括：名称、类别、年级、设计人、审核人；内容：课题名称、学习目标、学习重点、课前预习、课上整合、课后提升。

其中预习部分包含相关旧知的回顾、前沿知识（学生查找或教师提供）、家庭小实验（器材易找、操作安全）、生活实例，自然界中的物理现象。陈述性知识可多预习，如液化、蒸发等直接来自生活实例、课本上是直接叙述的。而程序性知识如密度概念的建立、欧姆定律的发现，让学生直接预习什么是密度、什么是欧姆定律是无意义的；课上整合可以包括重点记录、典型例题、实验现象或数据，建议学生如何学习、针对性训练；课后提升是对本节课学习过程的反思、重点知识回顾、作业，知识与方法的归纳、易错题等。不应把导学案当卷子或教案，不应走形式，不应每节课同一模式，应保留好，是复习的好帮手。

2. 方法教育

物理概念的建立、物理规律的发现是新课教学中经常进行的。每一个概念的建立、物理规律的发现，学生要有知情权。

物理学中科学研究方法很多，如控制变量法、比值定义法、转换法等，在教材中虽然大多采用了隐性方式出现，但作为物理教师应认真思考，如何用显性的方式对学生进行科学方法教育，让学生掌握每类知识的学习规律，学会学习。

对概念的建立主要是遵循为什么建立、怎么建立、不这么建立行不行。建立概念是要说明一个“事”，从而引入这个概念，例如速度这一概念是用来描述物体运动快慢这一物理特征，它是以运动物体位置变化快慢不同为基本事实，通过比较和归纳而得出的。速度是学生在初中接触到的第一个用比值法定义的概念，下面就以《运动的快慢》一节教学为例，诠释“一讲三化”策略教学法。

教学设计如下。

【教学目标】

（1）知识与技能：能用速度描述物体的运动；能用速度公式进行简单的计算；知道匀速直线运动的概念。

（2）过程与方法：通过参与物理概念的建立，初步认识科学方法的重要性。

（3）情感态度与价值观：有用“运动有快慢”的观点观察和分析身边事例的意识。

【教学准备】

导学案、课件。

【教学过程】

1. 提供实例

这是分析概括的第一步，包括物理实验、叙述的现象、列举的事例、回忆有关知识、观察挂图、出示例题等，应慷慨地提供实例，尽可能地列出具有各种情形的事实。事实的罗列要有目的、有利于显示物理事实中的相同点或相异点，而且要贴近生活，给学生以亲切感，容易激发学生的兴趣。

课件展示（导学案中预习部分）：甲、乙、丙三组同学赛跑成绩，其数据如下表所示（此数据的采集最好来自授课班级）。

组	同学	时间 t/s	路程 s/m	谁运动的快
甲	A	13	100	
	B	14	100	
乙	C	10	70	
	D	10	65	
丙	A	13	100	
	D	10	65	

2. 提问分析

依据学习基础估测，对于甲、乙两组，学生们很快能比较出每组两名同学的运动快慢，因为每一组中都有一个相同的比较标准：相同的路程或相同的时间。

对于第三组中的数据，路程不同，时间也不同，是无法直接比较运动快慢的，引导学生设法也找一个统一的标准：相同的路程或相同的时间。

学生可以找到两种比较方法：取相同的时间1s（1h）为标准，甲的运动路程大，所以甲运动快；也可以取相同的路程1m（1km），甲运动时间短，所以甲运动快。以上两种比较的方法虽然不同，但得到的结论是一样的，所以都可以比较运动的快慢，其中比较符合人们思维习惯的是哪一种呢?

学生在小学已经接触有关速度的常识，更认同第一种比较方法。这类似于日常生活中两个人比身高，应该站在同一水平面上。

3. 尝试概括

在丙组的第一种比较方法中，分别计算出是：7.7m，6.5m，那么物体1s通过的路程可称之为速度，它可以比较物体运动的快慢，这是建立速度概念的物理意义。至此学生明白了为什么要建立速度概念，如何建立速度概念，突破了本节的教学难点。通过抽象思维，由经验上升为概念。

把刚建立的概念进一步总结与归纳，概括出速度的概念，至于速度的定义表达公式学生可以根据速度定义写出来，教师主要纠正符号的书写及单位（导学案中有预习）。接下来练习公式的变形。

速度单位是学生接触的第一个复合单位，不应直接给出，而是由速度的定义式推导得出，让学生知道它的来龙去脉，自然地接受，再进一步练习两个速度单位如何换算，学生再遇到密度单位换算时也就迎刃而解了。

学生头脑中已初步建立了速度概念，教师应适时总结，即讲解策略：在新知的学习中教师引导学生经历直观感知的过程，在这个过程中渗透学习策略示范，使学生具体感知策略的内容及操作步骤，初步感知学习策略。

在理解速度概念的基础上，再对匀速直线运动加以认识，学生是可以通过自主学习来完成。

4. 练习巩固

练习运用概念解决具体问题，了解运用的条件和局限性。概念是否理解，最直接的检验方法是应用。在应用中找出它与别的概念的联系，是巩固和加深对概念的认识的重要过程。

课件展示（导学案中课上整合部分）：选择题、填空题、计算题等。

其中的计算题是学生第一次学习用公式解答物理题，教师应做好示范：读题找已知量与未知量，列出相关的公式，带入数据，得出结果。

并强调运用公式时，注意单位的统一及各物理量的对应性。

5. 总结提高

运用内化策略：教师引导学生对刚刚经历的学习过程进行回顾。在回顾中归纳、总结、提升出便于学生理解和操作的学习步骤，并科学地对策略加以命名，知道这个策略是什么，如何用，什么条件下用，内化为自己的认识，学生认识学习策略。例如学习速度概念时从物理意义、定义、公式表达、单位、应用5个方面掌握这一概念的，这几方面不是孤立的，而是相互联系的，在小结中进行学习策略的示范，加以内化。

有了以上的基础，可引导学生说出本节各个环节学习中有关策略的应用，学生掌握学习策略，这就是强化策略。

以上学习策略的培养，本着循序渐进，由浅入深的原则，不可一蹴而就，是经历几个类似的学习任务逐步形成。属于逻辑思维中的归纳思维。

教是为了不教，把上面学到的学习策略应用到新的同类新知中，由策略搭起由旧知到新知的桥梁，即迁移，在尝试运用学习策略过程中，把学习策略转化为自己的学习能力，即活化策略。属于逻辑思维中的演绎思维。如在后续“密度”的学习中，学生通过回顾当时学习“速度”概念时的学习程序，尝试让学生把这个学习策略迁移到新知识的学习中。有助于学生“方法迁移”能力的形成，顺利实现后面学习压强、功率等物理概念的正向迁移。

我们应努力为学生创设运用学习策略的情境，以便于学生实践固化、检测自学效果，激发学生运用学习策略学习的兴趣。学生不仅学会了知识，也学会了思考，学会了学习。

（六）初中历史学科教学设计

历史人物的学习

教学设计一：八年级（上）第21课《科学技术与思想文化（一）》

宁江五中　王秋颖

在学习八年级（上）第21课《科学技术与思想文化（一）》时，我们要学习魏源、严复、詹天佑、侯德榜4个历史人物。为了让学生掌握学习历史人物的方法，首先，我向学生介绍：通常我们学习历史人物可以从人物生活的年代、主要贡献、他的评价、人物的优秀品质等方面来学习。下面我们来认识一下詹天佑。

1. 看詹天佑的画像

（1）他生活在什么年代？（近代）

（2）他的主要贡献是什么？

（1905～1909年主持修建京张铁路，这是中国人自行设计和施工的第一条铁路干线）

（3）我们如何评价詹天佑？

（近代杰出的铁路工程师）

（4）他有哪些品质值得我们学习？

（崇高的爱国主义精神、强烈的创新意识、良好的道德品质）

2. 请同学们按照这种方法自学侯德榜

（1）生活年代：1890～1974年。

（2）主要贡献：发明“侯氏制碱法”，撰写《制碱》一书，打破了欧美各国对制碱方法的垄断。

（3）对其评价：我国卓越的爱国科学家，我国近代化学工业的主要奠基人之一，世界公认的制碱工业权威。

（4）优秀品质：崇高的爱国主义精神，强烈的创新意识，良好的道德品质。

历史事件的学习

教学设计二：七年级（下）第16课《中外的交往与冲突》

宁江五中　刘洪波

【学习目标】

（1）能说出郑和下西洋、戚继光抗倭、葡萄牙攫取在澳门的居住权等基本史实，能归纳明朝对外关系的概况。

（2）通过分析材料、归纳郑和下西洋的条件，培养学生分析、处理信息能力。

（3）学习戚继光抗倭的事迹，感受中国人民反抗侵略的英勇斗争精神，逐步培养学生学会正确评价历史人物的方法。

（4）通过澳门被侵占和回归基本史实的了解，感受国家命运的变迁。

【重点】

郑和下西洋的史实和戚继光抗倭的事迹。

【难点】

郑和能成功地实现远航西洋的原因。

【学法指导】

按照要素法学习郑和下西洋，遵循学习历史人物的基本步骤自学戚继光抗倭。

1. 预习导学

中外的交往与冲突

- 郑和下西洋
  - 1405 年，郑和第一次出使西洋，从______出发，到______年，先后 7 次，到过亚非______多个国家和地区，最远到达______和______。比欧洲航海家远航早______个多世纪。郑和是我国也是世界历史上的伟大______。
- 戚继光抗倭
  - 元末明初，日本的武士，______和______经常骚扰我国沿海地区，沿海居民称他们为“______”。
  - 明政府派戚继光，到______沿海抗倭，戚继光和他的“______”在人民群众支持下，在______九战九捷，荡平了浙江倭寇。接着，又率部进入______、______，剿灭那里倭寇。
  - 戚继光是我国的______，他的抗倭业绩，永载史册。
- 葡萄牙攫取在澳门的居住权
  - 从______世纪开始，一些欧洲殖民者在我国沿海地区，进行侵略活动
  - ______年，葡萄牙殖民者攫取了在我国______的居住权。

2. 课内研讨

（1）根据材料及前面的学习内容归纳郑和下西洋的条件有哪些？

材料：明朝建立后，朱元璋采取了一系列休养生息、恢复生产的措施。经过明初劳动人民 30 余年的辛勤劳动，明朝的社会经济逐渐得到了恢复和发展。史书记载洪武末年时“仓廪充积，天下太平”。建文帝时期，“家给人足，外门不阖”。到永乐年间，明王朝统治已臻极盛。

唐宋以来，我国的造船技术不断提高，加上罗盘针的发明，气象测量的进步，航路的勘探等为日后郑和下西洋提供了条件。

（2）如何评价戚继光

参考图片：

图片一

图片二：郑和下西洋 580 周年纪念邮票

图片三：1999 年 12 月 20 日澳门回归祖国

3. 巩固练习

（1）选择题

①郑和下西洋的目的是（　　）。

A. 加强同海外各国的联系

B. 炫耀明朝的强大

C. 换回西洋各国的珠宝、香料、药材

D. 推销本国的丝绸和青花瓷

②郑和下西洋的最主要的作用是（　　）。

A. 显示了明朝的强大国威　　B. 发展了同亚非各国的对外贸易

C. 促进了对南洋地区的开发　D. 加强了我国同亚非各国的友好关系

③我国历史上第一次反抗外来民族侵略并取得胜利的斗争是(　　)。

A. 岳飞抗金斗争　　　　　B. 戚继光抗击倭寇

C. 郑成功收复台湾　　　　D. 文天祥抗元斗争

④历史上第一个对我国进行侵略活动的殖民国家是（　　）。

A. 葡萄牙　　　B. 西班牙　　　C. 荷兰　　　D. 英国

⑤葡萄牙殖民者攫取在我国广东澳门居住权的时间是（　　）。

A. 1565 年　　　B. 1553 年　　　C. 1555 年　　　D. 1554 年

⑥下列人物中属于民族英雄的是（　　）。

A　　　　B　　　　C　　　　D

（2）阅读材料，回答问题

封侯非我意，但愿海波平。

①这两句诗的作者是谁？他是哪朝人？

②诗句中“海波平”一词的含义是什么？

③这两句诗反映了作者怎样的情感？

（3）课后作业

写一篇想象作文“我随郑和船队下西洋”。

教学设计三：16课《中外的交往与冲突》

宁江五中　刘洪波

导入：出示郑和下西洋图片。

提问：这张图片与哪一个历史人物有关？他的主要事迹是什么？

师：600多年过去了，追述壮举，我们依稀可以想见那时的帆影和波涛。我们在自豪与敬佩中思考：那是一种什么样的力量使得郑和完成了这不可思议的航行？郑和是谁？他怎样成为这场海上奇迹的主角？明朝在外交方面还有哪些大事？本节就让我们一起来学习第16课《中外的交往与冲突》。（板题）

1. 在明朝的对外关系史中有几件大事？分别是什么？

（三件大事：郑和下西洋、戚继光抗倭、葡萄牙攫取在澳门的居住权）。

请同学们结合讲学案“预习导学”部分来阅读教材。

2. 通常我们学习一个历史事件的时候要从哪些方面来了解？它包含哪些知识要素？

（目的或原因、经过、结果、意义或影响）

3. 下面我们就从几方面来了解明朝外交史上的第一件大事：郑和下西洋

（1）西洋指今天的哪些地区？（明代的西洋指今文莱以西的东南亚和印度洋沿岸地区）

（2）郑和是谁？郑和为什么要下西洋？

（郑和是我国也是世界历史上的伟大航海家，为了加强同海外各国的联系）

（3）郑和下西洋的经过。作为这个事件的经过我们又应该了解哪些内容？

①时间：1405～1433年。

②次数：7次。

③到达范围：请同学们把书翻到94页地图了解郑和船队航行路线。

（郑和船队从江苏刘家港出发，先后到达占城、今朝鲜、爪哇、满剌加、今马来半岛马六甲一带、古里、今印度西南海岸、木骨都束、今索马里一带以及天方、今沙特阿拉伯麦加。途经30多个国家和地区，最远到达红海沿岸和非洲东海岸）

（4）郑和在所到之处进行了怎样的外交活动？

（展示：郑和下西洋580周年纪念邮票，并进行简单介绍）

（5）郑和下西洋的意义是什么？（展示：郑和下西洋和哥伦布到美洲对照表格）

（促进了中国和亚非各国的经济交流，加强了我国和亚非各国的友好关系）

我们在看待历史事件的时候，既要看它的积极影响，同时也要看到它的不足。通过学习和对比，你发现郑和的远航有什么不足？

（郑和航海的壮举不但未能像哥伦布的航海那样导致地理大发现，反而给明政府带来巨大的负担，终因明朝国力的衰退而悄然结束）

（6）我们了解了郑和下西洋的一些情况，同学们认为用什么方式归纳这些内容比较方便？（列表格等）

（7）根据材料及前面的学习内容归纳郑和为什么能成功地实现远航西洋？（原因）

（明确：①明朝前期经济发达，国力强盛；造船水平高超，航海技术的掌握；指南针的使用；天文、地理知识的积累等。②郑和本人具有吃苦耐劳的精神和英勇无畏的气概，他还具有一定的政治经验和组织才能。③他熟悉伊斯兰教与佛教教义，西洋各国大都信仰伊斯兰教或佛教）

过渡：明朝前期，中国是当时世界上最发达的国家之一，明朝和世界各国友好交往；明朝中期，国势日渐衰落，在中外交往中，有哪些新变化呢？

4. 戚继光抗倭

（1）提到戚继光，同学们先回想一下学习历史人物的一般步骤？

（生活时代、主要事迹、优秀品质、评价）

（2）谁能按照这个步骤介绍一下戚继光

（3）戚继光抗倭取胜的原因有哪些？

（①这是一场反侵略的正义战争，符合人民的利益；②戚家军纪律严明，作战英勇；③戚家军与其他爱国军民配合作战体现了一种同仇敌忾的民族向心力；④戚继光卓越的军事韬略和指挥才能）

（4）前面我们曾经学过岳飞抗金、文天祥抗元，为什么说戚继光是民族英雄，而岳飞、文天祥不是？

（金朝的建立者是今天的满族，元朝的建立者是今天的蒙古族，他们是中华民族的一员。岳飞抗金、文天祥抗元是中华民族这个大家庭内部的纷争，只有抗击中华民族以外的外国侵略者的英雄人物才能称其为民族英雄。而戚继光在人民的支持下，肃清侵扰我国东南沿海的倭寇，这是历史上我国人民抵御外侮的第一次胜利。捍卫了中国的主权，保障了我国沿海地区人民的生命和财产的安全，所以说戚继光是民族英雄）

过渡：明朝中后期，随着中国国势日渐衰落，我国与外来侵略势力的矛盾日益尖锐，在此期间葡萄牙攫取了在澳门的居住权。

5. 葡萄牙攫取在澳门的居住权

（1）播放《七子之歌》

这首歌的歌词来源于一首诗，这首诗写于1925年3月，是闻一多有感于近代列强强占我国领土而作。共7个部分，将7处地方喻为与母亲离散的孤儿对祖国的眷恋。

这首诗表现的是我国哪一地方被列强霸占？（澳门）

（2）葡萄牙殖民者是什么时间攫取在我国澳门的居住权的，我国政府又是什么时间恢复对澳门行使主权的？

历经445个寒暑，1999年12月20日中国政府恢复对澳门行使主权。（展示图片）

6. 小结

本课共学习了几个问题？本课课题：中外的交往与冲突，哪些事件是友好交往，哪些事件属于矛盾与冲突？从前后的变化中你能得出怎样的认识？

（明朝前期是世界最发达国家之一，郑和下西洋同亚非各国的经济和文化交流频繁，属于友好交往；明朝中后期国势日趋衰落，倭寇入侵，倭患猖獗，戚继光领导了反侵略的抗倭斗争，并取得了胜利。然而中国与外来侵略势力的矛盾却日益尖锐，于是就有了葡萄牙殖民者的入侵，他们攫取了在我国澳门的居住权。后两者表现为冲突与战争。明代对外交往的特点演变，非常直观地反映了当时处于封建社会的中国，在世界范围内已经落伍了）

板书：

中外的交往与冲突
- 郑和下西洋 —— 交　往
- 戚继光抗倭 } 冲　突
- 葡萄牙攫取在澳门的居住权 } 冲　突

教学设计四：七年级（上）第18课《三国鼎立》

——“官渡之战和赤壁之战”

宁江区教师进修学校　王科生

（1）同学们已经学习过许多战役，回忆一下学过哪些？作为战役我们应该了解它的哪些方面内容？

（战役名称、时间、交战双方、结果、影响等）

教师引导学生讲述官渡之战的大致经过，分析官渡之战的影响。

【设计意图：学生已学习过城濮之战、桂陵之战、马陵之战、长平之战、巨鹿之战，具有一定的知识储备和方法的积累，加强学法指导，不断增强学生的自主学习能力】

（2）曹操统一了北方，又想乘势统一全国。当时天下有3股主要的势力，谁最强大？面对强大的曹操，孙权、刘备会采取什么措施？在走向联合的过程中，谁起了重要作用？

在诸葛亮的努力下，孙、刘组成联军共同抵抗曹操。于是双方之间发生了著名的赤壁之战。学生按照学习“官渡之战”的方法自学“赤壁之战”一目。

【设计意图：举一反三，触类旁通，掌握学习战役的方法，培养学生知识迁移能力】

（3）学习了官渡之战和赤壁之战，作为同一类型的两个事件，我们怎样记忆会更容易？根据你的想法设计出相应的方案。

【设计意图：学过夏、商、西周的内容后，教师曾引导学生将夏、商、西周的建立时间及建立者、都城、暴君等列表归类，学生了解了相关方法】

附表格：

战役名称	时间	交战双方	结果	影响	特点
官渡之战					
赤壁之战					

【设计意图：学会列表归纳问题的方法】

官渡之战和赤壁之战都是我国古代以少胜多的著名战役。通过学习，同学们发现两次战役有哪些共同之处？

【设计意图：拓展升华，培养学生的综合能力】

设问：为什么曹操在官渡之战中能以弱胜强，而在赤壁之战中实力占优的曹操却遭到惨败？（分组讨论：从战争双方去找原因）从中你悟出什么道理？对你的学习生活有什么启示？

【设计意图：把学习的空间还给学生，培养学生的发散思维；将历史引入生活，学以致用，引导学生人生的方向】

历史现象的学习

如中央集权的加强，以七年级（上）第10课《秦王扫六合》为例。

教学设计五：七年级上第10课《秦王扫六合》

宁江一中　赵立波

【教学目标】

1. 知识与能力

了解秦兼并六国的情况，知道秦始皇加强中央集权的措施。探讨统一国家建立的意义。正确评价秦始皇其人。

2. 过程与方法

设计动画演示秦灭六国的顺序，增强学生的学习兴趣。根据课本和学生自己收集的有关秦始皇的信息，让学生小组讨论，评价秦始皇。

3. 情感态度和价值观

统一是历史发展的必然趋势。秦朝是我国历史上第一个统一的多民族的中央集权的国家。秦始皇是一位集大功、大过于一身的帝王。

【教学重点】

秦的统一及巩固统一的措施。

【教学难点】

如何看待“焚书坑儒”，对封建君主专制主义中央集权制度如何理解。

【教学过程】

(1) 同学们去过西安吗？那里有被称为世界第八大奇迹的一处古迹，你知道吗？下面老师带你们一起看一看。(展示：秦始皇陵兵马俑图片)

同学们认识这组图片吗？从图片中我们可以看出2000多年前秦军横扫六国的磅礴气势。秦王是怎样统一六国并巩固统一的呢？本节让我们共同学习《秦王扫六合》(板题)

(2) 首先请同学们把教材翻到56页，迅速浏览教材，看一看本课介绍了与秦始皇有关的几件大事？分别是什么？

(统一六国，建立秦朝，巩固统一)

(3) 下面我们先来学习秦统一六国

同学们还记得我们前面学过的战国七雄吗？分别是哪七个诸侯国？

(展示：战国七雄图)

从公元前230年至前221年，秦王嬴政陆续灭掉韩、赵、魏、楚、燕、齐(点击演示图)，完成了统一。同学们想一想：

展示问题：

①为什么秦王能一统天下？

请同学们联系我们前面学习的知识考虑一下。

(商鞅变法，使秦国成为战国后期最富强的国家；长平之战后，东方六国再也无力抵御秦国的进攻；嬴政重用人才等)

②对“秦王扫六合”，你怎样看？

(是好事，人民可以获得较为安定的生活环境；结束了诸侯割据混战的局面，完成了统一)

秦王扫六合，建立了新的朝代(秦朝)

通常我们在学习一个历史朝代建立的时候，要从哪些方面来了解？它包含哪些知识要素？

（建立时间、建立者、都城）

③下面请同学从这几个方面来介绍秦朝的建立。

（公元前221年，嬴政，咸阳）

④统一后经过多年的开拓，秦朝疆域不断扩大。

展示：疆域图及图示（指导方位图：上北下南，左西右东）

东至大海，西到陇西，北至长城一带，南到南海。

为了方便同学们记忆，我们可以设计这样的图示。（展示：疆域图图示）

（4）秦朝疆域空前辽阔，秦始皇将怎样治理疆域空前的国家？有一位史学家曾经说过这样一段话：研究思想史，不能不研究孔子；研究政治史，不能不研究秦始皇；研究疆域史，不能不研究汉武帝。

秦始皇作为一位政治家，在治理国家方面有什么突出之处呢？如果你是秦王，你如何来治理国家，你从哪几个方面着手开展整顿、管理？（学生回答）

我们可以从政治、经济、思想文化、军事等方面考虑。

下面我们一起来看一看秦始皇是怎样巩固统一的？请同学们阅读教材，圈点知识要点。

①政治上：创立封建专制主义的中央集权制度（展示图示）。

由此图可以看出：从皇帝到地方有一套完整的官僚体系。秦始皇通过郡县制把地方的权利集中到中央，这就是中央集权，又通过中央的丞相、太尉、御史大夫再把权利集中到自己手里，这就是君主专制。这样就形成封建的君主制的中央集权制度。这套封建官僚制度造成了皇帝至高无上的权威，经过各个朝代的改进在我国延续了2000多年。

②经济上：统一货币、度量衡。

秦朝为什么要统一货币、度量衡？

（学生举例，阻碍了各地经济的交流）

秦朝是怎样统一货币的？（统一铸造圆形方孔铜钱）

③文化上：统一文字。

秦朝是怎样统一文字的？（统一成小篆）

秦刚刚完成统一不久，主观上为了统一人们的思想，加强思想控制，所以采用了什么措施？

④思想上：焚书坑儒。

（展示：焚书和坑儒图片）

我们应该怎样看待“焚书坑儒”呢？焚书坑儒产生怎样的影响？

（控制人们的思想，摧残了人才；使古代的优秀书籍被烧毁）

⑤军事上：北筑长城，开发南疆。

（展示：长城图片、地图）

秦朝修筑西起临洮，东到辽东的城防，即闻名中外的万里长城。万里长城是我国古代的一项伟大工程，它显示着我国古代文化的辉煌成就。

兴建灵渠，沟通长江和珠江水系。为开发岭南，促进中原和岭南经济文化的交流，提供了条件。灵渠是世界上现存最古老的人工运河之一。

以上我们了解了秦朝的建立以及秦巩固统一的措施，这一切的实现都与一个人有关：秦始皇。我们应该怎样评价秦始皇呢？

（秦始皇完成了统一大业，并且为巩固统一采取了一系列措施，其中有些措施对后世影响深远，他被人们称为“千古一帝”。要想全面评价秦始皇，还要等到我们学完下一课的知识）

（5）通过本课的学习，你有哪些收获

席卷六国的强大秦朝，曾盛极一时，但是历史没有出现秦始皇设想的秦王朝传至千世万世，而是导致了我国历史上第一次大规模的农民战争的爆发。这又是为什么呢？请同学们预习第11课：《伐无道，诛暴秦》。

又如学习“开元盛世”一目时，包春梅老师是这样做的：

前面我们学习过文景之治、贞观之治，大家回顾一下学习这类历史现象一般的方法是什么？学生回答：首先要了解历史现象形成的原因，然后对历史现象进行描述，最后对历史现象进行客观评述。那么我们就按照这种方法学习“开元盛世”。

以上是我们历史学科运用“一讲三化”策略，学习历史知识的一些探索和尝试，对于存在的一些问题，期望在教学实践中不断改进和提高，也希望得到同行们的批评和指正。

（七）小学语文学科教学设计

教学设计：《日月潭》第二课时

执教者：实验小学　林怡　　整理及点评：潘凤云

【教学内容】长春版小学语文三年级（上册）第八板块《日月潭》

【设计理念】

1. 课标

遵循课标"以人为本"的教学理念，以读为主线，在读中理解，读中习法，读中感悟，读中评价，培养学生的语感，潜移默化中让学生受到热爱祖国大好河山的爱国主义教育。

2. 年段特点及学生实际

尽量从学生的学情出发，体现三年级年段特点。①以段的训练为主，兼顾字词教学；②因是三年级上学期的学生，刚刚接触到篇章训练，所以在学习方法上仍以读读、画画、找找、想想这些基本的语文学习方法为主；③中年段学生的思维特点是由形象思维向抽象思维过渡时期，表达能力不是很强，因此学习课文的过程中，仍需要老师及时的点拨和引导。

3. 体裁特点

写景的文章一般文字优美凝练，富于文采，适合朗读和积累。同时，抒情性强，意境深远，读一篇文章，往往需要读者能透过文字的表面读到文字背后的情感和意境，乃至把喜欢的语段积累下来，才算读好、读到位。

4. "一讲三化"策略教学法

本节课是长春版小学语文三年级（上册）第8板块的第三篇课文。之前学过《秋天的味道》《小小的山村》《乡村里的大花园》《窗外》《我家门前的海》《海底世界》等6篇写景的文章，本课是本学期最后一篇写景的文章。在前几课的学习中，学生已经总结并熟练运用了三年级写景文章的基本阅读图式，即："一读明景物；二读抓特点；三读想画面；四读悟情感。"所以，这节课的教学重点，不是总结和提炼图式，而是活化和运用图式。

【教学目标】

（1）理解课文内容，感受日月潭的秀丽风光，体会作者热爱祖国壮丽山河的思想感情。

(2) 继续运用写景文章的四步法学习本课，引导学生联系词语想象画面。

(3) 有感情地朗读课文，背诵第3自然段。

【教学重、难点】

引导学生联系词语想象画面，在感情朗读中感悟日月潭的秀丽风光。

【教学准备】

词卡、PPT演示文稿。

【教学过程】

1. 复习旧知，设疑导入

师：这节课我们继续来学习《日月潭》。来，美美地读读课题。（生读日月潭）读得真美，那么通过上节课的学习，你知道日月潭这美丽的名字的由来吗？

生：湖中央……

师：说得真好！上节课我们还认识了许多生字宝宝，你们看，它们来了。

（词卡：附近［说话］、建筑、朦胧［说同偏旁字］、清晰［近义词］、清楚、仙境、隐隐约约、湖水碧绿、蒙蒙细雨［多音字组词］、风光秀丽）

【点评：回顾上节课重点学习内容，复习生字词，建立新旧知识的联系，为学习新课做准备。并通过设疑导入新课，激发学生学习新知的兴趣】

2. 方法切入，学习课文

(1) 学习第三自然段

师：课文是说日月潭风光秀丽，那么哪些地方写出了日月潭风光秀丽呢？这节课我们重点来学习课文的三四自然段。在学习之前，我们一起来想一想，我们以前学习写景文章，是用什么方法来学习的？

生：一读明景物；二读抓特点；三读想画面；四读悟情感（贴图式）

【点评：回顾学法，激活原有学习图式，再现图式，以便学生积极主动地把新知识同图式内容紧密联系起来】

师：好，我们也用这种方法先来学学第三自然段。来，看学习提示，谁来读读？（指名读）

（学生交流）

师：谁来说说第三自然段主要描写了哪些景物？

（板书：雾、星辰和灯光）

师：这些景物有哪些特点呢？

（板书：薄薄的，隐隐约约）

师：来，读读这个词（薄薄的），它的反义词是——

生：厚厚的

师：（课件出示）来，读读这两个词，读出两个词语不同的感觉。（生读）

师：把这种薄薄的感觉带到文中去读一读（课件出示句子，练读）

师：我听出来了，雾很薄，能不能再美一些呢？

师：好美的雾，我还看到了刚刚升起的太阳，谁还能读？

师：她读得怎么样？

生：我仿佛看到一轮红日正冉冉地从东方升起，薄薄的雾飘在湖面上，如梦如幻。

师：太美了！那么透过"隐隐约约"这个词，我们又会看到一幅怎样的画面呢？来，读读这个词吧！

生：隐隐约约。

师：什么意思？

生：模模糊糊。

师：观察这个词，有什么特点？

生：它是AABB的词。

师：对了，它是个叠词，那么，快拿起笔，把课文中的叠词都圈出来吧！再读读，你感觉这些词语读起来怎么样？

（生圈读）生：叠词读起来都很美。

师：那就美美地读一读。（生练读）好，带着这种感觉读读——

师：（指名读）声音很洪亮，但是好像没有隐约之美，别着急，老师这儿有一组句子，你喜欢哪个就美美地读哪个。（课件对比）

师：谁来读读？（指名）

师：在他的读中，你隐隐约约看到什么？

生：我隐隐约约看到天上的星星一眨一眨的，还有山上的点点灯光，倒映在水中，模模糊糊的，可美了。

师：你说得真好，谁能把整个清晨的美景读给大家听？其他同学一边听一边想，你眼前仿佛出现一幅怎样的画面。

生：我仿佛看到一轮朝阳正从东方慢慢升起————

师：读的美，说得也美。老师找到了几幅清晨日月潭的画面，我们一起来欣赏一下。（课件）美吗？能把你看到的画面再用文中的语言说出来吗？（练习背诵）

（2）小结学法

师：同学们太棒了，不知不觉中把这段话积累到脑海中了。这么美的画面，我们是怎么想出来的呢？我们先找到景物，知道了景物的特点，我们先读词语，用不同的方法了解了词语的意思，找找读词的感觉，然后再把词语放回句中去边读边想象，画面就出来了。（随机板书：读词，知词义找感觉读句，想画面悟情感）那么第四自然段中还有两幅图画等着我们去欣赏呢，大家就用这种方法，自己去欣赏一番，行吗？好，默读自学提示（课件出示）清楚了吗？那就快开始吧！

【点评：借用图式学习新课，先引导学生按照四读法的步骤指导自学，学生能独立学习的部分由学生独立完成，交流汇报环节重在对重点、难点问题进行点拨和强化。这个环节中，教师通过反复引导、点拨怎样读好词、读好句，目的是要教给学生如何联系词语想画面的方法，学生脑海中再现了文本描绘的意象，加进自己的情感体验，才能达成四读悟情感的教学目标。本环节中，教师也设计了借助画面、反复诵读的环节，目的是达成积累背诵的教学目标】

（3）运用学法自学第四自然段

在学生充分学习的基础上，先小组交流再汇报。

师：你画出了哪些词语？

生：清晰、太阳高照、蒙蒙细雨、轻纱、仙境。

师：请读出太阳高照下清晰的画面。（生读）

师：都有哪些美景清晰地展现在我们面前呢？老师让大家搜集了资料，把你搜集到的日月潭周围美景建筑的资料在小组内交流一下。老师也搜集到了几张图片。（课件）

师：结合你搜集到的资料和老师搜集到的图片，看着画面，试着填一填。（针对不同层面的学生进行语言训练，加深对文本内涵的理解）

中午，太阳高照，____、____和______都清晰地展现在眼前。

中午，太阳高照，（　）的____，（　）的______和（　）的____都

清晰地展现在眼前。

师：这么多美景和建筑在艳阳下都清晰地展现在我们面前，这是一幅多么明丽、多么绚烂的画面。那么，雨天的日月潭又是一幅怎样的画面呢？谁来读读？

师：朦胧是一种什么感觉？都是月字旁，想象在淡淡的、柔和的月光下，所有景物隐隐约约，读——

师：仙境这个词读得多好呀！作者把什么比作仙境？

生：把雨中的日月潭比作仙境。

师：这是什么修辞方法？

生：比喻。

师：同样是中午的日月潭，太阳高照时和蒙蒙细雨中却给了我们截然不同的感觉。这种写法叫做对比，许多诗人作家都擅长用这种对比的写法。（课件出示）这是苏轼的《饮湖上初晴后雨》，齐读一下。（生读）作者用对比的手法写出了西湖晴天和雨天不同的美来。《日月潭》的作者也是用这种方法让我们体会到日月潭在不同天气里的美。老师想和大家一起来读读这段，好吗？老师读太阳高照下的部分，你们来读细雨蒙蒙时的美景。（师生合作读）

师：听你们读得这么美，我都迫不及待地想把日月潭从清晨到中午的美景好好饱览一番了，谁能完整地读读三四自然段？其他同学一边听一边想象，你眼前出现一幅怎样的画面。（指名配乐读）

师：好美啊！日月潭如此之美，怎么能不令作者、令我们无比热爱呢？所以作者在文章最后说——

（生齐读最后一段）

【点评：这一环节，教师仍然借用四读法引导学生自学课文，教师运用强化策略，目的是在自学、交流中强化联系词句想画面的方法】

（4）迁移运用，活化方法

师：同学们，你们多棒呀，不但和老师一起品读了文字，领略了日月潭秀丽的风光，还在不知不觉中学会了透过词语想画面的方法，真了不起。那么，日月潭不但清晨和中午风景如画，夜晚更是美不胜收。老师搜集到一段话，就是描写日月潭的夜景的。来，我们一起读读，看谁能透过这些红色的词，想到美丽的画面，再把想到的画面美美地读出来。

（生练读，指名读，生互评）

【点评：通过三四自然段的学习，学生基本上掌握了联系词语想画面的具体操作方法，这一环节中，教师从课外引入一段和文本内容相似的段落，目的有三：一是让学生灵活运用透过词句想画面的方法读出文字背后的美景，达到活化策略的目的；二是扩展阅读，增强学生对日月潭景美的感受和认识；三是对本节课教学目标 1.2 的达成情况进行反馈和检测】

3. 课堂小结

4. 布置作业

师：我们的祖国幅员辽阔，山河壮美，还有许许多多的美景等着我们去欣赏，老师给大家留两项作业任选其一：

作业 1，搜集其他描写祖国美景的文章读一读，读时要注意想象文字背后的美景。

作业 2，搜集祖国美景的图片，在图片旁写几句你最想说的话。

【作业 1 设计意图：图式不是靠某一单篇文章就能建立起来并发挥作用的，它需要的是举三反一、举一反三，因此，在阅读活动后，让学生运用四读法阅读其他文章，巩固强化阅读图式，并鼓励学生运用本节课学到的联系词句想画面的方法体会文字背后的情感，不断丰富、完善学生的认知结构。作业 2 设计意图：尝试运用积累的好词好句进行写话训练。两项作业任选其一，目的是满足不同层次、不同兴趣爱好的学生的作业需求】

5. 板书

日月潭

风光秀丽	清晨	雾	薄薄的
		星辰和灯光	隐隐约约
	中午	太阳高照	清晰
		蒙蒙细雨	朦胧

副板书内容：

一读	明景物			
二读	找特点	读词	知意	找感觉
三读	想画面	读句	想象	悟情感
四读	悟情感			

教学设计二:《野荷塘》(第二课时)

执教者:实验小学　旺彩慧　　整理及点评:王轶群

(此课教学于2011年5月的吉林省中小学校长“观议导省”案例教学现场会,此实录根据教学录像整理而成)

【教学内容】

长春版小学语文教材四年级下册第五板块第三课

【教学目标】

(1)有感情地朗读课文,背诵课文第七自然段。

(2)抓住重点词句,继续学习“一边读一边想象画面”的方法,感受野荷塘独具特色的美。在此基础上,初步感知写景文章的阅读图式。

(3)体会作者对野荷塘的喜爱、赞美之情,感受并学习野荷塘坚强的品质。

【教学重点】

抓住重点词句,继续学习“一边读一边想象画面”的方法,感受野荷塘独具特色的美。

【教学难点】

理解课文中“沁人心脾”“光彩四溢”等词语,并想象出相应的画面;初步感知写景文章的阅读图式。

【教学准备】

课件

【教学过程】

1. 回忆导入,梳理内容

师:在绿林掩映的边陲小镇,在丰茂肥美的草甸子里,奇迹般地保留着这样一个野荷塘,没有人工的雕琢,没有精心的培育,那满塘的荷花却香飘四溢,让人流连忘返。同学们,上节课我们初步学习了课文,请大家想一想作者几次去野荷塘,分别是什么时候去的,看到了怎样的景色?

生:作者两次去野荷塘,第一次是白天去的,看到了阳光下野荷塘的美景,第二次是晚上去的,看到了月光下野荷塘的美景。

师:野荷塘给你留下了怎样的印象?

生1:野荷塘非常美丽。

生2:我非常喜欢野荷塘的景色。

师：陪同我们的老刘是怎样评价野荷塘的呢？请同学们把书翻到44页，快速地找一找相关的语句，谁能读给大家听。

生：陪同我们的老刘自豪地说：“离镇不远的草甸子里有一塘野荷花，现在正是开得茂盛的时候，那才美呢！”

师：老刘对野荷塘的评价用一个字来概括就是——

生：美。

师：作者之所以两次去欣赏荷塘的景色，也是因为那里很美。大家都说野荷塘美，（板书：美）那它到底美在哪儿呢？你们认为课文哪段最能突出野荷塘的美？

生：第七自然段。

师：我们现在就走入第七自然段，先去欣赏阳光下的野荷塘。

师：请大家再想一想，以前我们在学习写景的文章时，初步学习了一种什么方法？

生：一边读一边想象的方法。（板书：一边读一边想象）

师：读书的时候我们应该从哪些方面、怎样进行想象呢？通过这节课的学习你就会找到答案。

【点评：写景文章阅读图式的第一步——阅读文字明景物，已在第一课时完成。本节课的第一环节学生回忆了上节课的学习内容，从整体上把握了课文脉络，明确了作者两次去野荷塘的时间、看到的景物，这是作者写作的一条明线。然后复习在第三板块前两篇课文学习时初步感知的写景文章阅读方法——一边读一边想象画面。对课文内容的梳理，对学习方法的回顾，为本课的学习做好了充分的准备】

2. 观赏美景，展开想象

师：请大家自由读课文的第七自然段，看看你能从哪些词句感受到野荷塘的美，把这样的词句画下来，可以在旁边作简单的批注，也可以和同桌交流一下你的感受。

生自主学习后进行汇报：

● “两个男孩子领着我们走过一片草甸子，这时，一阵阵沁人心脾的荷花芳香隐隐飘来。”

生：还没有看到荷花，就闻到了荷花的清香，我想荷花一定特别美。

师：你从哪些词感受到荷花很香？（板书：香）

生：从“沁人心脾”这个词语中感受到的。

师：咱们闭上眼睛一起来闻一闻这隐隐飘来的清香。

师描述：我们在两个孩子的带领下，走着走着，一阵阵淡淡的芳香隐隐飘来，那样清新，那样淡雅，使我们不由得深吸了几口气，（师生做吸气的动作）这香气便进入了我们的鼻子，进入了我们的身体，还一直飘到了心里，这就是——

生：沁人心脾。

师：现在，你有什么感受？（板书：感受）

生：很愉快，很舒畅。

师：谁来带着你的感受读这句话。

（生感情朗读）

师：我们读写景的文章，一边读一边融入心里的感受，（板书：融）你就会和作者一同去游赏。

• "又走数十步，果然见到由绿色的芦苇、蒲草围绕的宝葫芦形的湖面上，布满了大大小小的荷叶，大的赛过磨盘、芭蕉扇，小的如茶碗、酒杯。"

生：湖面的形状是宝葫芦形的，非常美，这里是一片宝地。"布满"就是说满满的池塘都是荷叶，荷叶很茂盛，生机勃勃。大大小小就是说荷叶大小不一。从这两个词语可以知道这里的荷叶很多。（板书：荷叶）

师："磨盘"和"芭蕉扇"见到过吗？

生：见过。

师：多大？

（师生做动作）

师：大的荷叶只有这么大吗？

生：不是。

师：从哪个词知道的？

生："赛过"，比磨盘、芭蕉扇还要大。（师生做更大的动作）

师：小的呢？

（师生做动作形容茶碗、酒杯的大小）

师：从哪个词语知道小的荷叶只有这么小？

生：如。

师生读句子：小的如茶碗、酒杯。

师小结：荷叶多奇妙，大小相差这么悬殊，刚才我们是在边读边想荷叶的形态，（板书：想形态）这让我们更清楚地知道了荷叶的样子。

师：下面谁来读读这句话，让我们的脑海中浮现出那大小不一的荷叶。

（生感情朗读）

● “浮在水面的圆圆荷叶密密层层，叶子上凝聚着水珠，晶莹剔透，光彩四溢。”

生：从“密密层层”知道荷叶很多，很密。

师：密密层层是什么样的？边想象边说一说。

生：荷叶层层叠叠，挨挨挤挤的。

师：从这句话中还读出了什么？

生：荷叶上的水珠很透明，很闪亮。

师：我们欣赏一下真实的画面，看看和你的想象是不是一样？（出示课件：水珠的动态图片）

师描述：你瞧那荷叶上的水珠那么澄澈，那么透明，映着阳光，像珍珠一样，像宝石一般光芒四射，让我们眼前为之一亮。这就是——

生：晶莹剔透，光彩四溢。

师：作者描写荷叶，为什么要写荷叶上的水珠呢？

生：因为有了水珠的映衬荷叶更加有光彩，更加漂亮了。

师：小小的水珠竟发挥了这么大的作用，真得把这句话好好读读。

（生感情朗读）

● “荷叶之间，点缀着三角形的菱角叶，是淡淡的嫩绿颜色。”

生：菱角叶的颜色同荷叶不同，是嫩绿色，更衬托出了荷叶的美。

师：这和写水珠一样，用的都是衬托的方法。

● “荷叶空隙处，一朵朵粉红色的野荷花挺拔而出，竞相媲美。”

生：荷花颜色非常漂亮，都在比美呢。

师出示课件（荷花图片），语言描述：你看这大朵的粉荷花，它的花瓣从根部向上颜色渐变，那样娇嫩，那样纯洁，谁都忍不住要多看几眼，而且还有绿色荷叶的衬托，就更美了，我们要一边读一边想荷花的——

生：色彩。（板书：色彩）

师：学到这里你想起了哪句诗？

生：杨万里的“接天莲叶无穷碧，映日荷花别样红”。

师：谁愿意当小荷花，表演一下那美丽的荷花是怎样挺拔而出的？

（生表演。板书：挺拔而出）

师：现在你们都是那挺拔而出的荷花，你们这么急着长出来，想要干什么呀？

生1：我要快点长高，看看美丽的池塘。

师：真是一棵要强的小荷花，心里有动力，身体自然挺拔而出。

生2：我要把我的美丽展示给大家看。

师：很多小荷花都是像你这么想的，大家在比赛看谁最美丽。这用一个词来形容就是——

生：竞相媲美。（板书：竞相媲美）

师：哪朵小荷花能把这句话读得美，你就会脱颖而出。

（生有感情地朗读课文）

师：同学们，在我们家乡的查干湖也有一处美丽的荷塘，老师有幸前往观赏，而且还保留下了这人间美景，我们共同看一下。（课件：荷花美景录像图片）

师：老师看大家被这美景陶醉了，刚才的图像已经储备在我们的头脑中，再来读第七自然段，你会产生更加丰富的想象，带着你的想象，共同来读这一段。

（生齐读第七自然段）

师：怎样能让这美好的画面，这美丽的文字永远留在脑海中呢？

生：把它背下来。

师：有什么方法可以帮助我们快速记忆？

生：可以想象画面来背诵，抓住重点词语来背诵……

师：好，用你喜欢的方法背一背。

（生练习背诵）

师：下面，我们一起试着背一背。如果在背的过程中你感觉有困难也可以看一下书。

（生齐背）

师：同学们，学完了这一段你感觉野荷塘有一种怎样的美？

生：野外的这一池荷塘给我一种自然朴素的感觉。

师：对，这是一种纯朴的美。（板书：纯朴）

【点评：此环节教学中，教师着力引导学生观赏美景，展开想象，并逐渐深入学习了“一边读一边想象画面”的方法。如，学习“沁人心脾”一词时，引导学生一边读一边想象味道；学习描写荷叶的句子时，带领学生一边读一边想象景物的形态；学习描写荷花的句子时，引导学生一边读一边想象荷塘的色彩……这样就在学习过程中与学生共同总结出了“一边读一边想象画面”的具体方法：想形态，想色彩，想味道，融感受。教学过程中为了增强学生的感性认识，教师呈现了水珠、荷花的图片，以及家乡查干湖荷花的美景，唤起学生对第七自然段更加丰富的想象，有了这样的认知储备和情感基奠，学生的想象就更加丰富多彩了，朗读就更加声情并茂了。此环节的学习有效达成了本课的前两个目标：①有感情地朗读课文，背诵课文第七自然段；②抓住重点词句，继续学习“一边读一边想象画面”的方法，感受野荷塘独具特色的美。也渗透了写景文章阅读图式的第二步：抓住特点想画面】

3. 感受品质，心生敬意

师：作者心驰神往地来到荷塘，看到了美丽的景色，他不禁“拍手称奇”。请一名同学读第八自然段，其他同学边听边思考是什么让作者“拍手称奇”呢？

（指名读第八自然段）

生：作者没想到北方有这么美丽的荷花，所以拍手称奇。

师：荷花对温度很敏感，夏天要求很高的温度，冬天又不能太冷，而这里是祖国北方边陲，温度较低，却有这一塘茂盛的野荷花，所以作者拍手称奇。而令作者拍手称奇的，又不仅仅如此，还有什么原因呢？

生读文：历经长长的岁月，经过无数个寒冬，那野荷花没有在恶劣的气候中死去，却锤炼得更坚强，越繁衍越茂盛，把边陲的池塘，装扮成一个荷花万朵，香飘天外的世界！

生1：“长长的”“无数”说明时间很长。野荷花的生长经历了很多艰难困苦。

生2：在这恶劣的环境中，池塘里由最初的一株两株到现在荷花满塘，它们历经了风吹雨打，历经了冬天的北方呼啸，白雪皑皑，但它们都顽强地挺过来了，而且如此茂盛，如此生机勃勃。

师：这是作者的联想，让你对荷花产生了怎样的感情呢？

生1：我们的心中和作者一样充满了对荷花的赞美。

生2：我觉得做人也要有这种坚强的品质。

师：谁能带着赞美之情读一下这句话？

（生感情朗读）

师：读了这一段，现在，你又感受到了野荷塘怎样的美？

生：坚强的美。（板书：坚强）

【点评：在观赏的过程中作者的情感在不停地发生着变化，由最初的心驰神往到观看之后的拍手称奇，到最后心血来潮独自游赏。作者情感的变化是本文的写作暗线，有必要引导学生进行体会。所以，在第八自然段的教学中教师引导学生思考作者拍手称奇的原因，指导学生抓住“长长的”“无数”等重点词句，体会作者对荷塘的赞美，同时引导学生联系自己想象到的画面谈内心的感受。通过这段的学习有效达成了第三个教学目标：体会作者对野荷塘的喜爱、赞美之情，感受并学习野荷塘坚强的品质。同时，渗透了写景文章阅读图式的第三步：联系画面谈感受】

4. 想象创编，再现意境

师：荷塘展现给我们的不仅是自然纯朴的外在美，更是坚强坚韧的内在美。这让作者不禁心生敬意，所以当天傍晚便心血来潮，独自来到了月光下的野荷塘。下面老师来读课文，同学们闭上眼睛，看你眼前出现了怎样的画面？

（师配乐读第十自然段）

师：说一说，你看到了怎样的画面？有什么样的感受？

生描述看到的画面，说自己的感受：美丽、神奇、神秘、若隐若现……

师：同学们说的这些就是月光下的野荷塘展现给我们的意境美。（板书：意境）让我们想象着这美好的意境再来读这一段。

（生齐读）

师：在这缥缈的童话世界中，你就是一片荷叶，一朵荷花，一条小鱼，一只虫儿，一轮圆月，一抹霞光……此时你在干什么？你想说什么？请把你自己当做其中的一种事物，试着写一写。创造你心中美好的意境。（板书：创）

（生自由创作，然后指名读）

【点评：此环节老师配乐范读最后一段，学生闭眼想象月光下野荷塘的美好意境，并用语言进行了表述。在学生想象到美好意境的基础上，引领学生走入月光下的野荷塘，转换角色，进行创编，以此来创造自己内心中的美妙意境。此环节的学习有效渗透了写景文章阅读图式的第四步：情景相融创意境】

5. 感知图式，总结延伸

师：同学们，我们用了两课时的时间来学习《野荷塘》这篇课文，在学习的过程中，我们对“一边读一边想象画面”这种方法有了进一步地理解，我们的学习是按照这样的程序进行的（课件出示：写景文章阅读图式①阅读文字明事物；②抓住特点想画面；③联系画面谈感受；④情景相融创意境）

师语言说明：我们在第一课时初读课文知道了课文主要描写了哪些景物，这就是阅读文字明事物；这节课，我们抓住荷叶、荷花的形态、色彩等特点，进行了丰富的想象，这就是抓住特点想画面；想象画面后我们表达了心中对景物产生的感受，这就是联系画面谈感受；我们在想象了月光下荷塘的美妙意境后，把我们的情感融入到景色之中，进行了想象创编，这就是情景相融创意境。这是写景文章的阅读图式。我们要把它牢记在心，大家共同大声地读一下。

（生齐读写景文章阅读图式）

师：在以后阅读写景的文章时，我们就要按照这样的程序进行学习。

师：从古至今，荷花常被诗人和作家所称颂，散文家朱自清曾写过一篇著名的散文——《荷塘月色》。课后请同学们找到这篇散文，用上我们这节课学到的方法，去想象，去体会，相信你一定会有更多的收获。

【点评：写景文章阅读图式渗透在本课教学的全过程之中，是步步为营、水到渠成总结出来的，此处的初步感知是为学生今后的学习奠定基础。作业的设计教师努力体现了大语文观，引导学生将课内学到的方法迁移于课外，真正实现了“得法于课内，得益于课外”这一语文学习的最终目的】

板书：

野荷塘

美：纯朴　坚强

荷叶　大大小小　密密层层　　　一边读一边想象：
荷花　挺拔而出　竞相媲美　　　想形态、色彩、味道……
　　　　　　　　　　　　　　　融感受
　　　　　　　　　　　　　　　创意境

（八）小学数学学科教学设计

《整理和复习》教学设计

实验小学　刘渺

【教学内容】

人教版小学数学三年级（上册）第二单元《整理和复习》。

【教学目标】

（1）能找出"加法""减法"和"加减法验算"三部分知识的主要内容。

（2）能在教师引导下总结出整理知识的方法，并能运用方法自主整理知识。

（3）能灵活应用所学的知识解决简单的实际问题。

（4）能主动地参与整理活动，并获得成功的体验。

【教学重点】

整理第二单元的内容。

【教学难点】

总结整理知识的方法。

【教具学具】

课件、实物投影仪、A4 纸。

【教学过程】

1. 激趣引入，整体感知内容

（1）整体感知

同学们，老师准备了一些精美的图片，想看吗？边看边想，这些图片都与哪个单元有关呢？（课件出示第二单元例题图片）对，这些图片都是有关万以内加减法的知识。那么这节课就让我们一起来整理和复习第二单元（板书：整理和复习）。

（2）回忆方法

同学们，回忆一下，整理第一单元的知识时，我们先找出了什么呢？对，先找出这个单元的课题，包括大课题和小课题。（板书：课题）请同学们找出第二单元的课题，用自己喜欢的方法记录下来。

谁能说一说你找出了什么？（课件出示：万以内加法和减法、加法、减法、加减法验算）

【设计意图：这一环节是在整体感知内容的基础上，回顾第一单元的整理方法，再现学生头脑中整理知识的已有的图式：找课题，激发学生想整理知识的“原始冲动”，使学生有迫切地期待，有探究的欲望，主动地参与到整理知识的活动中，从而找出第二单元的课题】

2. 师生合作，探究整理方法

（1）问题引领

本单元一共有三个小课题，每个小课题中我们又学习了哪些知识呢？想不想把它们整理出来？好，就让我们整理“加法”这部分知识吧！

整理前思考下面问题（课件出示）：

这部分内容有几道例题？

每道例题是什么内容？

你能找出例题中的重点内容吗？请画出来。

下面就带着这三个问题，试着整理“加法”这部分知识。（指导学生整理）

（2）汇报交流

谁能说一说“加法”这部分知识有几道例题？每道例题是什么内容？你找到了哪些重点内容？

我们看例 2，你能说出小朋友是怎样估算的？笔算加法时要注意什么？

（3）总结方法

让我们共同回忆一下，刚才是怎样整理“加法”这部分知识的？对，我们看书找出了所有的例题，明确了例题的内容，并画出了重点内容。（板书：例题）

【设计意图：以“加法”这部分内容为例，以“三个问题”为主线，以复习“估算方法”“笔算方法”为主要内容，总结出整理知识时“找例题”的方法】

3. 尝试运用，强化整理方法

（1）自主尝试

同学们，你能用刚才的方法，自己试着整理“减法”这部分知识吗？（指导学生整理）

（2）同桌交流

同桌说一说你是怎样整理的？交流后，把自己的整理单补充完整。

（指导学生说清整理过程）

（3）汇报交流

谁能说一说你是怎样整理的？

我们看例1和例2，你能说出小朋友是怎样估算的？笔算减法时要注意什么？

【设计意图：以复习“估算方法”“笔算方法”为主要内容，引导学生将整理“加法”这部分知识中学到的方法运用到整理“减法”知识中，并说清怎样整理的。虽然没有呈现“三个问题”，但问题已经记在学生心中】

4. 自主运用，内化整理方法

（1）自主整理

同学们，你们能在这么短的时间里成功地整理出了“减法”这部分知识，太了不起了！现在，你们敢不敢自己独立整理“加减法验算”这部分知识？

（2）汇报交流

谁能说一说你是怎样整理的？（课件出示单元知识树）

我们看这两道例题，谁能说一说加减法的验算方法各有几种？

（3）整体建构

同学们，现在看一下你手中的这张整理单，骄傲吗？自豪吗？举起来！记住这种感受，记住这个瞬间吧！这可是你自己整理出来的，一定要记得它是怎么来的？闭上眼睛回忆一下刚才的整理过程，想一想怎样整理一个单元的知识呢？

【设计意图：以复习“加减法验算方法”为主要内容，使学生知道了找例题时从哪几方面入手，不仅找出例题，说出主要内容，而且画出重点内容，从而把“三个问题”内化为自己的认识】

5. 迁移运用，活化整理方法

（1）综合应用

其实，整理一个单元的知识时不仅要找课题、找例题，还要找练习题。（板书：习题）现在我们就用这个单元的知识解决几道练习题。

①计算并验算。

你能根据这两道例题各编出一道计算题吗？写在本上，不用做。（指名到黑板上写，学生共同计算，并验算）你是怎样计算的？你想提醒大家注意什么？

②下面是我国国庆60周年阅兵式中的4个徒步方队的人数。

三军仪仗队	陆军步兵方队	海军水兵方队	三军女兵方队
156人	352人	352人	378人

a. 三军仪仗队和三军女兵方队一共有多少人？

b. 陆军步兵方队比三军仪仗队多多少人？

c. 你还能提出什么数学问题？

③王阳家、李宁家和学校在同一条路上。

王阳家到李宁家有多远？

（2）迁移运用

同学们，静静地回忆一下，这节课我们整理和复习了哪个单元？你有哪些收获？你们的收获还真不少！今天整理第二单元的知识时，同学们找出了这个单元的课题和例题，老师还找出了典型的习题，这就是“三题整理法”。希望同学们课下能用这种方法自己整理第三单元的内容。

【设计意图：整理和复习课不仅要“理”，而且要“练”。因此，从不同层面精设了三道题，一是基本计算的巩固，二是解决问题能力的训练，三是数学思想方法的提升。并且引导学生回顾这个单元的整理过程，一找课题，二找例题，三找习题，从而使学生把本单元掌握的整理知识的方法迁移运用到第三单元的整理和复习中】

《三角形面积的计算》教学设计

建设小学　王国喜

1. 教材分析

本单元包括以下内容：平行四边形的面积、三角形的面积、梯形的面积和组合图形的面积。这部分内容是在学生认识了这些图形的特征，掌握了面积的意义和长方形面积计算公式的基础上安排的。基本图形的面积教学以图形内在联系为线索，以未知向已知转化为基本方法开展学习。按次序安排如下：

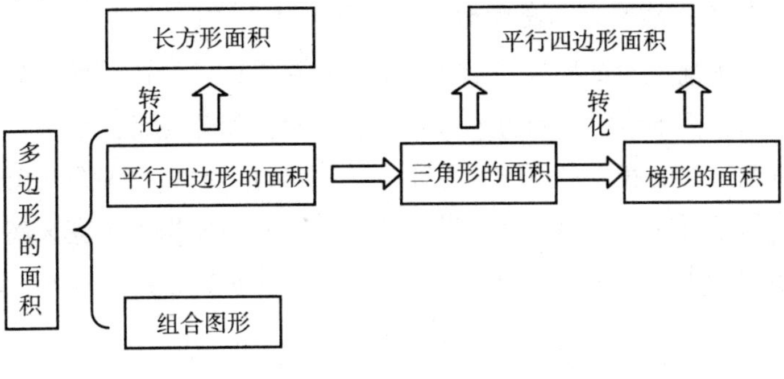

本节课三角形的面积是《多边形的面积计算》中的第二课时。它是在学生掌握了三角形的特征以及长方形、平行四边形面积的计算方法以及运用转化的方法探索平行四边形面积的等基础上进行教学的。因此要使学生理解掌握好三角形面积计算公式，必须以长方形的面积、平行四边形的面积和三角形的底和高为基础，运用迁移和同化理论，使三角形面积的计算公式这一新知识纳入到原有的知识结构之中。通过对这部分内容的教学，使学生理解并掌握三角形面积的计算方法，能相对独立地探索并解决实际生活中与三角形面积计算相关的实际问题，同时加深学生对三角形与长方形、平行四边形之间内在联系的认识，也为学生进一步探索并掌握其他平面图形（梯形和组合图形）的面积计算方法打下基础。

2. 方法图示

（1）基本流程

（2）流程阐释

①创设情境，明确任务：通过创设少先队员入队的情境引导学生观察红领巾，提出做一条这样的红领巾需要多少布，就是求这个三角形的面积是多少，进而向学生明确了本节课的学习任务。这样设计不仅加强了数学与现实生活的练习，也调动了学生学习的积极性，激发了学生的探究欲望。

②设计方案，激活方法：明确任务后，让学生以小组为单位，研究一下你们小组用什么方法把三角形转化成以学过的图形来计算它的面积，按怎样的步骤进行研究。在学生自主设计的基础上提出了学习导航，这样既激活了学生的学习方法，又让学生的自主学习有目标，有计划地进行。

> 学习导航：
> 操作：把三角形转化成已学过的图形。
> 观察：拼成的图形与原三角形之间有怎样的关系。
> 归纳：总结出三角形面积的计算方法。

③运用方法，主动探究：学生在小组充分操作、讨论，把三角形转化成平行四边形，再观察平行四边形与原三角形的各部分关系，得出三角形的底等于平行四边形的底，三角形的高等于平行四边形的高，每个三角形的面积等于拼成的平行四边形面积的一半，平行四边形的面积等于底 × 高，所以三角形的面积等于底 × 高 ÷2。在这一过程中，学生通过自主探究，既学会了

三角形面积的计算方法，又掌握了运用“转化法”解决数学问题的学习方法。

转化：
三角形的面积 = 底 × 高 ÷ 2
⇕ ⇕
平行四边形的面积 = 底 × 高

④练习巩固、拓展延伸：在练习部分安排了4方面的内容，即：基础练习、解决问题、变相练习、问题讨论。用过四个层次的练习既巩固了学生学习的知识，又让学生解决了生活生活中的实际问题，起到了拓展延伸的作用。

⑤回顾反思，总结方法：在本节课结束时，引导学生回顾一下：这节课我们的学习过程，我们是用什么方法、按怎样的步骤进行学习的，你有什么收获，在学生的总结反思中总结出本节课学习方法、过程和收获，既让学生学会了知识，又让学生学会学习的方法。

3. 学法在本部分内容学习中的运用

在本单元的学习中，按着知识的顺次学习，可以对学习方法和学习策略进行学习，理解、掌握和运用。具体图示如下：

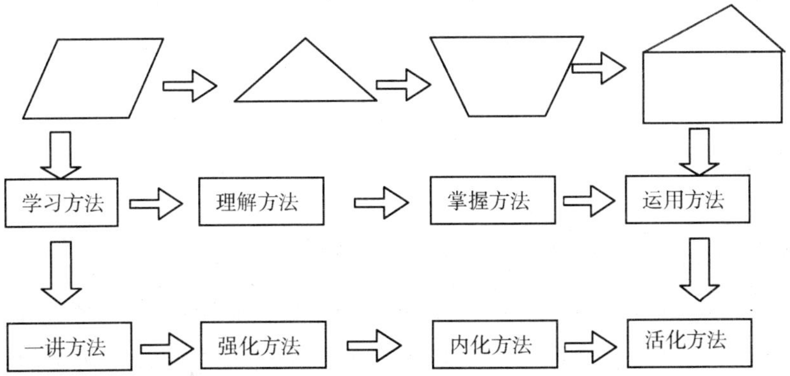

（九）小学英语学科教学设计

教学设计一：The Fox and the Grapes

实验小学 李晓宁

【教学内容】

伊索寓言 The Fox and the Grapes

【教学目标】

（1）让学生掌握下面词汇：get，nothing，at last，give up，walk away。

（2）充分理解阅读材料，并能达到复述及例文仿写。

（3）训练学生的英语阅读能力。

（4）激发学生学习英语的兴趣。

【重点难点】

重点：理解本文生词及短语，充分理解文本。

难点：理解句子 He walks away and says “They aren't good and sweet. They are sour.”

复述 The Fox and the Grapes 大意。

【教具学具】

课件

【方法策略】

任务型教学法、情景教学法、略读策略、生词处理策略、整体阅读策略。

【教学过程】

Step 1 Warming up

Guessing game

It is a kind of animal. It has a sharp mouth and a long tail. It is very clever. It likes chicks. What is it?

【设计意图：游戏既能迅速激发学生参与课堂活动的热情，同时也为新知的呈现埋下伏笔，故事自然导出】

Step 2 Read and understand

A. Listen to the text, when you are listening, read it quickly and grasp the key words to understand the whole story, you must pay attention to the title and the first sentence of every paragraph, not all the words in it, then answer my question:

What happened in the story?

【设计意图：让学生快速阅读全文，引导学生抓住文章题目及每段第一句话，渗透快速阅读的策略和技巧，构建全文的语义图象，适度了解话题内容，同时，用提问调动学生，培养他们的主体意识和参与意识，使他们产生阅读的愿望和心理准备】

B. Read the story carefully again and guess the new words'meanings. Then teach how to guess.

jump up, nothing, give up, walk away

【设计意图：运用生词处理策略，培养学生猜测词义技能。巧借生词本身：jump up 中 jump 意为“跳”，up 意为“向上”，故推出其含义为“向上跳”。nothing 中 no 为“没有”，thing 为“东西”，故推出其含义为“没有什么东西”。walk away 中 walk 意为“走”，away 意为“离开”，故推出其含义为“走开”。巧用上下文信息：give up 由上文“什么都没有得到”和下文“走开”得知为“放弃”之意】

C. Read the first paragragh, then fill the following blanks.

One hot ________ day, a fox is looking for ________. He sees a ________ in the garden. There are many ________ on the tree. They are ________ and ________.

【设计意图：在阅读教学中渗透任务型教学的理念，设计出贴近学生实际的任务，培养学生的阅读能力和综合运用语言的能力，使学生通过阅读，学会阅读，独立阅读！】

D. Read the second paragragh, then choose the right answer.

①(　　) A. The fox thinks "I can have a big meal."

(　　) B. The fox thinks "The grapes are big."

②(　　) A. The tree is short.

(　　) B. The tree is tall.

③(　　) A. He can get the grapes.

(　　) B. He can get nothing.

【设计意图：运用跳读策略。浏览文章切忌试图弄懂文中的每一个单词。跳读的目的是要整体把握一下文章脉络，找到每道题目中的关键词，从而可以确定每道题目答案的所在位置。答案在文中一般情况都是按自上而下顺序出现的】

E. Read the third paragragh in groups, then finish the following blanks.

At last, he ________.

A. runs　　　　B. says　　　　C. gives up

The fox says: "________."

A. They are good and sweet.

B. They are sour.

C. I walk away.

【设计意图：教学运用关键词策略，关键词主要有3类。a. 显性关键词：大写、数字、连字符单词、序数词等；b. 实意动词；c. 核心名词和生词】

Step 3 Teach how to retell

The teacher shows three pictures and some key words, then teach how to retell the story.

look for, grape tree, purple and tasty

run and jump, tall, jump again and again,
get nothing

give up, walk away, say, sour

【设计意图：教学如何借助关键词汇复述文本，以上关键词或词组能帮助学生回忆和理解阅读内容，学生以小组为单位进行练习，脱离课本，既考查了知识的输出情况，又培养了学生团结协作的能力】

Step 4 Teach how to imitate writing

Show a part of "the tortoise and the rabbit", then let the students write the rest.

The Tortoise and the Rabbit

One day, a rabbit and a tortoise have a race.

They want to run to a big tree first.

The tortoise is slow, but the rabbit is fast. So he has a sleep on the way. The tortoise go on running.

The rabbit wakes up...

Do you know the rabbit what to do?

【设计意图：阅读课文是语言的输入过程，而语言输入的目的是为了语言的输出，写便是一个很好的语言输出的形式，同时通过“读中读”，引导学生运用阅读技巧处理类似文本】

Step 5 Homework

Show some little stories, let the students choose one and retell it next class.

【设计意图：4 幅图的展现激发了学生进一步阅读的兴趣，同时发挥学生的主观能动性，让学生自我教育、自主发展，真正为学生的个性和创造力的发展创造宽松和谐的环境】

The Farmer and the Snake

The Crow and the Water Jug

The Fox and the Crow

The City Mouse and the Country Mouse

附阅读短文

One hot summer day, a fox is looking for food. He sees a grape tree in the garden. There are many grapes on the tree. They are purple and tasty.

“I can have a big meal.” The fox thinks. So he runs and jumps up. But the tree is very tall, he can’t get the grapes. He jumps again and again, but he can get nothing.

At last, he gives up. He walks away and says, “They aren’t good and sweet. They are sour.”

【教后反思】

本节课我主要以阅读文本为主线。让学生亲身体验阅读方法，积极大胆参与，共同合作与交流，突出以教师为指导，学生为主体的教育思想。

让学生分层次阅读这篇文章，更多的是注重学生学习能力的培养，强调学生的学习策略、阅读策略，引导学生能够运用阅读中的阅读技巧，很好理解文章意义，获得相关知识。

阅读前，用 guessing game 激发学生的兴趣，同时引出本文的主人公——小狐狸。让每个学生都能参与其中，都有发言的机会。

阅读中的设计主要是引导学生学会如何阅读。第一遍 30 秒的快速阅读让学生带着问题找到最主要的信息。引导学生抓住文章题目及每段第一句话，渗透快速阅读的策略和技巧，学生在阅读时运用快速阅读技巧既节省了时间，又增加了兴趣。第二遍进行精读，找出不明白的单词或句子，运用生词处理策略，培养学生猜测词义技能。如巧借生词本身技巧、联系上下文技巧等教会学生处理本文的生词。第三遍阅读时让学生分层次阅读这篇对话，更多的是注重学生学习能力的培养，强调学生的学习策略，阅读策略，引导学生能够运用阅读中的跳读、抓关键词等阅读技巧，很好理解文章意义，获得相关知识。

阅读后，出示了 3 幅提示图画，及每幅图的关键词，引导学生复述这个小故事，并从中渗透复述故事的学习策略：寻找关键词，看图生意。学生在复述这一环节，对基本的句型已有了初步的掌握，随后出示龟兔赛跑的前半部分，让学生读后试续写结尾。有了以上复述的积累，学生们对例文仿写有章可循了，这对于学生英语习作水平的提高是很重要的。

通过这节课的学习，学生能正确理解本文内容，并进行复述和例文仿写，完成了预定教学目标。但同时也有一些不足的地方仍需要改进：在阅读的过程中，应多让学生进行交流讨论。在学生讨论的过程中，老师既节省了时间，又让每一位学生都有表达的机会。并且在学生讨论的过程中本身就是对课文的更深一层了解与消化。所以在以后的教学过程中要多安排一些生生互动的活动，为学生创设更多的语言实践机会。

教学设计二：PEP PRIMARY ENGLISH BOOK 7

Unit 5 What Does She Do? A Let's learn

实验小学 钟小平

【教学目标】

（1）听说读写 singer，writer，actress，actor，artist，TV reporter.

（2）理解认读 What does your father /mother do ? He's /She's a...

（3）能够自如运用所学知识来谈论一些名人，例如，Liu Xiang is a

player. What does Zhou Jielun do ? He's a singer.

(4) 鼓励学生树立远大理想，I'm going to be a /an ...

【重点难点】

(1) 重点是掌握5种职业英文表达，并能简单问答、介绍，表达自己的理想。

(2) 难点是正确区分运用冠词 an 和 a。

【教具学具】

课件，名人图片。

【教学方法、策略】

情景教学法，歌曲复习法、联想记忆法，音不离词、词句结合策略。

【教学过程】

Step 1 Warm-up

Sing a song, “My Father Is A Doctor”

【设计意图：通过 VCD 呈现四年级学过的歌曲，创设情景，复习应经学过的关于职业的词汇，如：doctor，driver，farmer，teacher. 教给学生歌曲学词的策略，因为每首英文歌中不仅包含着有关某一话题的词汇，而且还包含着一些句型，对学习英语是很有帮助的，激发学生对英文歌曲的重视和喜爱之情】

Step 2 Revision

Ask and answer according to the song.

How many people are there in the song?

Who are they?

What's her father /mother /uncle/ aunt?

【设计意图：运用词不离句的学习方法，以歌曲为载体，通过问答，复习已知句型，有效唤醒已知，为新知学习做好铺垫。教给学生如何捕捉信息和整理信息的策略和能力，如：抓住疑问句的疑问词 Who 和 What 等等，抓住信息材料中的关键词即数词和职业名词等】

Step 3 Presentation

1. singer

(1) 教师出示课件：群星荟萃。

【设计意图：因为本课所涉及的职业人群距离学生的实际生活较远，我们只是在媒体上看到他们，所以通过多媒体课件创设群星荟萃的场景，

拉近学生与他们的距离，激发学生学习的兴趣，也为学习提供了交流媒介】

T：So many famous people，let's see what she/he does.

Look，who is she?

Ss：She is Li Yuchun.

T：Is she a teacher?

Ss：No!

T：What does she do? Please listen.

【设计意图：点击课件，出现单词 singer 和声音，学生跟读。在读单词的时候，在注意发音的同时，看看单词，记住词形，形成语感】

T：Pay more attention to the pronunciation of "er". 音形对照，是掌握词汇读音与词形的捷径，可谓一举两得，省时高效。掌握字母、字母组合的发音规则很重要，这样就可以根据发音规则拼出这个单词的读音。

（2）T：Read after me.

（3）T：Read after the student.

【设计意图：通过听录音跟读、听老师跟读、听同学跟读，告诉学生在学习英语时要坚持使用"三听"策略，持之以恒，系能形成良好的语音语调】

（4）Teacher asks the students to close their eyes and spell the word.

Writes the word on the blackboard.

【设计意图：及时检测跟读时边看词汇边跟读的成果，强化记忆，也再一次强化了"读看背结合"这一词汇学习记忆策略】

（5）Ask the Ss to make up sentences with the word.

【设计意图：英语中，有许多单词在句子里处于不同的位置，就有不同的含义，离开了句子，就无从掌握词的确切含义了。所以在学习词汇时，引导学生使用"词不离句、词句结合"策略，这样才能更好掌握在某一特定语境下词汇的正确含义和用法。学生在老师的引导下，也会很快形成这样的思维模式，在接下来的学习中也会运用"词不离句"这一策略】

"actor"

（1）课件周杰伦另一侧，出示他在《满城尽带黄金甲》中的剧照。

T：Zhou Jielun is a singer，what else? Please Listen.

呈现 actor

T：He’s an actor，too.

（2）练习方法同上

“actress”

actress 的出现视具体情况而定，如果学生在练习 actor 时出现 Zhao Wei is an actor. 时，就可以及时出现。

呈现与练习方式大体与 actor 相同。

“TV reporter”

课件出示冬日娜，出示单词和声音 TV reporter，学生不认识，就在旁侧出示冬日娜采访刘翔的图片。

T：She often interviews Liu Xiang.

【设计意图：引导学生使用“联想”学习策略，培养学生发散思维，再遇到这样的情况，学生自然会采用此策略来思考问题、解决问题】

练习方法同上。

“writer”

在练习 TV reporter 时，在水均益旁侧出现他的书《前沿故事》，引出 writer 一词，练习方法同上。

【设计意图：通过情景创设，让学生强化“联想”学习策略】

“artist”

课件出示《八骏图》，

T：Whose works?

Ss：Xu Beihong’s.

T：So Xu Beihong is an artist.

【设计意图：考虑到学生们对画家名字熟，人不熟，所以画家附其代表作品出现，也是给学生再一次使用“联想”策略来理解词义的机会，让学生体会使用此策略的成功感觉】

练习方法同上。

Step 4 Practice

“Ask and answer”

根据准备的图片谈论名人，鼓励学生最大可能地联系旧知和应用今天所学的新知。

What does. . . do?

He/She is a. . .

【设计意图：建构主义学习观认为，学习过程同时包含两方面的建构：一方面是对新信息的意义的建构，同时又包含对原有经验的改造和重组。温故而知新，学新不忘旧，新旧联系，使学生的知识结构越来越丰富并呈螺旋式上升。在此过程中，教师要唤醒学生的已知，启发学生整理出与本节新知相关的旧知，并找到最佳结合点，找到适合自己来表达的语言，这样学生才会充分运用已知和新知，最大可能地进行语言交际】

“Show the dialogues in pairs.”

Step 5 Consolidation and extension

【设计意图：基础教育阶段英语课程的目标是以学生语言技能、语言知识、情感态度、学习策略和文化意识的发展为基础，培养学生英语综合语言运用能力。由此可见，学生综合语言运用能力的培养不是一招一式，也不是一朝一夕，它需要持续的努力，所以在每一节课中，都要特别强化综合运用。紧密联系所学，总结规律，发散思维，向新的知识领域进行拓展延伸，从而强化综合运用】

(1) Guessing game

课件呈现一些提示性元素，让学生猜句子。

比如：课件呈现名画《蒙娜丽莎》，学生猜句子 da Vinci is an artist.

【设计意图：开阔学生视野，引导学生使用“联想”学习策略来解决问题，培养学生思维能力】

(2) Practice：Fill in the blanks

For example：Lao She is ________.

【设计意图：突出重点，突破难点。通过“联想分析”学习策略，根据单词发音猜出名人，根据系统分析写出某个名人的职业等等】

(3) 给出学过的职业名词，让学生总结规律，再鼓励学生猜测一些单词的意思。

①doctor，teacher，farmer，driver，singer...

②visitor，thinker，worker，runner，winner，waiter，waitress，painter

【设计意图：培养学生“发现规律、运用规律来探索新知”的学习策略】

(4) 课件出示 policeman 和 policewoman，表明职业名词有时是男女有别的。

【设计意图：不仅是知识的拓展延伸，而且也是学习策略的指导，如

“自主搜集整理信息”策略和“同伴互助合作交流”策略】

(5) 谈理想，渗透人生观价值观教育。

What are you going to be?

I'm going to be a/an...

Step 6 Homework

Write a composition “I'm going to be a/an...”

【设计意图：培养学生书面表达能力。使学生明白，词汇听说读写的学习，其中“写”绝不仅仅是写词汇本身，而且还应包含“写作”这一更高层面，由少到多，由简到繁，写作能力也要日积月累】

【教后反思】

1. 理论指导实践，目标明确

《课标》指出，基础教育阶段英语课程的总体目标是—培养学生综合语言运用能力。众所周知，综合语言运用能力的形成是建立在学生语言知识、语言技能、情感态度、学习策略和文化意识等素养的整体发展基础之上，我把它作为本节课的指导思想，通过在每个教学环节中具体落实“一讲三化”学习策略，引导学生运用所学词语进行交流，在此过程中，学生的综合语言运用能力进一步得到发展。

2. 教学设计合理，事半功倍

本节课是本单元的第一课时，如何调动学生们的积极性，如何让学生自然的进入到学习状态，本节课的教学基本上解决了这些问题。首先，在热身和复习阶段，我首先设计了唱歌曲 My father is a doctor. 然后根据歌曲来复习句型 What's she/he? 通过这个句型导入新句型 What does she /he do? 在学习新单词时运用学生熟悉的名人，激发了学生们的学习兴趣；在练习时，注意点面结合，提高学生参与度；在巩固延伸时，通过相关信息猜句子，引发学生的思考，提升了课堂品质；最后的畅谈理想，使本节课得到升华。

回顾这节课的教学，虽然收获颇丰，但还有一些需要提高的地方，比如词汇的扩充还可以再增加一些，那样可以满足一部分程度较突出的学生的求知欲，此外，我对课堂的调节能力，组织语言的准确性、严密性等还有需要提高的地方。希望能在以后的学习和教学中磨砺和进步。

二、“一讲三化策略教学模式”课堂教学评价标准

（一）初中课堂教学评价标准

宁江区初中课堂教学评价标准（暂行）

评价项目	评价标准		评价得分
教学目标（10分）	1. 结合课标、教材、学生实际，三维目标具体、明确 2. 以学生的发展为宗旨，体现知识与技能、过程与方法、情感态度与价值观的和谐统一 3. 表述明确、具体，具有科学性、层次性和可操作性		
学生行为（40分）	1. 乐于学习探究，勤于动脑动手，积极参与学习活动，有效参与程度高 2. 能独立思考，有条理表达自己见解，灵活运用多种方法解决问题 3. 思维灵活，主动提出有价值问题，敢于质疑，敢于发表独到见解 4. 善于合作，合作有效力 5. 主动归纳，积极练习，多数学生能达成各项学习目标 6. 善于回顾、反思自己的学习过程，注重学习经验、方法和策略的总结和积累，养成良好的学习习惯		
教师行为（30分）	1. 把握学科特点，科学使用教材。目标达成意识强，贯穿教学过程始终 2. 重、难点的提出与处理得当，做到精讲精练 3. 学习策略教学目标明确，利于学生掌握学习规律和学习方法 4. 能根据教学活动需要，恰当地选择教学方法、手段，合理运用教学媒体，利于提高教学效率 5. 教学思路清晰，环节紧凑，时间分配科学，课堂容量符合学生实际，不增加学生课业负担 6. 能面向全体，较好地发挥促进者、指导者和合作者的作用，能根据教学设计有效组织教学活动，关注课本知识与学生生活经验、社会实际的联系，激发学习兴趣，培养创新意识和自主学习能力		
教学效益（20分）	1. 能掌握本节课所学的核心知识和基本技能，学习负担轻 2. 学生获得了有效的学习方法 3. 尊重学生个性，满足不同层次学生的需要，使每个学生都有不同程度的收获 4. 注重兴趣、习惯等非智力因素的自我培养		
评价得分合计		评价结果	

说明：评价结果分优、良、合格、差。100～90分为优，89～80分为良，79～60分为合格，60分以下为差。

（二）小学课堂教学评价标准

宁江区小学课堂教学评价标准（暂行）

评价项目	评价标准		评价得分
教学目标（10分）	1. 依据课程标准、教材和学生学习水平准确制定教学目标 2. 以学生的发展为宗旨，体现知识与技能、过程与方法、情感态度与价值观的和谐统一 3. 表述明确、具体，具有科学性、层次性和可操作性		
学生行为（40分）	1. 学生情绪饱满，能积极参与学习活动，参与面大 2. 敢于质疑，乐于探究，勤于动手，敢于发表自己独到的见解 3. 学生思维活跃，多种感官参与学习过程，能独立思考，灵活解决问题 4. 善于合作，合作有实效 5. 能主动归纳，积极练习。当堂检测达标率高 6. 善于回顾、反思自己的学习过程，注重学习经验、方法和策略的总结和积累，养成良好的学习习惯		
教师行为（30分）	1. 把握学科特点，科学使用教材。合理组织教学内容，优化整合教学资源 2. 教学方法灵活，符合学生实际，创造性地使用教材，精讲精练 3. 学法指导目标明确，利于学生掌握学习规律和学习方法 4. 能根据教学活动需要，科学、合理地利用现代教育技术手段，呈现和使用方式便捷、恰当、充分，利于提高教学效率 5. 教学思路清晰，课堂结构紧凑，传授知识的量和训练力度适中，突出重点，抓住关键 6. 能面向全体，较好地发挥促进者、指导者和合作者的作用，能根据教学设计有效组织教学活动，关注课本知识与学生生活经验、社会实际的联系，激发学习兴趣，培养创新意识和自主学习能力		
教学效益（20分）	1. 能掌握本节课所学的核心知识和基本技能，学习负担轻 2. 学生获得了有效的学习方法 3. 尊重学生个性，满足不同层次学生的需要，使每个学生都有不同程度的收获 4. 注重兴趣、习惯等非智力因素的自我培养		
评价得分合计		评价结果	

说明：评价结果分优、良、合格、差。100～90分为优，89～80分为良，79～60分为合格，60分以下为差。

附录一　教研心语

教研心语之一

“一讲三化策略教学模式”
——实现课堂教学高效的根本途径

策略教学是实现课堂教学高效的根本途径
——“一讲三化”策略教学的再认识

宁江区教师进修学校中学部数学学科　王永波

在高效性课堂教学实验研究中，经过几年来不断探索，我们总结形成了以“一讲三化”策略教学法为切入点的高效性课堂教学的基本模式。何谓“一讲三化”，“一讲”：讲策略；“三化”：强化策略、内化策略、活化策略。这里面“讲解是感知，强化是训练，内化是吸收，活化是迁移”。这个课题的研究过程中，我们曾经有过困惑，有过迷茫，但随着校长的讲解我们也慢慢地认识、了解、明确了这里面的含义。大家都知道，认识一个新事物往往需要这样的过程，作为教研员的我们也经历了从一开始的抵触、彷徨，带着不解在教学中去实践、研究，最后指导教师在学科教学中运用。通过课堂教学的实践，基层学校的教师已经慢慢地接受了这一理念，并很好地运用到教学之中。下面结合本学科的内容谈一谈自己的感受。

数学学科的特点比较鲜明，在整个知识体系中可以把知识划分为很多类别，比如：概念类、方程类、函数类、图形性质类、图形的判定类、图形变换类等等。同一类知识必然存在同一属性，同一属性的问题往往存在着相同的解决问题的方法和策略，我们可以根据知识体例、课标的要求，学生的认知规律等建构各知识和方法之间的联系，形成解决一类问题的图式。就等腰三角形来说，通过本节课的学习使学生明确，认识一个图形往往从它的“定义、性质、判定、应用”几个方面来认识。研究一个图形的性质的基本图式从：“观察、猜想—实验、验证—推理、证明—交流、应用”等几个环节来研究；而探究一个图形的判定运用则是逆向思维的方法，它的基本图式为：“复习性质—找到性质的逆命题—证明逆命题成立—得出判定定理—结论应用”。之所以这样确定就是根据这一类知识的特点总结提炼出来的。像七年级（下）学习平行线的性质和判定，八年级（下）学习平行四边形的性质和判定，对比等腰三角形的性质和判定，研究的基本图式没有改变，基本方法没变，这就是解决这类问题的策略。在整个初中教材体系来看，学习平行线的性质和判定时，我们则是“讲策略”，学习等腰三角形的性质和判定我们是“强化策略”，等再学习平行四边形的性质和判定时我们将“内化策略”，形成解决图形性质和判定这一类问题的方法和策略，目的是学生再学习特殊的平行四边形（矩形、菱形、正方形）时活用这种认识和研究一种几何图形的性质和判定的方法，即所谓的“活化策略”，更好地提高学生的学习能力。

再比如，三角形全等的判定的学习，判定方法共有“边边边”“边角边”“角边角”“角角边”以及“斜边直角边”几种，这些判定三角形全等的方法在教材中呈现的形式基本相同，即“按条件画出图形—剪下画好的图形—与原图形叠合—完全重合得出判定—结论应用”，在这一任务的教学中完全可以按照“一讲三化”的策略来实施。在讲“边边边”判定方法时，教师按部就班地教给学生这种三角形全等判定得出的全部过程，即“讲策略”，教师在学生这种初步认识的基础上再学习“边角边”判定方法，进一步强化这一判定方法的研究过程，并将其内化为学生的一种能力，即“强化策略”和“内化策略”，最后学生就可以按照这样的研究方法自学后面的几种三角形全等的判定，达到“教是为了不教”的良好效果。

当然，我们今天所说的仅仅是数学知识体系中的一个小的侧面，很多知识需要我们按照这种模式去研究，去探索。当有一天我们把初中数学整个知识体系中同类的内容找到解决这一问题的基本图式时，我们的教学将更加高效。相信我们的教师有这个能力去完成。在以后的课堂教学中我们要不断反思提升，不断尝试着去探讨研究，期待着更大的收获。以上所阐述的教学设计理念，一方面通过整个的学习过程提高了学生的学习能力，另一方面又使学生从系统的角度上认识数学知识体系，所以说学习策略是实现课堂教学高效的根本途径。

人们常说，“教无定法”，教学作为一种艺术，是没有固定模式和方法的。高效课堂的构建为什么要强调模式？模式在高效课堂建设中到底有什么意义？没有模式就没有标准，这就像无论是“奔驰”还是“吉利”都要遵守交通规则一样，任何教师都必须遵守基本的课堂规则。高效课堂倡导学生自主学习，但究竟学什么、怎么学，必须有一个抓手，这个时候就需要模式。所以说，高效课堂建设必然需要模式，但随着对模式本身的熟练运用，模式自然就会消失，即无模之模，取而代之的是更高的课堂艺术。

作为教研员，今后要更好地帮助教师理解这一理念，不断地总结提炼本学科同类知识的教学和学习图式，有针对性地开展教学活动，以典型案例为突破口，让教师在参与的过程中体验，体验的过程理解，在理解的过程中运用，在运用的过程中升华。

以学论教　授之以渔

——对“一讲三化”策略教学法的再思考

宁江区教师进修学校小学部语文学科　潘凤云

随着宁江区高效课堂研究地不断深入，“一讲三化”策略教学法经过不断地实践、反思、总结与论证，终于以比较成熟的模式走进每个教师的课堂教学。以“以学论教、授之以渔”为特色的“一讲三化”策略教学法是学习策略研究的产物，同时也是我区高效课堂研究的阶段成果。

一、“一讲三化”策略教学法对小学语文教研的现实意义

（1）以学论教，授之以渔是“一讲三化”策略教学法的两个核心理念，它顺应了语文课改的发展方向，从根本上解决了课堂低效问题。在对我区小学语文课堂教学现状调研中，我们发现教师重教轻学的现象还相当普遍，虽然课改一直强调“自主、合作、探究”的学习方式，但多数流于形式，学生课堂主体弱化成了导致课堂低效的直接原因。学生是学习的主体，教师的教要为学生的学服务，教师要努力把这种认识转化为教学行为，才能从根本上解决课堂低效问题。“一讲三化”教学法正是基于这种考虑出发，把研究的突破口和切入点放在学习策略的研究上，融入认知心理学学习策略理论、图式理论，建构主义理论，探讨实现高效教和学的方法策略及教学模式。这种教学法，从理论到实践，都有详细的阐述和规范，使教师有理论作为支撑，有实践作为样板，打造高效课堂不再是一句空话。

（2）“一讲三化”策略教学法在实践层面上为教师提供了明确的思路和方法，易于操作。“一讲三化”策略研究法明确指出：“找准学习策略，提炼学习图式是本研究的关键点。策略来源很广泛，可以是教师教学经验从学的角度的提升，也可以是引领、帮助学生对已有学习经验、方法的概括和精加工，最重要的还是教师先把教材知识归类，然后总结、提炼出解决同一类问题的图式、方法等策略。因为同一类知识必然存在同一属性，同一属性的问题必然存在同一策略、方法来解决，找到这个策略方法后，再按照知识体例、课标对各个年段要求、学生的认知规律等，建构各知识和方法之间的联系，形成解决一类问题的图式。”长春版教材虽然按主题编排板块，但选文的体裁仍然具有多样化的特点，同一体裁的文章在同一学段、同一册教材出现多篇，同一文体在表达、语言、写法上等又存有共性，根据这一发现，我们决定先将课文按体裁进行分类，再根据同一体裁文章的共性特点、学段特点及课标要求，来探究不同文体的阅读图式。有了阅读图式，便可应用“一讲三化”教学法将阅读图式转化为学生的学习行为，从而逐步实现学习有法，无师自通的教学目标。

（3）“一讲三化”策略教学法具有科学性和前瞻性，使我们对今后的研究充满了信心。科学性表现在：其一，顺应了从感知、内化、吸收到活化的心理认知规律。其二，符合建构主义思想。建构主义认为，知识不是通过教师传授得到，而是学习者在一定的情境即社会文化背景下，借助其他人（包括教师和学习伙伴）的帮助，利用必要的学习资料，通过意义建构的方式而获得，因此让学生掌握必要的学习方法有助于意义建构，提高学习效率。前瞻性体现在当前新课程改革的方向上，很多教改专家在各级会议上多次指出要重视学习方法和策略的研究，让我们有信心把“一讲三化”策略教学法研究和深化下去。

二、“一讲三化”策略教学法在语文学科的实践与应用

“一讲三化”策略教学法中的“策略”，既是知识与能力的教与学，又是师与生解决问题的方法、手段。这个策略首先来源于教师在教材知识归类的过程中总结、提炼出的解决同一类问题的图式等方法策略。因此，小学语文根据本学科实际，先按照体裁对课文进行分类，再依据课标的相关要求、文体特点及学生实际，由教师在反复研究、实践的基础上总结、提炼出各类课文的基本学习图式，并把它作为图式教学的前提和关键。

1. 图式的总结和提炼

语文阅读教学的学习图示基本是遵循“课文归类—教材分析—提炼图式—学习运用”几个步骤进行的。

①关于课文归类。我们主要从学习者的需要出发，按照体裁的不同，大体将选文分为“写景类”“写人类”“写事类”“说明文”“名著节选”“童话寓言”“诗歌类”“幽默”等几个类别，对于一些体裁比较含糊的课文，如《花儿学校》，既具有散文的特点，又具体有现代诗歌的特点，分类时主要做学法上的考虑，放在哪一类更便于学生学习就把它归为哪类。

②提炼学习图式的前提是做好教材分析。学校要求每个教研员必须熟悉教材，吃透教材，能用画“知识树”的方法，把握整套教材的知识结

构、编排体系、编者意图，并在此基础上，画出一册教材、一个单元、一篇课文的知识树。记得毛泽东主席说过这样一句话：懂得了全局性的东西，就更会使用局部性的东西，因为局部性的东西是隶属全局性的。画知识树就是这样一种从整体到部分的研究策略，它有利于我们整体把握教材，有利于我们对教材进行横向的、纵向的梳理和归纳，有利于我们发现语文学习的规律和特点，使我们能比较科学、准确的总结提炼学习图式。

③提炼图式。在整理把握教材的基础上，我们坚持精提炼简表述的原则，在对写景文章的阅读目标、文体特点等有了充分认识和把握后，再进行阅读图式的提炼和表述。实际操作中，我们根据“一讲三化”策略教学法的要求，力求站在学习者的角度，从学什么，怎么学两方面进行精提炼，并用通俗、简约的顺口溜、打油诗、三字或四字短语等进行表述。

④学习运用。总结提炼学习图式，是“一讲三化”教学法的前提，同时也是关键，如果没有学习方法和学习图式，“一讲三化”教学法就成了无矢之箭，没有任何意义可谈。“一讲三化”教学法是针对学习方法策略而言的教学程序和模式。近几年来，我们在写景状物，童话寓言故事，古诗等体裁文章的教学实践中，尝试运用“一讲三化策略教学模式”进行图式教学，收到了较好的效果。效果一：大大提高了学习效率。语文是一门实践性很强的课程，知识和能力的获得离不开语文实践，因此，想要提高学习效率和质量，一定要彻底改变以教师讲为主的课堂教学格局，留给学生充分的时间和空间，进行自主实践，“一讲三化”教学法主张先把学习图式教给学生，再通过强化、内化手段，让学生记住图式，并能在教师指导下尝试运用图式，最后达到活学活用的目的。学生运用图式自主学习的过程，省去了大部分教师就课讲课的时间，同时，策略教学法教给学生的是学习此类课文的方法，学生能够把握学习的主动权开展自主学习，这就足以保证教师把学习的权利和时间充分还给学生，因此大大提高了学习效率。效果二：授之以渔。学生的学习不再是被动地消极接受，“一讲三化”教学法能最大限度地调动学生的积极性和主动性，使课堂教学面貌焕然一新。

2. 图式的教学

运用“一讲三化”策略教学法进行图式教学，需要注意几个问题：

其一，讲解策略，需要讲清图式是什么、如何用、什么条件下使用。由于学生的认识规律是由感性认识到理性认识，所以像学习图式这种比较抽象的内容单靠直接向学生讲授不行，还必须要引导学生经历一个直观感知的过程。这就要求教师在教学过程中进行学习策略示范。有教师的示范、讲解和学生自身的参与、体验，学生才能形象地感知学习图式的内容及操作步骤。

其二，不要用固化的眼光看阅读图式。图式应该是鲜活的，有层次性，发展的。我们在总结和提炼一类课文的阅读图式时，往往是考虑课标的要求、体裁、学段特点及学情等多方面因素后，用学生能接受，易于理解的语言表述出来。低年级往往让学生初步感知写了谁（什么），有什么特点或讲了一件什么事即可，中、高年段的学习图式，应体现年段特点，在内容和目标要求上要有所侧重，有所区别，图式的内涵应该是呈梯度发展的。

第三，总结和运用图式，要在细节处着眼，关键处点拨。所说在细节处着眼，就是说不能简单套用图式走过场，要关注图式中的每一个细节的落实，要紧密结合课例将课标要求落到实处。在关键处点拨就是要求在运用图式时结合具体课例，明确一课的重点、难点，在关键处及时点拨。

三、“一讲三化”教学法适用于语文教学的各个领域

语文学习要讲求方法。新课标把“过程与方法”作为三维目标中的一个维度提出，可见学习方法在语文学习中的重要性。语文学习方法很多，“一讲三化”教学法不仅适用于同类课文的学习，也适用于识字、阅读、习作、口语交际等不同领域方法策略的学习。目前我们的教学研究还仅停留在识字、阅读教学领域，以后我们会在习作和口语交际乃至综合实践活动等领域，加大对学习方法策略的探究，形成我区的研究特色，为提高我区的教育教学水平作出努力。

四、目前存在的问题

“一讲三化”教学法推动了我区高效课堂的研究和发展，教师的方法策略意识明显增强，但也存在着一定的问题。

第一，部分教师热衷于学习图式的研究，能够在课堂中大胆地进行实践，但总结的图式不够科学，缺少适用性。

第二，部分教师善于学习和研究，能够总结提炼出学习图式，但在课堂教学中图式与具体操作脱轨，出现图式和过程两层皮现象。

总之，以“以学论教，授之以渔”为特色的“一讲三化”策略教学法是我区高效课堂研究的产物，随着“一讲三化”策略教学法的进一步成熟和深化，必定会给我区的语文课堂带来翻天覆地的变化，我们期待“教是为了不教”这一目标的逐步实现！

加强学习方法指导　促进课堂高效发展

——我对学法指导重要意义和“一讲三化”策略教学法的点滴思考

宁江区教师进修学校小学部语文学科　王轶群

伴随着打造高效课堂活动的深入开展和“一讲三化”策略教学的深入研究，尤其是处在《语文课程标准》（修订版）刚刚颁布、即将实施这一背景下，我对学法指导的重要意义和“一讲三化”策略教学法进行了更加深入的思考。下面将自己的点滴思考和粗浅感悟简要加以表述。

一、对学法指导重要意义的思考

1. 进行学法指导是促进学生实现可持续发展的需要

学习方法是通过学习实践总结出的快速掌握知识的方法，它是学生打开知识大门的金钥匙，是教师点石成金的有效手段。以阅读课为例，当学生在阅读一类文章时，找到了其共有的特点，总结并掌握了阅读此类文章的方法后，自然会融会贯通，用这种阅读方法来阅读其他的同类文章。这一阅读行为和学习过程，从短期看，对于学生形成较强的阅读能力，形成良好的阅读习惯是十分有帮助的；从长远看，对于学生一生学习语文都能起到很好的奠基作用。

2. 进行学法指导是促进课堂教学高效发展的需要

在传统的语文课堂上，教师们过分重视双基的落实，教学以讲授式为主，为了让学生全面掌握各类知识，往往眉毛胡子一把抓，常常感觉任务繁重，但无从下手；学生们则跟着教师的思路亦步亦趋，感觉语文学习死气沉沉，即使疲惫不堪也难以应付。课改后，学生们的主体地位得以体现，课堂教学气氛不断活跃，学生参与学习的积极性明显增强，但语文教学则走向了另一个极端，课堂上由于过分注重人文性，而导致了工具性的缺失，学生学习效率低下，基础知识得不到很好的掌握，基本技能得不到很好的发展。如何改变这一状况，怎样提高课堂教学效率？思考这一问题，应回想语文教学的一句老话“课内得法，课外受益”。只有学生在课内学到了行之有效的方法，并在课外运用它去开展广泛的阅读与学习，才能举一反三，形成素养。因此说，进行学法指导是促进课堂教学高效发展的需要。

3. 进行学法指导是实施修订版《语文课程标准》的需要

2011年修订版《语文课程标准》中，全文共37次提到了"方法"，其含义涉及教学方法与学习方法两个方面。其中对学习方法的表述次数之多，重视程度之深是前所未有的。由此可见，修订版"课标"在"学法"方面尤为重视。

简要列举如下：

语文课程应激发和培育学生热爱祖国语文的思想感情，引导学生丰富语言积累，培养语感，发展思维，初步掌握学习语文的基本方法，养成良好的学习习惯，具有适应实际生活需要的识字写字能力、阅读能力、写作能力、口语交际能力，正确运用祖国语言文字。（基本理念的第一点"全面提高学生的语文素养"中提到）

培育热爱祖国语言文字的情感，增强学习语文的自信心，养成良好的语文学习习惯，初步掌握学习语文的基本方法。（课程目标与内容的第3点）

具有独立阅读的能力，学会运用多种阅读方法。（课程目标与内容的第7点）

初步了解查找资料、运用资料的基本方法。（第三学段教学目标）

语文教学应激发学生的学习兴趣，培养学生自主学习的意识和习惯，引导学生掌握语文学习的方法，为学生创设有利于自主、合作、探究学习的环境。（教学建议）

阅读的评价，要综合考查学生阅读过程中的感受、体验和理解，要关注其阅读兴趣与价值取向、阅读方法与习惯。（关于阅读的评价）

写作材料准备过程的评价，不仅要具体考查学生占有材料的丰富性、真实性，也要考察他们获取材料的方法。要引导学生通过观察、调查、访谈、阅读等途径，运用多种方法搜集材料。（关于写作的评价）

各个学段综合性学习的评价都要着眼于促进学生提高语文水平的效率，并有助于他们扩大视野，更好地掌握学习语文的方法。（关于综合性学习的评价）

教材应注意引导学生掌握语文学习的方法，养成良好的学习习惯。（教材编写建议第6点）

从以上的摘录中我们发现修订版"课标"的三大部分9个方面中的6个方面（课程基本理念、总目标、学段目标、教学建议、评价建议、教材编写建议）都提到了语文学习方法，足见其对学法的重视程度。因此，进行学法指导是实施修订版《语文课程标准》的需要。

二、对“一讲三化”策略教学法的思考

“一讲三化”策略教学法来源于课堂教学研究，服务于课堂教学，它以认知心理学理论和建构主义理论为主要依据，以策略为中心，通过讲解策略、强化策略、内化策略、活化策略的教学流程，使学生全面掌握并熟练运用学习策略，从而达到对一类知识的独立自主的学习与运用。它是提高课堂教学效率，促进学生可持续发展的有效手段。

1. “一讲三化”策略教学法的提出是有科学的理论基础的

“一讲三化”策略教学法符合儿童的认知规律。认知学习理论认为学生是学习的主体，学生获取信息的过程是感知、注意、记忆、理解、问题解决的信息交换过程，即从感性认识逐步上升到理性认识直至加以运用的过程。而“一讲三化”中的“一讲”即是对策略的感知、注意，是促进学生对某类知识的学习策略进行感知、理解、总结的过程；“三化”中的“强化”是对策略的记忆、理解，是从感性认识逐步上升到理性认识的过程，“内化”和“活化”则是对策略有效掌握基础上的问题解决的过程，是对策略灵活加以运用的过程。从上面的表述中，我们感觉到“一讲三化”策略教学法所倡导的学法学习过程完全符合儿童的认知规律，是科学的，是更易于学生理解、掌握、运用的。

“一讲三化”策略教学法是符合课改理念的。《语文课程标准》（修订版）进一步明确指出“学生是语文学习的主体，教师是学习活动的组织者和引导者”，这一表述又一次强调了课堂上教师与学生之间的主导与主体的关系。“一讲三化”策略教学法的实施将在课堂上很好地体现这一师生关系——“一讲”侧重于教师引导下的对策略的感知、理解，很好地体现了教师的主导地位；“三化”侧重于学生对策略的进一步理解、掌握和运用，学生的主体地位更加突出。

2. “一讲三化”策略教学法使学法指导的操作更科学、更细致

在近几年的教学研究中，加强学法指导，培养学习能力，已经成为了教育专家、教研员、一线教师的共同呼声，很多教师在此方面做了很多探索，但效果都不太理想。如何更科学、更细致地开展策略教学，成为了语文教学亟待研究的一个课题。“一讲三化”策略教学法的研究为策略教学开辟了新的思路，科学的理论支撑、明确的目标指向、有序的实施过程，

使课堂上教师的学法指导更规范，学生的学法学习更有序、更高效。

3. "一讲三化"策略教学法的有效实施必将促进课堂进一步高效发展

正如前面所论述的，课堂高效发展离不开学法的指导，"一讲三化"策略教学法促使当今课堂上的学法指导更科学、更细致。因此说，"一讲三化"策略教学法的有效实施必将促进课堂进一步高效发展。

对“一讲三化”策略教学法的再认识

宁江区教师进修学校中学部历史学科　王科生

宁江区提出打造高效课堂活动已有三年多的时间，在教育局和教师进修学校的指导和引领下，各学校积极行动起来投身到活动中来，积极探索打造高效课堂的方法和途径。在探索中，我区初步形成了以“一讲三化”策略教学为切入点的高效性课堂教学基本模式。

在历史学科的实践中，“一讲三化”策略教学已经在全区的历史课堂中得到推广，收到了良好的效果。

在教学中强化学习方法的指导是我当教研员以来一直强调的，由于多年的推动，注重学法指导已成为每位历史教师的惯常做法。如学习“朝代的建立”，教师会提示学生应从哪些方面来学习（建立时间、建立者、都城），学习战争应关注哪些要素（爆发原因、经过、影响，而经过中又包括起止时间、重要战役、结果），学习人物时注重生活时代、主要成就、评价。而客观地评价历史人物、历史事件，对于初中生来说具有较大的难度。一方面，他们学习的知识和阅读量非常有限，说起来容易，但在实际操作中学生难于把握。作为七、八年级学生认识历史人物和历史事件往往只有单纯的好坏之分，难以客观地评价，这需要我们逐步培养。如岳飞是否是民族英雄？老师指出相应的标准：岳飞进行的抗金斗争是民族间的战争而不是反抗外来侵略，因此只能说是抗金名将而非民族英雄。评价澶渊之盟，要渗透一分为二的观点，一个历史事件从不同的角度、不同的阶段分析会有不同的作用等。长期的学法指导使学生抓住了某类知识的共性，提高了他们学习历史知识的效率。

而经过我校鲁兵校长的研究，将学法指导提升到教学策略层面，立意更高，方向感更明确，效果也更为显著。

在初中历史教材中，适用“一讲三化”策略教学法的范围非常广泛，如人物类、事件类、历史现象类知识。具体的像七年级（上）《夏、商、西周的兴亡》（朝代的更替）、《秦王扫六合》（巩固政权）、《三国鼎立》（战役、政权的建立），七年级（下）《科举制的创立》（科举制的诞生、完善、影响）、《民族政权并立的时代》（政权的建立及对峙过程中重大事件、民族关系)、《明朝君权的加强》（加强中央集权）等，还有遍布各册的文化课。这些课的内容自成系统，特点明显，具有共性，便于归类，有利于“一讲三化”策略教学的展开。

尽管我们在推进“一讲三化”策略教学的过程中还存在一些问题，但它对课堂教学的推动毋庸置疑，在今后的教学中我们会继续研究，将“一讲三化”策略教学的应用提升到一个新的高度，努力使历史学科的课堂教学达到理想的境界。

教研心语之二

“一讲三化策略教学模式”——更新教师观念、改变课堂教学、促进学生发展

“一讲三化”策略教学法再认识

宁江区教师进修学校中学部英语学科　包冬梅

“一讲三化”策略教学法是我们通过三年的课堂教学实践总结归纳出来的高效适用的教学方法，它更新了教师的教学观念、改变了教师的教学行为，提高了学生自主学习的意识和能力，对于英语学科是适用并且高效的，我赞同在有条件的学校和教师中进一步深化和推广“一讲三化”策略教学法。因为：

“一讲三化”策略教学法提高了教师驾驭教材的意识和能力。

以前教师们对于教材的研究只限于所教学段所教课时的教学内容，不注重课与课、册与册之间的知识联系，就知识讲知识，把握不好知识的内涵和外延。在培训中我们和教师一起详细学习了初中阶段的所有教材，使教师们进一步明确了各册教材的教学内容、编排体例、编者意图，知识之间的相互联系，梳理出了整个初中阶段的知识体系，画出了“知识树”，在此基础上将各册教材中相同的知识归类，根据学校和学生实际，研究出解决此类知识的方法。

通过“一讲三化”策略教学法的培训和实践，教师们对教材的重视程度提高了，驾驭能力增强了。教师们一致认为只有通读初中阶段的全部教材，深入研究教材，才能做到居高临下地把握教材、高屋建瓴地驾驭教

材、高瞻远瞩地处理教材，纷纷表示一定会更加深入地开展“一讲三化”教学实践，使教学更加科学高效。

其次，“一讲三化”策略教学法促进了教师对学习策略的研究。

以往的教学中，教师对学习方法的研究甚少，有所涉猎也只是轻描淡写。“一讲三化”策略教学法就是要求教师必须研究如何以教学内容为依托培养学生的学习能力，教给学生学习策略。所以教师首先要研究学生该如何学。教师们对初中阶段的所有教学内容进行了梳理，61 个教学单元中，涉及时态的有 21 个单元、不同句式的有 12 个单元、从句的有 4 个单元、情态动词的有 4 个单元、语态的有 2 个单元、不定式的有 3 个单元。目前，我们已经研究出了部分英语知识及技能训练的策略：

英语词汇学习策略——能读准，会拼写，知词义，通词性，懂用法。

英语语篇学习策略——听、读、析、述、练 5 步学习法。

听——泛听文章明大意；读——细读文章抓细节；析——剖析文章绘图式；述——复述课文重语感；练——综合训练促提高。

英语听力答题策略：

看——看题型、看内容、看差别；猜：猜话题、猜词形；听——边听边理解、边听边记录、边听边分析；答——按要求作答；查——查书写，查词形，查语法。

英语时态学习策略：

知用法、懂构成、会转化、识状语、抓易错点。

每一个策略中都包含若干具体的小步骤，在这里不再赘述。

再次，“一讲三化”策略教学法提高了学生整体思维的习惯和能力及知识建构的能力。

使用“一讲三化”策略教学法后，学生们在教师的引导下，每学完一节教材，都试着独立画出本节课的“知识树”，把小的系统放到更大的系统中去，把这一节教材及时回归到单元，完成一个单元再回归到整册书，这样学生从更大的整体、更高的层次看问题，不断把学到的知识系统化。这样知识在头脑中总是以系统的形式存在，便于学生理解和记忆知识，形成能力，一个个知识点在系统中去记忆，不容易忘记，从而提高了学生的自主学习能力，总结归纳的能力。

以下是我在听课过程中搜集的学生在学完七年级下册第十单元后画出的知识树：

- 知识树
  - 语法（grammar）
    - 1. 用法：
    - 2. 构成
      - 1. 肯定句
      - 2. 否定句
      - 3. 一般疑问句
      - 4. 特殊疑问句
    - 3. 时间状语
      - 1. yesterday （morning/afternoon/evening）
      - 2. last（week/month/year/January/winter）
      - 3. two days/three minutes/ago
      - 4. in + past year
      - 5. just now =a moment ago
    - 4. 过去式的变化规则
      - 规则变化
      - 不规则变化
        - 1.
        - 2.
        - 3.
        - 4.
  - 话题（vacation）

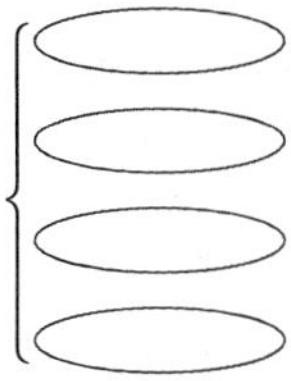

可见，“一讲三化”策略教学法在学科教学中使教师和学生获得了很大的收益，在以后的教研工作中我们会坚持深入地研究下去。相信只要坚持不懈，“一讲三化”策略教学法必将会给我们的英语课堂带来蓬勃的生机和活力。

初中思想品德学科"一讲三化"策略教学法再思考

宁江区教师进修学校中学思想品德学科　袁兰香

经过三年的共同努力潜心钻研，我们总结出"一讲三化"策略教学法，这一研究成果对思想品德学科的课堂教学具有重要的意义，主要表现在以下几个方面：

（1）从现实价值来说，"一讲三化"策略教学法是我们进修学校三年来，认真贯彻实施宁江区教育局"打造高效课堂活动"和国家级课题"高效性课堂教学研究"的研究成果，是以鲁兵校长为首的全体教研员智慧的结晶，这一成果是我们把原课堂推向高效课堂的捷径，在策略教学的研究中开辟了一条新路，为策略教学的研究提供了先导性的具体实施模式，可以说其价值是有目共睹的。

（2）从辐射价值来说，经过三年的研究和培训，大多数基层学校的老师了解了"一讲三化"策略教学法，最重要的是现在全区教师都开始重视对教学方法和教学策略的思考和研究，这种影响对于教师的专业化成长和课堂教学质量的提升作用虽是隐性的，但却是不可估量的。

（3）从学科价值来说，任何一个学科的教学虽无定法，但都是有法可循的，思想品德学科也不例外，在教学中具有同一类知识属性的教学内容，都可以运用"一讲三化"策略教学法进行教学。例如，自尊自信，自立自强的内容，学会交往的内容，权利义务的法律常识内容等，有一定的规律可循，可以尝试运用"一讲三化"策略教学法进行教学。此外，答题策略中的认识类、评析类、漫画类、图表类、打算类、建议类等题型的解答都具有一定的规律性，所以在答题策略的学习中也适用于"一讲三化"策略教学法。

（4）从学科教师成长价值来说，促进了教师专业成长和教学方式的转变。三年来，通过我们开展的一系列活动，在教师队伍中学习、研究、实践已蔚然成风。现在全区的思想品德学科教师有两大明显的变化：①教师对教材的研究不断深入。在多次培训的影响下，教师开始重视对教材的研究，原来很多教师都是夹着课本去上课，不对教材内容进行整体的研究和宏观把握，对于教材前后的联系也不在意；现在教师们开始有意识地研究课标和教材，对教材也开始有了创造性的研究和使用。②策略教学的意识在不断加强。宁江区思想品德学科教师原来对教学方法和策略的认识非常肤浅，基本上流于形式，只是觉得教案上有这一内容需要填写，就编个策略写上去，别空着。现在很多教师在备课时开始思考：我要用什么方法去教，学生应用什么方法去学呢？这种思考必然会推动策略教学的研究，所以这也是一种宝贵的转变。

“一讲三化”策略教学法作为一项重要的教研成果能经得住实践的检验，得到专家的认可，说明我们在学习策略研究领域已迈出了重要的第一步，在课堂教学实践中，我们会不断地完善，希望它能为我们学科课堂教学实践和教学研究带来更大的效益。

也谈"一讲三化"策略教学法

宁江区教师进修学校中学部语文学科　徐凤侠

从教以来接触到的教学法，可以说也是名目繁多。在自己的教学实践中也或多或少受到某种教学法的影响，但总觉得自己就像一个"追星族"，潮起潮落之间，自己依然如故。可怕的是随着从教时间的增长，自己渐渐地变得倦怠，连"追星"的心境都荡然无存。我不敢面对自己，一个没有热情的人怎么能点燃学生的热情，一个没有进取之心的人怎么能激励学生奋斗……

就在这样的情境下，我走进了"高效性课堂教学研究"课题研究组，全程参与了语文学科的研究过程。今天，当我提起笔来谈对"一讲三化"策略教学法的认识时，我的耳边想起了笛卡尔的话："我思，故我在。"

我认为"一讲三化"策略教学法的提出本身就是研究者长期思考的结果。仔细地品读"一讲三化"策略教学法的具体内容，我觉得该法的宗旨就是"教学生学"。

这样看来，这一教学法就有着特殊的意义，主要表现在以下几方面：

1. 它突破了我们的传统教学法，具有创新性

传统的教学法关注点多是"教师"，重在研究教师的"教"，评价点在于教师"教得怎么样"。而"一讲三化"策略教学法着眼点在"学生"，旨在研究学生的"学"，评价点在于学生"学得怎么样"。所以，它是教学法的一种突破，具有创新性。

2. 它有利于促进教师更新观念，构建生本课堂

新课程改革要求教师更新教学观念，我们各个教研部门、培训部门也开展了好多帮助教师更新观念的培训，但效果却并不明显。其中一个主要原因就是教师"保持原貌"依然可以上课堂，换句话说课堂教学并没有真正的改变。但若运用"一讲三化"策略教学法，教师必须改变。教师不能简单地围绕着教材教，必须从整体上把握教材，必须主动地去整合教材。教师备课不能眼盯"一课"，而要考虑课与课之间的联系。教师设计课不能以我教给学生多少内容为准，而应该考虑我这节课要和学生学习哪些内容，运用什么方法学习这些内容更有效率，也就是必须从学生学的角度来

构建课堂。

3. 它能关注学生的持续发展，培养学生的自主学习能力

2011 年 10 月 28 日“高效性课堂教学研究”结题会上，初中语文学科展示了两节课：一节是李晓兰老师执教的《小石潭记》，一节是姜永辉老师执教的《强项令》。《小石潭记》属于写景类文章，《强项令》属于写人类文章。两位教师借助这两篇文章，引导学生归纳出阅读这两类文章的图式，即学习写景散文的四步法和品析人物六步法。

实际上，两位老师执教这两篇文章时，采用常规的教学方法，也能把课文的重点知识教给学生。但那样做，学生只能积累这一课的相关知识，至于学生今后的学习教师并没有给予任何的“关注”，学生也必然像和尚念经一样“得过且过”，学一课算一课，学一点算一点，“自主学习能力”根本谈不上。而我们运用“一讲三化”策略教学法设计的这两节课，恰恰在引领学生学习相关的语文知识及能力的同时，更有意识地教给学生阅读一类文章的方法，也就是在培养学生的自主学习能力。

《语文课程标准》总体目标中明确指出：“培育热爱祖国语言文字的情感，增强学习语文的自信心，养成良好的语文学习习惯，初步掌握学习语文的基本方法。”这说明教给学生行之有效的语文学习方法是语文教师不可推卸的责任。而“一讲三化”策略教学法恰恰为我们的语文教学指出了一条康庄大道，因为它把知识与能力教学同方法教学有机地统一在一起。相信通过我们的不懈努力，“一讲三化”策略教学法一定会成为中国教育教学法领域的一朵奇葩。

教研心语之三

"一讲三化策略教学模式"运用要领
——研读教材、寻找策略、提炼图式、灵活运用

在反思中走近"一讲三化"
——对"一讲三化"策略教学法的再思考

宁江区教师进修学校小学部数学学科　闫志荣

通过对《数学课程标准》、《高效课堂的"四点"要求》和《"一讲三化"策略教学法》的数次解读、尝试与思考，深刻地认识到："高效"是研究的目标，"策略"是研究的焦点，"教材"是研究的基础，"一讲三化"策略教学法是研究的成果。下面就从小学数学学科的角度对"一讲三化"策略教学法进行具体地剖析。

一、研究的方向"明"

"一讲三化"策略教学法的核心是"策略"。这个策略，既是教与学的知识，又是师与生解决问题的方法与手段。通过此教学法的运用，目的是帮助学生形成"学习策略"，从而使学生在学习中获得高效学习的程序、规则、方法、技巧和调控方式。

1. 从高效教学的研究上看

高效教学的研究的突破口是"学习策略"。学习策略的教学是指导学生"学会学习"的必要条件，是增强学生自主学习意识、提高自主学习效率、培养自主学习能力的重要途径。只有关注"学习策略"，才能让每节课都成为策略学习的课，才能真正做到教学生一天为学生一生。

2. 从各种版本的教材上看

作为教师，不仅要研读现在使用的教材，而且要研读其他版本的教材，通过不同版本教材的比较研究，弄清不同版本教材的特色，才能博采

众家之长。依据《数学课程标准》编写的主流版教材有人教版、北师大版和苏教版 3 种版本。在研读这 3 种版本教材时，可以发现，这 3 种版本教材在体现解决问题策略方面各有特色，人教版教材编排了画图、列表、列举、替换等解决问题的策略，北师大版教材编排了画图、列表、猜想与尝试、从特例开始寻找规律等解决问题的策略，而苏教版教材采用分散与集中相结合的方式，从四年级开始，每一册都单独编排了“解决问题的策略”的单元。这些教材中安排“解决问题的策略”的目的是让学生体验策略的学习价值，产生策略的需要，形成策略的意识。

从以上可以清楚地认识到：“一讲三化”策略教学法的研究方向是明确的。

二、研究的做法“透”

“一讲三化”策略教学法不仅指明了高效课堂研究的方向，而且指出了研究的做法。

1. 形成过程具有可行性

（1）关注“学法指导”：学习方法是构成学习策略的基本要素。形成策略要以学会并掌握方法为前提，如果学生不知道方法，就没有形成策略的条件。并且，“方法”可以从外部输入，而“策略”只能在内部滋生，我们可以通过讲解、示范，把方法教给学生，学生可以通过模仿、训练学会方法，但我们无法代替学生形成策略。正如下棋，要学会下棋，可以拜会下棋的人为师，从老师那里学到方法。如果希望走出妙棋，则必须经常下棋，积累经验，自己领悟，才能形成策略。

（2）力求“形成策略”：学生学习策略的形成一般要经历 3 个阶段：孕伏阶段、明朗阶段、深刻阶段。孕伏阶段，化无为有，主要是感悟策略；明朗阶段，化隐为显，主要是理解策略；深刻阶段，化生为熟，主要是运用策略。特别是对于第一学段的学生，主要是经历孕伏阶段。学法对于他们而言，不需要上升到理论的范畴。我们可以引领学生参与数学活动，体会层次不同的数学内容，感悟相似问题的相似方法。不仅选择恰当的时机，对学生进行学法的指导，而且提供运用机会，让学生能够对学法“举一反三”，形成个性化的学习方法。第一学段的“感悟策略”是为了第二学段的“理解策略”和“运用策略”。如果能在第一学段打好学习策略的基础，那么在第二学段教学时，学生会顿然醒悟，意识到自己原来已经在运用策略了。于是，策略意识就自然而然地形成了。

2. 研究过程具有可行性

“高效性课堂教学”研究的关键是找准学习策略，提炼学习图式。

（1）整体研读教材，找准学习策略

数学知识是一个系统的整体，整体的知识一定是相互联系的。因此，我们对人教版小学数学整套教材进行了梳理，把数学知识连成“线”，串成“块”，分成“类”，发现了数学知识之间有一定的联系，在学习策略方面有相同之处。一是把握数学学科特点，确定学法，如数学观察的方法、数学记忆的方法、数学阅读的方法等；二是分析单元知识结构，确定学法，如估算的方法、解决问题的方法、统计的方法等。

（2）系统梳理知识，提炼学习图式

围绕某一板块内容，思考学生在学习时需要先做什么，再做什么，用什么方法做，做到什么程度等问题，从而提炼出学习图式。由于学习图式是学生要理解、要记住、要运用的，所以一定要简单，要精炼，可以是几个字或几个词。

（3）加强长期训练，建构学习图式

学习图式的建构需要一个过程。每节课一般要经过两个环节。一是激活图式。教学伊始，要力求激活学生头脑中已经存贮的图式；二是重建图式。当学习者遇到不能用原有图式来同化新的刺激时，从而对原有图式加以修改或重建，以适应新的学习内容。这样，经过长期地训练后，学生头脑中就能建构一个完整的图式，这个图式具有一定的层次性、稳定性、操作性。当学生内化为自己的认知时，再遇到同样的内容时，就自然地运用这个图式自己学习了。

3. 实施过程具有可行性

“一讲三化”策略教学法是针对某一类知识、某一具体的学习策略而言，包括讲解策略、强化策略、内化策略、活化策略。

“讲解”过程是一个经历知识的形成过程，是一个经历学法总结归纳的过程。是在某一具体数学学习内容中，由教师提供研究的问题，透过研究的问题引导学生总结出某一学习策略，明确具体的操作程序，即先做什么，再做什么，最后做什么。

“强化”过程是一个学法尝试运用的过程，是一个操作程序实施表述的过程。是在与上节类似的学习内容中，将上节学到的方法运用到本节的学习中，并说清方法“是什么”“怎么用”等问题。

“内化”过程是一个学生内部渐进发展的过程，是一个吸收和转化的心理过程。是在教师指导下，由学生自己去完成，简单地说，就是教学过程中必须让学生的内因起作用。

“活化”过程是一个学法真正迁移运用的过程，是一个具体学习策略形成的过程。是把学生已内化的方法活用到新知识的学习中，让学生实现迁移运用。在尝试运用的过程中，形成学习策略，并把学习策略转化为自己的学习能力。

三、研究的成果“丰”

“一讲三化”策略教学法遵循了学生的学习规律，形成了一定的“教”的程序，并适时转化为学生“学”的程序，从而使学生学有方向、学有方法。突出表现在以下几点：

1. 自主读题的意识较强

数学语言包括文字语言、图形语言和符号语言。经过学习策略的教学之后，学生能准确地把握3种语言所表达的数学含义，能自如地进行3种语言的互译，掌握了“逐字逐句读”和“图文结合读”等读题方法。

2. 自主阅读数学课本的意识较强

经过学习策略的教学之后，学生能主动用“圈点阅读法”阅读数学课本，做到：重点词，画圆圈；重点句，画横线；疑问处，画问号；空白处，填完整；问题处，要思考。

3. 运用策略解决问题的意识较强

经过学习策略的教学之后，学生在解决数学问题时，能根据具体的问题有意识地选择摘录法、画图法、列表法等整理数学信息，已初步形成了解决问题的基本策略，体会到了解决问题可以有不同的策略。

总之，通过数次解读、尝试、思考，对“一讲三化”策略教学法有了更深层次的认识：只有对教材进行深度地解读，“高效课堂”的研究基础才能根深蒂固，“一讲三化”策略教学法的运用才能游刃有余。

对"一讲三化"策略教学法的再思考

宁江区教师进修学校初中物理学科　王云香

宁江区经历了为期三年的"打造高效课堂"教学活动，其主要目的是培养学生学会学习，为此总结出了"一讲三化"策略教学法，"一讲三化"策略教学法既是知识与能力的教与学，又是师与生解决问题的方法、手段。这个策略首先来源于教师在教材知识归类的过程中总结、提炼出的解决同一类问题的图式等方法策略，还可以是教师教学经验从学的角度的提升，也可以是引领、帮助学生对已有学习经验、方法的概括和精加工。

所谓的"一讲三化"，即一讲：讲解策略；三化：强化策略、内化策略、活化策略。

讲解策略：在一节课中，以某一学习任务为依据，总结归纳出某一学习策略，讲清它是什么、如何做、什么条件下使用。由于学生的认识规律是由感性认识到理性认识，所以像学习策略这种比较抽象的内容单靠直接向学生进行讲授不行，还必须要引导学生经历一个直观感知的过程。这就要求教师在教学过程中进行学习策略示范。有教师的示范、讲解和学生自身的参与、体验，学生才能形象地感知策略的内容及操作步骤。

强化策略：将学到的策略运用到本节学习的各个环节中去（或再经过一个与之类似的学习任务的学习），引导学生自己说出有关策略运用的情况，像"是什么"、"怎么用"等，使学生清楚学习策略的内容，然后引领学生以合作学习的方式完成学习任务，强化认识，掌握学习策略的实质。

内化策略：学习策略讲解完了，通过强化，学生有了初步的感知，教师要适时地引导学生对刚刚经历的学习过程进行回顾。在回顾中归纳、总结、提升出便于学生理解和操作的学习步骤，并科学地对策略加以命名，使学生有个清晰、完整的理解与体验，达到对这个策略既知道是什么，又知道如何做，什么条件下使用，内化为自己的认识。

活化策略：把本节习得的学习策略应用到新知识的学习中，让学生实现迁移运用，在尝试运用学习策略过程中，把学习策略转化为自己的学习能力。教师还要在后续学习中，不断地为学生创设运用学习策略的情境，以便于学生实践固化、检测自学效果，让学生看到自己运用策略所取得的成绩，获得成功的满足和喜悦，激发学生运用学习策略学习的兴趣；同时还可以反馈不足，正确归因。反复训练，养成习惯，学生就能够自如驾驭策略，融会贯通，达成自动化。

讲解是感知，强化是训练，内化是吸收，活化是迁移。

从三年来的座谈、定期、定点跟踪听课来看，在物理教学过程中，大部分教师已有了培养学生学习策略的意识，研究教学策略已成为备课的首要任务，但与打造高效课堂的主旨还存在些偏差。主要表现为：

（1）不论课型是否符合预习，学生是否具备预习的条件，只要新课必全部预习。

（2）教师过分主导，对学生的思维活动关注过少，重、难点问题的提出与处理，没做到精讲精练。

（3）淡化了学习方法的指导，不注重引导学生掌握同类知识的学习策略，没有使知识条理化、系统化。

究其原因：其一，部分教师教学理念上还没有接受打造高效课堂教学策略的实施，课堂浮于形式。其二，在物理课程的安排中，有些相似知识先后呈现的时间跨度比较大，使讲解策略与强化策略、内化策略、活化策略严重脱节。例如在八年级，学生第一次学习比值定义法概念——电功率，再学习类似的知识是九年级的速度、密度等。其三，各校学科教师的配备除实验中学是循环制，其余各校毕业班教师基本是固定的，教师对知识的系统分类没有连续性。

教师在高效课堂教学的研究中，“一讲三化教学策略模式”可以应用到物理概念的建立、物理规律的发现，也可以应用于典型习题的解答，例如，测固体密度，基本原理是$\rho = m/v$，关键是转化为解决 m 与 v 的问题，质量的解决可以用天平、弹簧秤、漂浮或悬浮的条件；体积的解决用量筒、刻度尺、阿基米德原理，这类习题学习策略的掌握，可避免学生再遇到测固体密度时的困惑。“一讲三化”教学策略还可以应用于章或单元的复习，如“声”与“光”同属于“波”，两章有着相似的学习规律。应灵活运用“一讲三化”策略教学法，不能固化，如电功率概念是学生第一次接触的比值法定义的概念，教师在本节教学中应把重点放在“讲解策略”，即：为何建立概念——如何建立概念——公式表达——物理量单位—实际应用，而不是活化或强化策略；再如欧姆定律的发现，让学生预习学习是不现实的，它是在实验的基础上总结与归纳出来的，学生在家无法完成实验，如果让学生预习新课，会造成先入为主，死记硬背，违背了物理学习规律。可见“一讲三化”教学策略的运用，应考虑学生的学习基础，课程的设置等，努力创设物理情境，应灵活运用，不可固化。相信在新版课程标准颁布的背景下，“一讲三化”教学策略的实施与推广，会迎来又一个课改的春天，对于教好物理，学好物理都具有十分重要的意义。

对“一讲三化”策略教学法的再认识

宁江区教师进修学校小学部英语学科　苏晓红

在打造高效性课堂教学活动中，我们形成了以“一讲三化”策略教学法为切入点的高效性课堂教学基本模式。3 年来，我们对“一讲三化”策略教学法进行了深入的研究和努力的实践，已经取得了一定的成效。为了不断改进教师的课堂教学，不断改变学生耗时高、实效低的学习局面，促进高效性课堂教学研究向纵深发展，我们必须认真学习“一讲三化”策略教学法的思想理念，只有认识到位，“一讲三化”策略教学法才能更好地发挥其应有的作用。下面是我对“一讲三化”策略教学法的再认识。

一、“一讲三化”策略教学法的理解

要加深理解“一讲三化”策略教学法，首先应理解“策略”和教学策略的含义。策略就是为了实现某一个目标，预先根据可能出现的问题制定的若干对应的方案，并且，在实现目标的过程中，根据形势的发展和变化来制定出新的方案，或者根据形势的发展和变化来选择相应的方案，最终实现目标。教学策略是指在教学过程中，为完成特定的目标，依据教学的主客观条件，特别是学生的实际，对所选用的教学顺序、教学活动程序、教学组织形式、教学方法和教学媒体等的总体考虑。教学策略主要是解决教师“如何教”和学生“如何学”的问题。

“一讲三化”策略教学法中的“策略”，既是教与学的知识，又是师与生解决问题的方法和手段。这个策略首先来源于教师在教材知识归类过程中总结、提炼出的解决同一类问题的图式等方法策略，还可以是教师教学经验从学的角度的提升，也可以是引领、帮助学生对已有学习经验、方法的概括和精加工，这里的“教学”即：教学生学。所谓的“一讲三化”，即一讲：讲解策略；三化：强化策略、内化策略、活化策略。这里面讲解是感知，强化是训练，内化是吸收，活化是迁移。

讲解策略是在一节课中，以某一学习任务为依据，总结归纳出某一学习策略，讲清它是什么、如何做、什么条件下使用。由于学生的认识规律是由感性认识到理性认识，这就要求教师在教学过程中进行学习策略示范。有教师的示范、讲解和学生自身的参与、体验，学生才能形象地感知策略的内容及操作步骤。强化策略是将学到的策略运用到本节学习的各个环节中去，引导学生自己说出有关策略运用的情况，使学生清楚学习策略的内容，然后引领学生以合作学习的方式完成学习任务，强化认识，掌握学习策略的实质。内化策略是学习策略讲解完了，通过强化学生有了初步的感知，教师要适时地引导学生对刚刚经历的学习过程进行回顾。在回顾中归纳、总结、提升出便于学生理解和操作的学习步骤，并科学地对策略加以命名，使学生有个清晰、完整的理解与体验，达到对这个策略既知道是什么，又知道如何做，什么条件下使用，内化为自己的认识。活化策略是把本节习得的学习策略应用到新知识的学习中，让学生实现迁移运用，在尝试运用学习策略过程中，把学习策略转化为自己的学习能力。教师还要在后续学习中，不断地为学生创设运用学习策略的情境，以便于学生实践固化、检测自学效果，让学生看到自己运用策略所取得的成绩，获得成功的满足和喜悦，激发学生运用学习策略学习的兴趣；同时还可以反馈不足，正确归因。反复训练，养成习惯，学生就能够自如驾驭策略，融会贯通，达成自动化。

二、"一讲三化"策略教学法的应用

记忆英语单词是学生英语学习的"拦路虎"和"绊脚石"，英语后进生的产生大多都是从记不住英语单词开始的。在词汇教学中，我们运用"一讲三化"策略教学法，使学生掌握了记忆单词的方法，增强了学生学习英语的兴趣，提高了学生英语学习的效率。

在"一讲三化策略教学模式"的探索中，我们首先对教材的语言知识进行了梳理、归类，针对词汇教学的教学要求，经过反复尝试，我们总结、提炼出词汇教学的图式：情景创设，呈现所学新词；音形对照，掌握读音词形；词句结合，理解词义用法；新旧联系，突出语言交际；思维拓展，强化综合运用。在教学中，教师首先是讲解策略，讲解清楚词汇学习的策略，什么条件下使用。例如，在 Let's learn 的教学中，教师应该教给学生 how to remember new words 的策略，音标记忆策略，音不离词、词不离句策略。首先，教师要给学生归纳总结出字母在单词中的发音规律，即元音字母 a，e，i，o，u 在开、闭音节中的发音规律，元音字母组合和辅音字母组合在单词中的发音规律，然后指导学生根据发音规律记忆单词。如，元音字母 a 在开音节中发/eɪ/的音，cake/keɪk/，在闭音节中发/æ/的音，bag/bæg/；元音字母组合 er 在重读音节中发/ɜː/的音，her /hɜː/，在非重读音节中发/ə/的音，sweater/'swetə/，辅音字母组合 ch 发/tʃ/的音，teach /ti:tʃ/，sh 发/ʃ/的音，fish/fɪʃ/。学生掌握了英语读音规律，见到生词就能读其音，听其音就能写其形，这样就大大减轻了学生记忆单词的压力，增强了学生英语学习的兴趣，坚定了学生学好英语的信心，从而提高了学生英语学习成绩。

在阅读教学过程中运用“一讲三化”的教学策略，首先向学生明确英语阅读的基本策略，在阅读中指导学生怎样运用策略，使学生能够运用阅读策略自主阅读，提高学生的阅读技能。例如，教授 PEP 小学英语四年级（下册）Recycle One（第一课）时，在学生阅读之前，教师提出问题 What show is it? What time does it begin? 让学生有目的地阅读，这样学生能够迅速抓住文章的重要信息，快速了解课文的主要内容。然后出示生词和新句子，paper，newspaper，wonderful，fashion show，just wait and see，See you later. It's a secret! It looks like a fish. It's your turn now. 引导学生根据上下文的意思推断猜测词句的含义。在精读中，教师指导学生反复阅读文本，以默读、朗读、精读、泛读等形式进行阅读，使学生对文本充分理解。在学生理解文本后，出示关键词或图片，引导学生复述，复述的方法可以采用视图复述法、问题连接复述法和课文概要复述法。在对课文复述的基础上，改写或缩写文章，以检查和增强学生的语言知识应用技能。经过一段时间的学习，学生掌握了一些阅读策略，形成了一定的阅读技能，口语表达能力和书面表达能力都有了显著的提高。

三、“一讲三化”策略教学法的效果

1. 教师更新了教学观念

通过“一讲三化”策略教学法培训指导，广大教师对“一讲三化”策略教学法的理解逐渐加深，在课堂上积极开展实践，努力向课堂40分钟要效率。目前，“一讲三化”策略教学法已经渗透到教师的教学理念中，教师学法指导意识日渐浓厚，在学法指导方面进行了许多大胆的尝试，这种思想上的转变对高效性课堂教学研究起到了至关重要的作用。

2. 形成了学科知识结构图

“一讲三化”策略教学法的实施，我们的立脚点是梳理整套教材知识结构和研究学法指导。经过深入研究，我们把整套教材的知识点重新归类、科学整合和反复修改后画出整套教材、一册教材、一个单元和一课时的“知识树”。在培训中，指导教师梳理教材的知识体系，把握教材编写的整体脉络，研究小学英语词汇、阅读教学策略，力求通过培训，使教师在教学中能更加科学的使用教材，更加合理的实施教学策略，确保高效性课堂教学研究顺利开展。

3. 建构了同类知识学习图式

在探索中，我们总结、提炼出词汇教学和阅读教学的图式。

小学英语词汇教学图式：

情景创设，呈现所学新词；音形对照，掌握读音词形；词句结合，理解词义用法；新旧联系，突出语言交际；思维拓展，强化综合运用。

小学英语阅读教学图式：

速读文本抓关键，联系猜测明词义，充分阅读解其义，借助词语口表述，例文仿写来练笔。

4. 总结出了学法指导的大致流程

根据学生的学习特点和学习规律，总结出了学法指导的大致流程，即：教给学法—强化学法—内化学法—运用学法。

5. 课堂上学法指导已见成效

课堂上我们发现很多学生已经掌握了一些学法，并能自觉运用。比如，理解词语的方法：查字典、联系生活、联系上下文、看图片、做动作……；背诵的方法：抓重点词语背诵；复述的方法：按课文叙述顺序复述、看图片、抓关键词复述……这些方法的掌握得益于教师平时的引导，所以说课堂上学法指导已初见成效，这是课堂向着高效发展的一个重要标志。

6. 提高了学生语言运用能力和综合素养

“一讲三化”策略教学法，激发了学生英语学习的热情，增强了学生英语阅读的信心，提高了学生的听音能力、记忆单词的能力、对文本的理解能力、口语表达能力和用英语行文的能力，扩大了学生的词汇量，拓宽了学生视野，丰富了学生英语知识积累和英语文化积累，提高了学生语言运用能力和综合素养。

在高效性课堂教学研究中，“一讲三化”策略教学法激发了教师的研究热情，形成了有效的教学策略，调动了学生学习的积极性，增强了学生自主学习的能力，提高了学生英语学习成绩，使高效性课堂教学研究取得了一定的成效。由此可见，“一讲三化”策略教学法是打造高效课堂的有效途径和方法。在今后的工作中我们要进一步深入研究和努力实践，使“一讲三化”策略教学法真正成为打造高效课堂的活水源头。

附录二　实践传真

实践传真之一

“一讲三化策略教学模式”为学校建设注入生机

“一讲三化”策略——使我校课堂教学焕发生机

——落实“一讲三化策略教学模式”的体会

新城中学校长　王恩思

2009年宁江区开展了打造了高效课堂活动，至今已有3年的时间，3年中，我校经过反复研究，探索出了一种新的教学模式——三步五环节教学法，也就是“讲学案”，这种教学模式在“一讲三化”策略的导航下，以提出问题、研究问题、解决问题、延伸问题为主线，以教师的主导，学生的自主学习、自主探究、自主解决问题、自主延伸发展为教学流程，提高了学生自主探究能力，使学生成为自主学习的主人。经过几年的实践，对“一讲三化”策略，我有以下体会。

一、对“一讲三化”策略教学法的理解与贯彻

所谓的“一讲三化”即：讲解策略，强化策略，内化策略，活化策略。讲解是感知，强化是训练，内化是吸收，活化是迁移。为了实现以“讲学案”为载体的高效课堂，我从更新教师理念入手，组织全体教师认真学习、领会“一讲三化”策略内涵、主旨，经过反复研讨这一策略，在教师中产生了强烈的共鸣，一致认为高效性课堂教学的切入点是学习策略的研究。达到课堂高效的前提是找到课堂中存在的低效和中效的问题，只有教给学生方法和策略，授之以渔，才能提高学生自主学习能力，实现新课程提出的“三维目标”中过程与方法目标，实现“教是为了不教”的目的，真正把课堂还给学生。通过多次调研、观课、议课、反思、跟踪等形式，推动了我校教师对“高效”理念的理解和落实。具体理解是：“讲解策略”就是经过教师的示范讲解和学生自身的参与、体验，让学生深刻地感知策略的内容及操作步骤，“强化策略”就是引导学生将系列的策略运用到一节课学习的各个环节中去，也就是应用的问题。“内化策略”就是引导学生对刚刚经历过的学习过程进行回顾，并能进行归纳、总结，提升出学生便于理解与操作的学习步骤，“活化策略”就是知识的迁移与应用过程，把学习策略转化为自己的学习能力。

二、“一讲三化”策略教学法提升了教师的素质

通过贯彻和落实“一讲三化”策略，教师的教学理念发生了根本的变化，教师各方面的素质明显提升，实现了课程改革三维目标的高效率、高效益、高效果的落实。

1. 提高了教师的备课能力

教师能按照我校教学模式——“讲学案”的要求，通过运用“一讲三化”策略，搞清楚了班级整体和学生个体的原有认识结构、最近发展区的情况，能预测知识与技能目标能否在课堂教学结束时得到根本落实，在促进文本知识与技能落实上学生的学习是否主动有意义，是否具备相关的学习方法。能站在单元、整章、整册以至整个学段教材的角度进行系统备课，这样，对教材的处理做到了避重就轻，驾轻就熟，避免了拖泥带水的低效现象。总之，教师做到了把备学生、备教材、备媒介中考虑到的问题进行思想上位的融合。在实践下位上，教师摆正了自己的位置，即课堂教学45分钟自己以什么状态出现在学生面前。是讲授者、指导者、组织者等事先都做到了周密的考虑，教师在课堂上做到了左右逢源，相得益彰。

2. 提高了教师的选材能力

教师能根据教材精选材料，精选认知策略，精选例题、练习题，精收反馈信息。优选教学方案，优化教学手段，在抓住“重点”，凸显“难点”，破解“疑点”上下工夫，在能提高学生能力的“支撑点”上下工夫，在能激发学生主体意识的“兴奋点”上下工夫。

3. 提高了教师导播能力

教师减少了课堂语言密度，教师讲得少了，问得少了，板书少了，增加了知识与思维的密度和精讲教学的重点。教师能根据教材内容，灵活使用教学手段，做到了寓教于趣，寓教于乐，寓教于情，使学生始终处于学习的亢奋状态。

4. 提高了教师的“调控”能力

教学中教师能有意识地激励、唤醒学生的主体意识，变“要我学”为“我要学”，教师能主动接近学生，通过平等、民主的师生交流，了解学生的知识需要与情感渴求，在教学中教师注重了调控自己的教学思路，使教服务于学的需要。教师时刻欣赏学生，能让学生体会到人与人之间相互尊重、相互关爱的重要性，使学生的健康情感得到了培养，由于学生在理解、回答或解决问题中，常常会有许多令人意想不到的方法，教师都能勇于承认学生的更优选择，剖析自己的不足之处，给学生展示了一种观念“教师和教材不应是至高无上的权威”，培养和锻炼了学生独立思考、创造的意识，从而使学生喜欢老师所教的学科，正所谓“亲其师必信其道”。

5. 提高了教师的反思能力

在课堂教学结束时，教师都能对自己的课堂教学是否达到高效做以基本的判断，认真反思哪些做法是导致了课堂气氛的愉悦、学生的思维能力得到充分的培养，哪些做法导致了课堂教学的低效和无效，并加以总结，完善教的策略。还能对学生在高效课堂教学中的创新性成果加以提炼，并成文发表，而且能自觉地与名师比对，看自己的教学与之还有多少差距，把反思结果应用到下一节常态课堂教学的备课之中。

三、“一讲三化”策略激发了课堂的活力

在“一讲三化”策略引领下，以“讲学案”为载体的课堂教学实施了对学生自主探究、主动学习的指导，将课上与课下相结合，学案与教案相结合，知识技能与能力素质的培养相结合，形成全方位、多渠道、多角度知识形成的过程，激发了课堂活力，提高了课堂教学效益。

1. 师生互动，教学相长

“一讲三化”策略实现了由教师带着书本走向学生到教师（“讲学案”）带着学生走向书本，学生带着问题（“讲学案”）走向教师的转变。学生认真的预习与教师的精心备课，学生积极的提问与教师的及时辅导珠联璧合，从而整合、优化了传统的教学过程。更好地实现了师生互动，教学相长。

2. 转变方式，培养习惯

“一讲三化”策略促进了学生学习方式的转变，培养了学生良好的学习习惯。学生由原来陷入题海战术转为先预习后上课，先思考后提问的学习程序去学习，做到了深刻预习，活泼研习，精当补习。

3. 因学施教，创新教学

“一讲三化”策略促进了教师观念的更新，促使了教师教学方式与行为的变化。教师原来围绕着“本本”转转为围着学生转，以学定教，以学为主；先练后讲，以练为主，培养了学生创新能力。

4. 激发动机，培养意识

教师在教学过程中，通过讲述道理、勤于鼓励、设置榜样、给予方法、适时变化、适当竞赛、合理考试等手段，时刻激发学生的学习动机，使学生的学习获取了极大的成功。

5. 尊重学生，知识引领

“一讲三化”策略能按学生思维展开教学策略。在“一讲三化”策略的引领下，教师在教的策略上，都能搞清学生原有的认知结构，对于学生知道什么、不知道什么，都心中有数。在教材的组织上，教师积极构建“知识树”，并从认知结构的假设出发，做到了教材中知识的组织方式与学生认知结构中的组织方式的高度统一，并遵循不断分化策略和综合贯通策略。

6. 利用媒介，开阔思维

“一讲三化”策略促进学生思维深刻性。在课堂教学中留给学生的思维多了，学生对于学习材料的本质属性认识更深刻了，使学生思维能力等得到了进一步的发展。

7. 激励为主，发展创造

“一讲三化”策略鼓励了学生发展创造性思维。如果说对于学生思维能力的培养是课堂教学高效的一条主线，那么鼓励学生发展创造思维就是高效课堂教学的必然。在“一讲三化”策略的引领下，教师课堂教学进行中师生关系平等、民主，课堂气氛和谐，学生思考充分，思维富有节奏，才思敏捷、创新思维得到激发，课堂充满了创造性，学生的新作品层出不穷，成为一道道亮丽的风景。

四、“一讲三化”策略培养了学生自主学习意识和能力

在“一讲三化”策略引领下，以“讲学案”为载体的教育教学实现了教与学的和谐统一，促进了学生的自主、合作、探究学习，有助于学生良好品质的形成，弥补了学生学习的差异性，提高了课堂效益。

（1）学生能进行充分尝试探索。在课堂上多以学生的尝试探索、学生自学为主，实现了教为学服务，以学定教。

(2) 能站在系统的高度重组教材，课堂教学中学生尝试、探索、自学的平台表现为对学习材料按系统的方法重新组合。如在教学课堂上，表现为建立一个多层次的练习题组体系。在尝试探索、自学等方面能按时间顺序先易后难展开。这样，学生思维富于紧张、节奏，思维能力得到了有效发展。促进了学生综合解题能力的提升，促进知识与技能稳步落实。

(3) 讲学案的实施，学生的“自主性得到了弘扬，自主实践能力有所增强，表现在学生掌握了自主学习的基本方法，初步形成了自主合作的能力。另外，学生自主学习的能力、自主探究能力有所增强，学生的创造能力得到培养。

(4) 能适时教给学生学习方法。在学生课前预习、课上尝试探索、自学等环节，教师都能适时传授给学生科学的学习方法，为学生养成良好的学习习惯和方法，打下了坚实的基础。

五、取得的成果

(1) 物化了一批教育教学成果。我校整理了师生“讲学案”上百册，录制了课堂实录10多节课，制作了多媒体课件80件，收集了多篇个案分析材料、论文、说课稿。编写了《新城中学打造高效课堂成果集锦》《初中8个学科“讲学案”》教材等资料。

(2) 我校于2011年10月28日成功承办了宁江区“高效课堂教学研究”结题会，并荣获国家级科研先进单位。教学成果“高效的课堂教学模式——讲学案”在松原市第三届基础教育教学成果评比中荣获三等奖。

总之，在“一讲三化”策略的统导下，“讲学案”的使用规范了课堂教学过程，培养了学生的自主合作探究能力，有利于因材施教，使每个人都能感受到自己的存在，每个人都能拥有自己的尊严，每个人都能感受到自己生命的成长，这样的课堂，才是真正难忘的课堂，出彩的课堂，高效的课堂，也正是这样的课堂才能实现教学相长，互动共赢。

实践传真之二

“一讲三化”策略教学法——学校发展的“隐形翅膀”

宁江区朝阳中学教导主任　李楠楠

作为一所农村中学，在没有接触到“一讲三化”策略之前，我们的课堂基本上还是处于满堂灌的传统填鸭式教学，教师辛苦地传授知识，学生无奈地被动接受，整个课堂死气沉沉，学生对这样的课堂也越来越厌烦，教师在这样的课堂中也没有成就感，但是“一讲三化”策略，让我们在迷茫中找寻到了希望，它成为了学校发展的“隐形翅膀”，带动我们飞向成功！

“一讲三化”策略教学法科学地把“学习方法和学习策略研究”作为高效性课堂教学研究的切入点和突破口，是新课程教学改革的进一步深化，也是实现高效课堂的根本保证，因此具有前瞻性，更具有推广价值。尤其是对于我们这些基层学校来说，更给我们的课堂提供了一种科学有效的方法，它让我们的教学向着高效逐步迈进。2009 年我作为教学领导有幸参加了“一讲三化”策略的培训班，在培训班里我第一次听到了“一讲三化”策略教学法这样具有前瞻性的教学理论，也强烈地感受到它对于我们这样的基层学校的重要意义，在与校长交流意见后，就马上开始在全校范围内进行推广。首先我们组织了教师对“一讲三化”策略进行了集中理论培训，教师们都感到意犹未尽，于是我们又组织了一场“一讲三化”策略的研讨，在研讨中尽管教师多数还对“一讲三化”策略报以一种观望态度，但最终我们还是决定要大胆尝试，于是我们组织了以组为单位的校内“一讲三化”论坛、校内“一讲三化”实践课、校内“一讲三化”汇报课等一系列活动，在活动中教师们加强了对“一讲三化”理论的认识，坚定了推广“一讲三化”策略的决心。经过一年多的努力，我们已经开始尝试将“一讲三化”策略实行三结合的原则，即与我校实际结合，与教师的教学风格结合，与学生学情结合，创立了具有我校特色的课堂模式，走出了一条既实际又高效的课堂教学的探索之路。

一、“一讲三化”让我们的教师更新了观念，增强了组内团队合作意识，实现了在合作中教师素质的提升

过去我们的讲解式教学常常是功夫没少费，但收效甚微，为此我们也常常苦于没有方法可以帮助教师从大量批改、指导，帮助学生从大量的题海中解脱出来，现在有了“一讲三化”策略，我们的教师开始思考究竟应当如何在教学中准确地运用讲解策略，有时为了研究一个好的讲解策略，群策群力，集中攻坚，先是个人提出好建议，在全组中进行研讨，将研讨结果应用于自己课堂，并根据自己实际学情进行必要的调整，最后将反馈结果在全组集体备课时做最后归纳交流，经过这一系列的研讨——印证——交流，我们的教师也渐渐发现“一讲三化”策略的实效性，他实现了我们过去想要实现却无法实现的“授人以渔”的飞跃。教师们在实践中逐步发现了学生成绩的提高，能力的形成；他让我们在集体智慧中实现了个人成就感，更让我们的教师实现了整体性专业素质的提升。

二、“一讲三化”让我们的课堂焕发生机，从过去的单纯性教学活动——教，真正转变为双边活动——教学相长

过去我们的课堂是教师一言堂，学生无语困对，无论教师如何想方设法调动他们的积极性，他们都不愿意参与其中，究其原因在于学生不喜欢这种毫无新意，毫无乐趣的课堂，运用了“一讲三化”策略后，我们的课堂也在悄然改变，因为学生在教师的讲解下，发现了原来似乎枯燥无味的知识也可以通过好的方法指导让学习变得轻松起来，于是从最初的产生兴趣被动参与到最后主动思考积极探索新方法，这一转变让我们的课堂也焕发出了前所未有的生机与活力，在课堂中常常能感受到学生的智慧，有时教师在课前预设的讲解策略也会被思维活跃的学生作以适当的调整，教师和学生之间在平等、和谐的气氛中实现了各自的成长。

三、“一讲三化”让我们的教学质量再上一个台阶，让我们收获了累累硕果

最初我们对于“一讲三化”策略的推广只限于七、八两个年级，他们没有升学任务，可以利用这种策略逐渐培养学生，而九年级要面对中考，升学压力让我们还停留在单纯的知识归纳讲解过程，但是在认真学习和推广使用了一段时间后，我们发现我们过去那种观念是错误的，重新审视了初三的复习课堂，教师的含辛茹苦的悉心整理，学生痛苦不堪的机械记忆，再加上“满堂灌”的教学方式，最终却让我们收获不尽如人意的中考成绩，为什么不能在我们的复习课堂中将“一讲三化”变成实现师生愉悦，达成高效的有效方法呢？经过了一番思考后，我们重新理解了“一讲三化”对于九年级复习课堂的意义。这“一讲”，其实更多的应当立足学生实际，做到精讲。有选择地对你所复习的内容进行系统的梳理，帮助学生建立每一学科的复习模式，再从中选取好典型问题，进行细致的专题训练。让“一讲”成为促进学生学习的助力。所谓“三化”即强化策略，内化策略，活化策略。应当是在学生理解并认同的前提下，进行的有效策略，而内化策略则在强化策略的基础上将知识转化为技能的一种方式，他可以将强化策略视为媒介，最终实现内化。最后的活化策略其实是检测与考察学生的认知程度是否已经上升为一种能力的方式，更是关注学生全面发展的一种最高效的手段。三化之间的关系呈螺旋上升状，就像我们在新课程中接触到的教案一样，从知识和能力到技能和方法再到情感态度价值观三个维度的统一。有了这样的理解，就有了想要活学活用的动力，于是我们的初三也开始了在复习课堂考虑妙用“一讲三化”。最终经过我们的努力，我们很多学科都建立了一讲三化的复习模式，例如语文学科的现代文阅读建构模式指导，数学学科的几何问题复习建模指导，化学学科的酸碱盐复习模式的指导，物理学科电学复习模式指导等，在这些模式的指导下，我们也惊喜地发现了即使不用题海战术，学生也能掌握每一个学科的复习方法，并能按照这些方法进行必要的归纳总结，学习成绩也有了明显的提高，特别是2011年的中考中，我们的学生更是在各个学科中取得令人惊喜的好成绩，不仅数学、语文、英语平均成绩位居全区前列，而且语文、数学单科最高分也出现在我们这样的农村中学生中，这不能不说是我们的一种成就，而这份成绩也主要来源于“一讲三化”策略在我们学校全面推广。

回顾运用“一讲三化”策略的风雨历程，我们由衷感受到了它带给我们的一缕缕春风，正因为有了这样好的学习策略指导，才能让我们这样的农村中学焕发出勃勃生机，我相信在今后的教学中，“一讲三化”策略一定会成为我们学校发展的隐形翅膀，带动我们飞向更大的辉煌！

实践传真之三

在“生本”理念指导下全面实施“一讲三化”策略教学法

宁江区实验中学副校长　陈　爽

开展“生本教育”势在必行。生本教育是我校从教育发展形势、学校教学现状、教师队伍状况和学生成长需要出发，提出的全新的教育理念。在这一理念下的“生本教学”，主张把为教师好教而设计转向为学生好学而设计，实现学生积极、主动、活泼、健康的发展。在开展生本教学过程中，我们探索的脚步始终没有停止，寻求最佳途径、最有效方式、最简洁设计，实现最优化的高效教学，一直是我们的不懈追求。当“打造高效课堂”成为我校的课堂教学预设目标后，我们立足生本，面向全体学生，以“全面＋特长”为学生个体的发展追求，以“共性＋特色”为课堂教学的表现形式，在课堂上关注每一孩子，尊重学生的个性差异，实现学生的主动发展，培养学生的可持续发展能力。当“一讲三化”策略教学法跃入视野后，我们欣喜地发现，“一讲三化”模式恰恰是我们全面深入开展生本教学的有效途径和最佳模式。在“生本教学”理念指导下，探索其与“一讲三化”模式的有机结合，寻找到两者的切合点、融洽点，恰恰是我校常规教学和教学研究的新的生长点和兴奋点。

一、在“生本”理念指导下，实现讲解主体的根本性回归

在传统的课堂教学中，讲台是神圣不可侵犯的，其背后隐藏着一个不争的事实，就是“讲”的权利是教师专属品，学生只有“听”的义务，而且就大多数学生而言，“听”是在被动状态下被驱使着听。在这种状态下，教师的尽情恣意“表现”，使学生的主体精神被压抑，主动性被挫伤，是典型的“师本教育”。“讲台究竟属于谁，讲的权利究竟交给谁”，是我们在生本教育理念指导下研究的一个重要课题，在这个课题研究中，“是教师讲还是学生讲，教师如何讲，如果是学生讲那么应该怎样讲”的问题自然浮出水面。在实践中，我们更倾向于“学生讲”，提出这样一个口号：“老师，请走下‘讲’的神坛。”开始实施在课堂上把讲的权利交还给学生时，很多老师不理解，不认可，不接受，不照行，甚至做表面文章，应付了事。

美国教育家杜威先生说：“教学绝不仅仅是一种简单的告知，教学应该是一种过程的经历，一种体验，一种感悟。”经验告诉我们，教师的告诉（或曰讲）只能在学生的经历、体验和感悟中起到提示、点拨、指导的作用，而学生的经历、体验、感悟和由此而衍生出来的外在表现“讲或说”，对学生的智力发展、潜能挖掘和能力提升则起到决定性的作用。

慢慢的，在课堂上“谁讲”的问题逐渐明晰，教师不再以知识代言人、占有者的身份垄断课堂。把讲的权利交给学生，既解放了教师，也解放了学生，师生互动、生生互动，学生讲、老师听，学生讲、学生听，教师讲、学生听，一人讲、众人听，众人讲、一人听（在讨论环节，学习优势者帮扶学习弱势者的一种表现形式），成为课堂中“讲”的常态形式。在这一过程中，教师发挥其“首席”的作用，科学地讲解，或描述或介绍或解释或分辩，使学生更准确更深刻更全面地去领悟和体会。

我校理科教学中普遍使用的“导学单”教学策略，其基本环节是“学习小组预设导学单→学生在导学单提示下自学（第一次生疑）→小组内交流互助、讲解互学（第二次生疑）→组别间交流互动、学习代表讲解、学生质疑（第三次生疑）→教师面向集体答疑”。在 3 步质疑解疑过程中，基础性问题迎刃而解，疑难性问题深化催生；教师集体答疑后，课时教学行为已近尾声，再由师生共同归纳学习策略。在这一过程中，学生始终是学习的主体，讲的全部过程操控在学生手中，在讲中生疑，在讲中思考，在讲中解惑，在讲中提升，在讲中发展。

我校的人文学科的教学尤其重视“学生讲”在课堂教学中的作用。凡是学生通过预习自学能看懂学会的，如生字、文章背景、书下注释、作者信息等，一律不讲；凡是学生通过反复阅读，能够生发出的一致认识、理解，都交给学校小组，在组内有学生互讲互听；凡是在个性阅读中生成的个性化认识，拿到课堂上展示出来，作为交流的“靶子”，采取“群讲”（学生交流讨论），引导学生形成新的认识；在这一过程中，老师不是无所作为，而是有所为有所不为，老师要讲解的是阅读方法、精读策略、赏析角度等学生自己不能独立完成或互学完成中需要老师引导的问题。

二、在“生本”理念指导下，实现全程练习，达成练以致用

传统教学中练习的主要功能和作用在于巩固，巩固所学知识，完善思维品质，形成学习能力。在这种功能和作用下的强化练习带有一定的强制性，学生在“强制练习”中被动接受练习内容，被动完成练习，需要巩固的知识限制着学生的思维发展。在生本教育理念指导下，我们突破旧有的练习框框，把学生的练习划分为学前练习、学中练习和学后练习，在某种程度上更加重视学前练习。学生的学前练习突出一个“疑”字，学生形成的疑问越多，在课堂上参与交流的机会越多；学生的学中练习突出一个“悟”字，悟的程度不同，参与交流的层次就不同，悟的越深越透，交流的就越好；学生的学后练习突出一个“补”字，查缺补漏，完善思维。在3段练习中共同突出一个“用”字，练在学前用来生疑；练在学中用来领悟；练在学后用来巩固；经常练习，用于挖掘潜能，提升能力，完善品性，健全人格。

我们在设计强化训练的内容和推进练习环节时，从学生的学习基础、学习需求出发，在克服教学浅化、泛娱乐化的同时，充分考虑学生的学习兴趣、接受能力，以最典型的“练习例子”引导练习，以最简洁的“联系方法”指导联系，以层次化的“练习要求”规范练习，不做无意义的、重复性的练习。

课堂教学的本质是交往，是以教师和学生为主体，以教学内容为介质的一种交往，在交往中，我们更追求教师与学生的平等对话。即使在练习环节，教师也不得以“强势”的地位和“智者”身份出现在学生面前，教师要善于观察学生在练习中的问题、困惑和障碍，并不断地通过点拨指导来解决问题，解除疑问，扫除障碍。

三、在“生本”理念指导下，注重实现知识的生成性内化

内化是一种由外而内的接受和认同，是自己所认同的新的思想和自己原有的观点、信念结合在一起，构成一个统一的态度体系。任何一种思想、观点和知识一旦内化，就具有持久性，并成为自己人格的一部分。内化的起点在于认同，关键在于吸收，重点在于与旧有思想、观点和知识融为一体。

传统教学中被人们（尤其是老师）忽略的往往就是内化问题，经常有教师慨叹“为什么这么教还不懂”“这个问题反复讲过多少遍了，为什么还不会”等，其中的关键就是学生旧有的认知结构排斥外在施加的新思

想、新观点、新知识。在生本教育理念指导下，我们通过实施讲解策略引导学生全面而深入地感知、通过实施强化策略推进有效练习的同时，更加注重内化策略，尤其注重知识的生成性内化。

在引导学生的生成性内化时，我们的主要做法：一是寻找新知识融入学生认知结构的新的生长点，找到了生长点就找到了新的生机，就能引发学生的学习兴奋点，对新知识就不再排斥；二是找出学生旧知识结构与新知识的切合点，两者能够切合到一起，天衣无缝，在能使新知识融入到旧有知识结构而浑然一体，才能实现知识的内化。我校最具典型代表性的就是课本剧教学，这种教学模式不但引发了学生的参与热情、积极性和主动性，也大大引起了学生的学习兴趣，同时也使课本知识以一种全新的方式展现出来。在编、导、演课本剧的过程中，生活的经验、学习的感受、戏剧的表演、旧有的知识被学生有效汇集在一起，并且不断创新和生成。许多有价值的课本剧目足以这种独特的教学方式具有独特的生成性内化功能。学生在内化生成中综合素质得到全面提升。

四、在生本教育理念指导下，完成知识的迁移，培养学生运用知识的能力

“活化”即拓展迁移，拓展学习是指教育教学过程中，学生学习内容、学习形式、学习方法的扩容增加和优化发展，是对学生学习的全方位的促进，这是新课改背景下，学校教学创新的需要，是素质教育的重要内容。

拓展学习关乎学生各个学科的学习，在学习内容上，我们不拘泥于传统的教材意识，而是在课程改革的基础上，向社会学习，向网络拓展，使学习内容在更广阔的背景上获得全方位的充实和增加，这将与时俱进，更好地适应社会发展的趋势，也能极大地满足学生学习的需要。

在学习形式上，我们强调教育教学的开放性，到社会中去，到生活中去，让学生从已有的生活经验出发，亲自接触最实际的问题，亲身经历发现和解决实际问题的过程，并将实际问题抽象成知识模型，进而借助已经掌握的学科知识和能力，对知识模型问题进行解释和解决，将知识转化为能力。

在学习的方法上，我们让学生实质上拥有自主权，可以合作学习，也可以独立思考，还可以实验或模拟。学生可以尝试多种方法，在实践中改造方法，实现学习策略的优化。

例如我校课本剧表演，就是很好的语文课“活化”的典型，学生把书中故事性强，矛盾冲突集中的作品进行改编，以表演的形式学习语文，学生兴趣浓厚，对文章内容情感思想领会得深刻。

美国学者古德莱德曾说：“改革在实质上是每个学校自己的事情，最有希望的改革办法就是寻求开发学校自身的能力来解决自己的问题。”我校在“生本教学”理念的指导下，活用“一讲三化”策略，打造高效课堂，实现了高效课堂的教育教学目标，学生也因此获得尊重而激情飞扬。

实践传真之四

“一讲三化策略教学模式”为学生终身发展奠基

优化学习策略　提高自学能力

——回族小学实施“一讲三化”心得体会

宁江区回族小学校长　刘华

随着打造高效课堂活动的不断深入，“一讲三化策略教学模式”以崭新的姿态走进课堂。“一讲三化”中的“讲”是指讲解策略，“三化”是指强化策略、内化策略、活化策略，目的在于让学生掌握“科学、实用、高效的解决问题的技巧、方法和秘诀”，学会学习，乐于学习，成为学习的主人。

在终身学习教育思想引领下的今天，学生的学习不只是课堂上的学习，还包括课前自学和课后复习，因此，在实施“一讲三化”时，我校提出了重视课前，立足课堂，关注课后的思路，经过不断地探索研究，取得了一定实效，我们的做法如下。

一、重视课前预习，强化学习策略

为什么提倡课前预习？首先，预习是对学生自学能力的锻炼。老师不可能教给学生全部知识，很多知识都是靠学生自学得到的，这就需要学生有良好的自学能力。其次，通过预习得到的知识要比通过上课听老师讲得到的印象要深刻得多。

那么，如何进行课前预习，预习些什么内容呢？教师是要交代清楚的，否则学生就要一头雾水。也就是说，预习前教师要做自学方法和自学策略渗透。就是对即将学习的教学内容进行阅读，了解其梗概，做到心中有数，以便掌握听课的主动权。

预习时要看课本上的基本概念和基本例题，对这部分内容要做到理解，概念和例题是基础，万变不离其宗，后面的任何变化都离不开这个基础，在理解基本概念的基础上，尝试完成课后的随堂练习，因为课后的随堂练习就是理解基本概念后的简单的运用。如有不懂的地方，要在书上做好记号，上课时就要着重听这部分内容；如果内容简单，自己能理解，那上课时就要听老师是如何讲解的，和自己理解的对照一下，看看自己的理解是否正确，或者看看有没有其他的解题思路。

预习时，常用的方法包括趣味式预习，分层式预习，清障式预习，朗读感悟式预习，发现问题式预习，资料收集式预习，提炼方法式预习，检测结果式预习等。

如趣味式预习，把作业改为故事会。故事的内容都与第二天学习的内容相关，像语文写人记事的课文，预习时要么只讲个开头，要么只提示结尾，其他部分让学生们自己去课文中看一看，找一找，想一想，然后，完成规定的任务，经过了这个过程，自然达到了预习的效果。

再如分层式预习，对不同的学生提出不同的要求，像语文预习要求一般学生在读文时画出生字，并能自己学会，这个过程也叫清障式预习，清障后能熟读课文；要求中等生能在识字的基础上总结出识字的方法；要求优等生不但会识字方法，还要理解字义，用字组词，并说一句话。

学科不同，年段不同，也就有不同的预习步骤。拿高年级为例。

语文科：第一步浏览课文清障碍；第二步初读课文明大意；第三步精读课文找规律；第四步品读课文提问题。

数学科：可概括为 4 个字“读、画、写、查”。“读”是粗读内容知问题；“画”是画出重点找思路；“写”是揭示规律写学法；“查”是预习效果自己查。

就是通过预习，想方设法向学生渗透学习方法与策略，渗透的方法要让学生能看得见，摸得着，易操作，并且在不断地自学中得到巩固和强化。就是通过预习让学生在有“备”中走进课堂。让学生带着“经验”走进课堂；带着“问题”走进课堂；带着“任务”走进课堂。让学生成为会学习的“牛人”，成为会学习的“强人”，成为会学习的“高人”。

二、立足课中探究，内化学习策略

高效课堂是知识的超市、生命的狂欢。要把这一提法变为现实，那么，在课堂教学中就必须关注学生学习的主动性、生动性、生成性，力求体现“自主、合作、探究”。课堂上教师尽量做到“三少三不”，即“少问或不问”，每节课都做好预习，平时注重指导学生提问，让学生提出有价值的真问题，做个小小的思想家；“少讲或不讲”，讲是为了不讲，教是为了不教，好教师不去花费心思想如何讲，而是考虑如何组织学生去学，更懂得适时地在教学中“留白”，引发学生“开讲”；“少说或不说”，让学生底气十足地说，一个一个地说，说就说出道理来。

3 年来，我校先后开展了“讲四课”“求实杯”和“创高效，争首席”活动，业务领导还经常深入课堂听常态课，课下与教师及时交流，每周例会进行短评，定期进行专题讲座，提出“先学后教，当堂达标”设想和要求，明确课堂教学 6 个环节：清楚目标—自主学习—小组互助—教师点拨—巩固强化—综合检测。要求教师讲解释疑时间一般掌握在 15 分钟左右。教师的主要任务是：纠偏、点评、总结、释难。

在不断探索中，我们逐步完善了“五步三查”模式。第一步，找出学习困惑，标注出疑难问题；第二步，围绕困惑进行对学、群学。围绕课堂暴露的问题，抓住问题“拓、挖、思、悟”，不厌其烦、“无限”放大、不达目的誓不罢休；第三步，以小组为单位，在组长组织下，“展示”学习成果，谓之“小展示”；第四步，教师根据小展示暴露出来的共性问题，组织全班“大展示”；第五步，学生归位，整理学案，整理纠错本。

教师“一查”预习情况、预习效果，重点做好导学案或者预习笔记的检查；“二查”过程中展示学习过程中暴露出的问题；利用对子进行“三查”。“五步三查”模式是课堂操作的抓手，是课堂教学的教之“规”，学之“范”，主张模式并非“唯模式”。

希腊有句谚语“你听你忘了，你看你记住了，你做你学会了”。所以不管什么模式都需要给予学生探究思考的空间与时间。常态课要求目标明明确确，材料简简单单，环节清清楚楚，课堂上没有花里胡哨，需要保证学生思考的时间和空间。

互助学习式的学习，使学生学会主动探究，取长补短，相互兼长。学生不再是学习的被动接受者，而是担当了发现者、研究者、探索者和倡导者，他们把探究所得的学习策略付诸实际行动，在运用中得到不断内化，从而更好地获取知识，获得学习的信心。

三、关注课后延伸，活化学习策略

孔子说：“温故而知新，可以为师矣。”说的是通过温习旧知识，得到新的认识和理解，再把这些认识和理解应用到新知学习中的人，可以做老师。我们教给学生策略和方法，就是要让学生能活学活用这些方法与策略，在学习上能做到举一反三。

检验方法与策略最好的途径就是完成练习和作业。以数学科为例，要学好数学，必须多做练习，但并不是题海战术。只顾看书，而不做或少做练习，是不可能学好数学的。而一味地做题，不顾解题方法，也是很难在学习上收到成效的。

做练习要在有充分的准备之后，认真独立地完成。所谓有充分准备，就是要先复习今天所学的知识和老师补充的例题，把课本上的知识弄懂之后才能做练习。如果课本知识还有不懂之处，应先复习课文，询问同学或老师，直至懂了之后再做练习。

所谓独立完成作业，就是要靠自己的能力完成作业。因为做练习的目的，一是巩固所学知识，二是检查对知识的理解是否正确，培养和提高分析解决问题的能力。

复习与总结。复习是为了巩固，和遗忘做斗争；总结是为了梳理知识，发现、掌握规律，积累经验，有所提高。

学完每一章，要及时做好阶段复习。阶段复习要围绕每一节知识的重点、难点，阅读教材、听课笔记、练习本，从中提炼出本章的知识重点和难点，特别是对于学生曾不大懂和理解错误或理解不够深入的地方，要着重复习巩固。

“一讲三化”不仅是一种教育模式，更是一种理念。我们要站在为学生全面发展服务的立场，建立和谐的课堂教学文化，加强课程资源的整合，选择有个性的教学策略，使课堂教学成为“能唤醒沉睡的潜能，激活封存的记忆，开启幽闭的心智，放飞囚禁的情愫……”的殿堂，让课堂教学焕发出生命的活力。

实践传真之五

策略教学　授之以渔

——"一讲三化"策略教学法学习体会

宁江区实验小学　尹桂芝

一直以来，我常常在思考，工作中我们缺什么？知识、责任心、爱心……在与同仁反复探索之后得出的结论：我们缺少的是教学的理念与方法。消极的、无效的教学方式对学生的智慧、自主性是一种压抑，一种挫伤。因此，转变理念，更新教学方式迫在眉睫。但从哪里学习新的理论、新的教学方式成为急需解决的问题，因为现在的理论学说可以说鱼龙混杂，面对众多的理论学说我们常常感到不知所措。就在我为找不到方向而苦恼时，宁江区进修学校的鲁兵校长在与"高效性课堂"课题组成员共同调研、分析、论证、实验、总结、反思等研究中，建构了以"一讲三化"策略教学法为切入点的高效性课堂教学基本模式，为我们的教学带来了新的春天。

所谓的"一讲三化"，即：讲解策略、强化策略、内化策略、活化策略。讲解是感知，强化是训练，内化是转化，活化是迁移。

"一讲三化"这一教学策略的提出，有科学的理论作为依托，借鉴了认知学习策略理论和建构主义思想的学习观，不是由教师把知识简单地传递给学生，而是帮助学生建构知识结构，引导学生掌握解决一类知识的方法、策略。并以此为师生走进课堂、走进教材找到切入点、出发点和落脚点。

"一讲三化"教给学生的不再是单一的知识，而是学习知识的策略，这就等于我们给学生的不仅是一滴水或是一桶水，而是自己汲水的方法，这才是使学生受益终生的。

作为实验学校的业务校长，3 年来，我带领实验教师潜心研究，大胆实践，彻底改变了传统的教学模式，"一讲三化"策略教学法在课堂上初显成效，课堂真正成了教师引领下的学生自主学习、合作探究、互动达标的过程，极大地调动了学生的学习积极性，取得了可喜的成绩。

一、更新了教育理念

教学效率的提高，有效教学目标的实现，是各种因素发挥整体效能的过程，这就要求教师加强学习有效教学理论，通过交流、培训，深化本课题的理论观念。随着课题的确立，我们进行了一系列的有效教学理论的头脑风暴学习，强化了教师的校本培训。在课题的研究过程中，我主持启动学校课题管理网络，组织教师学习交流，统一思想，更新教育观念。

二、促进了专业发展

首先，促进了校长自身发展。业务校长是学校教学工作的引路人，“一讲三化”策略教学法的提出与实施加速了我的专业化水平。在对学习策略研究之后，要进行实践，我多次为教师上示范课，将“一讲三化”教学策略直观形象地呈现在教师面前，并确立了实验班级，建立学生实验跟踪档案，多维度地引导教师认识并运用“一讲三化”教学策略。

同时，也促进了教师的发展。“一讲三化”教学策略的实施，促使我校教师尤其是实验教师的进一步成长，多名教师的课在省、市、区获奖。全体教师基本树立起教学策略的意识，提升了课堂效益，教师的课堂教学行为正在逐步发生质的变化，课堂生活正在朝着高效的方向发展，他们已经形成了自己的教学特色。

三、构建了教学模式

教学模式的构建与实践，将学生从被动的接受学习、死记硬背、机械训练中解放出来，着力于培养其运用认知工具和已有知识经验，主动参与，善于动脑，善于动手的习惯，使他们学会发现问题，探究知识，总结规律，从而培养学生收集和处理信息的能力，分析、解决问题的能力及交流合作的能力，进而发展为可持续学习、终身学习的能力。

四、提高了教学质量

“一讲三化”策略教学法的研究与实践深化了课堂教学改革，提高了课堂教学效率，促进了学生综合素质和教学质量的全面提高，我校在上级组织的各项质量抽测中，成绩总是处于领先地位。

五、提升了综合素质

学生们自主学习、探究学习、合作学习的水平不断提升，学习方式有了很大改观，积极性有了很大提高，有效促进了我校学生的全面和可持续发展，学生的目标达成率高，学生坚持写日记、作文、办小报等，并多次在各级竞赛中获奖。

鲁兵校长在给业务校长培训时提到了陶行知先生的一句名言，使我至今记忆犹新：“大凡世界上的先生可分为三种：第一种，只会教书；第二种，教学生。这两种都不好，好的是第三种，不是教书，不是教学生，而是教学生学。”而“一讲三化”策略教学法就是在教学生学，所谓“授人以鱼，不如授人以渔”，它必将使学生受益终生。

实践传真之六

“一讲三化”策略教学法悄然走进我的课堂

宁江区第一小学　袁兰芳

自我区打造高效课堂活动以来，在进修学校鲁兵校长的带领下，开展了高效性课堂教学研究，经过反复研究与实践，初步形成了以“一讲三化”策略教学法为切入点的高效性课堂教学基本模式，并将这一教学模式进行有效推广，我有幸聆听了鲁兵校长的专题讲座，听后我如获至宝，在自己的语文教学中进行了大胆尝试，可谓是受益匪浅，大大提高了我的课堂教学效率。

有句俗话说得好：十年树木，百年树人。教师要做的，就是要使学生能养成良好的自主学习的习惯，掌握更多的获取新知的方法和策略。培养学生的自主学习能力是一个循序渐进的过程，让学生由“学会”到“会学”，只有为学生归纳学习方法，指导学生掌握不同知识的学习策略，自主学习才会持久。而“一讲三化”策略教学法就像一场及时的春雨浇灌着干渴的禾苗，滋润着师生的心田，它为我们每位教师指出了一条光明的道路，尤其是作为一名语文教师，倍感这一策略的优势所在，因为语文教材都是以板块的形式出现的，每一板块都有一个主题，而且都是同一类别，很适合归纳学习方法，构建图式，所以，我每每备课时都会用心考虑，横向归类，纵向对比，从整体把握教材，归纳方法策略，引导学生自主学习。

在课堂教学的实践中，我不断地摸索、尝试、总结、反思，在这个过程中，我回顾自己的课堂教学，突然觉得我们以前的教学中有很多时候都是在向学生传授方法，例如识记生字时引领学生运用猜谜语、换偏旁、归类等不同的方法记忆；理解词语时运用联系上下文、做动作、拆分组合或者换词法等来理解。但是我们缺少的就是及时的归纳与总结，并把它系统地传授给学生，成为学生终生受益的本领。“一讲三化”策略教学法让我明晰了教学的捷径，让我体验到了课堂教学的快乐，尤其看到孩子们运用自己总结出来的方法自主学习时那满足的眼神和喜悦的表情，我由衷地慨叹：“一讲三化”策略教学法真好！

在不断地探索中，在课堂教学的尝试下，如今我班的这些孩子们已经能够自如地学习多类文章了，他们最喜欢古诗和童话，这不仅仅是由于文章本身的特点，更因为他们已经掌握了学习古诗和童话的策略，像这样的文章，我已经不必过多讲解，只在课堂上进行验收并及时纠错提升即可。

在三年级的上学期，我们学习第十一板块童话故事时，总结出了中年段童话故事“读活、思源、悟理”三步自主阅读法，在第二篇课文《老海龟的悲剧》中强化运用，以读活为主，通过读活对话，体会童话的生动和内涵，学习效果很好，而且这节课在全区领导干部集中训练中获得好评，这都是“一讲三化”策略教学法带给我的灵感和动力。

记得在学习古诗《咏柳》时，我们边学边总结，归纳出了古诗学习的策略，即：初读不忘查资料，读通前提会字词，多种方法解诗意，多读多想悟诗情。接下来又在学习《送春》和《乡村四月》这两首诗时进行了强化运用，巩固了古诗学习策略，后来在学习《清平月·村居》时，学生已经能够灵活运用这一策略了，而且有的孩子还接着在古诗学习四步法中增加了一条“反复吟诵促积累”，看到孩子们把方法运用得如此自如，而且还有所突破和创新，我深深感受到了“一讲三化”策略教学法已悄然走进了我的语文课堂，已成为了我课堂教学中的核心。

如今，这些孩子在这几年的策略教学法的历练中，已经有所感悟并养成了自主学习的习惯，例如从二年级开始，我就和孩子们一起总结出了预习生字的策略，并制定了表格，随着年龄的增长，表格也在不断的变化之中，现在已经演变成下表：

生字	读音	音序	偏旁	结构	形近字	文中的词	文中的句子	扩词	造句	易错笔画

有了课前的预习，课堂上孩子们学得更加胸有成竹，回答问题跃跃欲试，不但节省了时间，还达到了提前为学习文章扫清障碍的目的。现在除了完成字词的预习，学生还能够通读课文，进行阅读批注，发表感言。如

果你打开我班任何一个孩子的教科书，你都会看到密密麻麻的字迹，他们发自内心的想法和为生字进行的扩词，找到的形近字、多音字、易错字比比皆是，这都源于孩子们掌握了自主学习的策略和方法，养成了自主学习的习惯，我想当他们步入中学后，会深刻体会到学习策略对他们的语文学习有多么大的帮助。

培养学生的自主学习能力是一个系统工程，需要我们广大教师转变教育教学观念，归纳学习方法，研究学生的学习规律，探索新的教育教学策略。在这条路上，在“一讲三化”策略教学法的引领下，我将继续探索和不断总结反思。

“授人以鱼，不如授人以渔”，我将以此作为我教师工作的信条，并为此奋斗终生。

实践传真之七

"一讲三化策略教学模式"为教师成长搭建平台

有感于"一讲三化"策略教学法的运用

宁江区第六中学教导主任　王　凤

为了达成课堂教学的高效，宁江区形成了以"一讲三化"策略教学法为切入点的高效性课堂教学基本模式。并在全区中小学课堂教学中推广、应用。"一讲三化"教学法走进了每一位教师的课堂，为教师达成课堂教学的高效找到了突破口。通过一年来的教学实践，我校的数学教学发生了很大的变化。下面谈谈我运用"一讲三化"策略教学法的感悟。

一、运用"一讲三化"策略教学法迫使教师更新了观念，把策略教学作为课堂教学的重要目标，备课时有了明确的方向。使教师更深入钻研教材，钻研策略和方法，找出课堂高效的途径和方法。

这种策略教学法促使教师要站在一定的高度，从学生发展能力的角度去设计一节课，使学生在一节课中除了掌握可触摸到的知识之外，还要习得那些触摸不到的对后续学习有极大帮助的策略和方法。这就要求教师对初中整体的知识体系有所把握，在备课中明晰所教学的每部分内容属于哪一知识体系，归属哪一类，然后总结归纳这类知识在研究顺序、内容及解决问题的思想和方法上的相同之处，提炼出解决这类知识的策略和方法。然后按照知识的安排顺序及每节课的特点确定通过哪些内容感知策略、通过哪些内容强化策略、通过哪些内容内化策略、通过哪些内容活化策略。教学实施中教师通过什么样的问题形式呈现出来，这些都是教师在备课过程中所要研究的。这就需要教师比以往更加潜心钻研，团结协作。同时让每个教师通过"一讲三化"这个载体，找出课堂高效的途径和方法。

二、运用"一讲三化"策略教学法可以帮助学生构建知识体系，让学生在联系和比较中学习数学知识，在规律和方法中体会数学思想，同时可以加深学生对数学知识本质的理解，进而提高学习效率。

数学的学习应该让学生明晰所学内容属于哪个知识体系，要研究哪些问题，研究的方法是什么，与哪些知识方法有哪些联系，有哪些区别。一些学生感到数学难学，究其原因就是没有在一定的知识体系中去学习，对知识掌握得支离破碎，没有看到知识间的纵横联系，对知识的本质没有真正理解。所以数学课需要教师帮助学生主动地建构知识，找到学习数学的恰当方法。而“一讲三化”策略教学法的策略是源于教师在教材知识归类过程中总结、提炼出的策略或是教师引领、帮助学生对已有的经验、方法的概括和精加工。这种方法恰是帮助学生学好数学的有效途径。

例如，我在教学《矩形性质》一节时，让学生类比平行四边形性质的研究策略“观察猜想—实验验证—推理论证—应用拓展”，主动探究矩形的性质，这样学生的探究就有了目的和方向，通过独立思考和小组合作，学生很快得出矩形性质。然后让学生比较平行四边形与矩形的区别与联系，建构自己的知识体系。同时通过例题帮助学生总结在运用矩形性质时常用的解题策略和解题思想，使学生理解矩形的一些本质属性。同时，当把矩形转化为直角三角形，又得到直角三角形新的性质时，学生会主动回忆直角三角形的相关性质，并将直角三角形的性质进行完善，形成新的知识结构，再去解决问题。学生感觉很轻松，提高了学习效率。

再如，初中阶段方程这部分知识无论从内容的安排顺序，结构特点，研究方法还是学习方法上都具有相同之处。都是从方程的概念、方程解及解的情况、方程的解法、方程的应用 5 个方面按相同的顺序去研究。并且整式方程的下定义的方法相同，解任何一个代数方程（组）时最终都要化归为一元一次方程的基本解题策略也相同，用任何方程来解决实际问题有共同解题思路——找到题中等量关系、用已知的量和未知的量表示等量关系从而列出方程。所以学习这一部分内容时我尝试着找到一种教学模式，使学生可以按一定的模式，运用同样的方法研究类似的问题，能够迅速发现并获得新知，形成“良好的知识结构”和形成“良好的策略结构”，同时学生可以按这一思路去解决没有见过的问题（例如高次方程、多元方程、根式方程等），获得解决类似问题的方法和途径。方程的概念这部分知识我所提炼的教学模式为：问题情境（抽象、建模）—（类比、迁移）新概念—比较分析（共性、异性）—形成新概念体系—应用—反馈。这种教学模式有助于学生学习方程概念，理解方程概念的形成过程，这种模式可以推广到所有方程概念的教学中。方程解法这部分知识我所提炼的教学模式为：探究方法（由特殊到一般）—归纳方法—尝试解方程—归纳一般步骤—深化练习。这种教学模式能够比较完整地展示学生研究方程解法的方法和途径。这符合"一讲三化"策略教学法。这种设计既尊重学生的认知基础，又遵循学生的认知规律，使学生在整个知识体系下，在区别和联系中理解知识本质。同时学生在教师的引导下，不断地通过观察、对比、转化的手段使问题得以解决，从中可以体悟到解决问题的策略，教会学生探究类似问题的方法。

三、运用"一讲三化"策略教学法改变了学生的学习方式，变"能学"为"会学"。

"一讲三化"策略教学法的重要指标就是使学生形成自主学习的能力，使其主动求知，会学习，真正成为学习的主人。

教师通过讲解策略帮助学生利用类比迁移的方法学习具有同一属性的知识，就可以大大提高学习效率，减轻学生负担，提高学习能力，变能学为会学。

例如，数学中"图形性质"这部分知识具有相同的探究方法。学生掌握了这种知识的学习和探究方法，就能实现自主学习的目的。我校教师在一年级几何图形起始课中，通过简单图形性质的教学，提炼出了"观察猜想—实验验证—推理论证—应用拓展"探究图形性质的方法，并在以后图形性质教学中不断地渗透、强化，让学生今后在学习图形性质过程中逐渐内化并能灵活应用，形成学生学习这部分知识的一种能力，最终达到把高效课堂的思想转化为教与学的行为，转化为学生主动的、自主的、高效的学习方式，收到了很好的效果。

总之，"一讲三化"策略教学法是实现课堂高效的切入点和突破口，是教师设计教学的依据，是学生获得学习方法和学会学习的有效途径。

实践传真之八

“一讲三化”策略教学法在生物教学中的运用及感悟

宁江区第六中学生物教师 刘艳丽

自从我区以“一讲三化”策略教学法为切入点的高效性课堂教学基本模式实施以来，我一直在尝试着、努力着，“一讲三化”策略教学法犹如在我的生命里注入了一缕清新的空气，使我豁然开朗，并同时也获得了新鲜而又独特的体验和感悟。

第一方面：“一讲三化”策略在生物教学中的运用

所谓的“一讲三化”即一讲：讲解策略；三化：强化策略、内化策略、活化策略。讲解策略：在一节课中，以某一学习任务为依据，总结归纳出某一学习策略，讲清它是什么、如何做、什么条件下使用；强化策略：将学到的策略运用到本节学习的各个环节中去（或再经过一个与之类似的学习任务的学习），引导学生说出有关策略运用的情况，像“是什么”、“怎么用”等，使学生清楚学习策略的内容；内化策略：学习策略讲解完了，通过强化学生有了初步的感知，教师要适时地引导学生对刚刚经历的学习过程进行回顾，达到对这个策略既知道是什么，又知道如何做，什么条件下使用，内化为自己的知识；活化策略：把本节习得的学习策略应用到新知识的学习中，让学生实现迁移运用，在尝试学习运用学习策略过程中，把学习策略转化为自己的学习能力。

明晰了“一讲三化”之后，我便开始对生物学科《课程标准》做了进一步的审视和解读，把知识进行总体归类，使其系统化。知识的归类对于找准学习策略是非常关键的。生物学科《课程标准》把四册生物学知识分成了十个主题，即科学探究，生物体的结构层次，生物与环境，生物圈中的绿色植物，生物圈中的人，动物的运动和行为，生物的生殖、发育与遗传，生物的多样性，生物技术，健康地生活。但是对于这样的归类却无论如何也拿不出合理的教学策略。

于是，我在审视了教材以后，又对教材重新进行了知识归类，形成了知识树，粗略地找到了解决一类知识的策略，建构图式。并尝试着把图式等学习策略在课堂教学中教给学生，帮助学生对已有学习经验、方法进行概括和精加工，在回顾中归纳、总结、提升出便于学生理解和操作的学习步骤，并科学地对策略加以命名，使学生有个清晰、完整的理解与体验，达到对这个策略既知道是什么，又知道如何做，什么条件下使用，内化为自己的知识。使学生能够成为会学习、终身学习的人。

例如，人教版七年级生物下册，整册书介绍的都是生物圈中的人，从人的由来到人体各个系统结构以及各系统在人体中的功能，所以我给这类课起名叫“结构生理”型课型，这样的课型关键就要把握一个很重要的策略、也是生物课堂常用的一个观点——结构与功能的统一性。生物体具备这样的结构，是为了完成一定的功能，或者说，生物体能完成这样的功能，是因为它具备了完成这一功能的结构。如，人的心脏，它的壁主要是肌肉组织构成的，肌肉组织有收缩和舒张的特性，所以心脏能够有节律地收缩和舒张，便也成了输送血液的泵，同理，心脏左心室的壁最厚，说明肌肉组织发达，收缩就会有了力量，也就决定输送血液的距离会很远，所以由于左心室的收缩能够把血液泵入全身，这样，左心室便成了体循环的起点。而右心室的壁没有左心室的厚，输送血液的距离就没那么远，只到达肺部，成了肺循环的起点。如果帮助学生掌握了结构与功能相统一的观点，学生就会很容易突破本节课的难点，从而顺利掌握知识。通过我在教学过程中进行讲解学习策略和进行策略示范再加上学生自身的参与、体验后，学生能形象地感知策略的内容及操作步骤。那么“人体的营养”“人体的呼吸”“人体废物的排出”等章节知识就可以让学生自己运用这样的策略进行学习了，达到了自己会学习的目的。当然这里还包括强化训练的过程，最后内化为自己的知识，并也能够活学活用。

再如，人教版生物学中，有一些科学结论，为了让学生明白这些科学结论是科学家经过艰苦的努力得到的，就会给科学家实验的过程资料，然后让学生通过对资料进行分析，从而得出科学的结论，并服务于生活，我把这样的课型称为“资料分析”型课型，如转基因超级鼠资料、克隆羊多利的身世资料、孟德尔的豌豆杂交试验等，这样的课型就要求把握住一点，紧紧抓住资料进行缜密思维，严谨推理，抽丝剥茧，层层深入，从而得出结论，同时要知道科学如何在现实生活中得到应用。这样就教会学生科学思维的方法，为将来进行科学研究打下基础，从而能为社会做出贡献。

还有“实验探究”型课型、“生物与环境”型课型等，我都尝试着找找合理的教学策略。除此之外，每学过一节、一章、一单元的知识后，还要教会孩子对知识进行梳理，形成系统图式，即归纳总结，反思升华的过程，如“基因的显性和隐性”一节关于基因与相对性状关系图式：

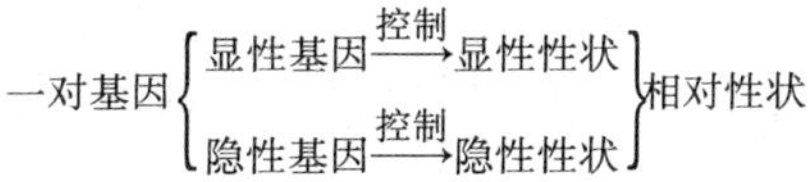

本单元各章节之间内在联系图式：

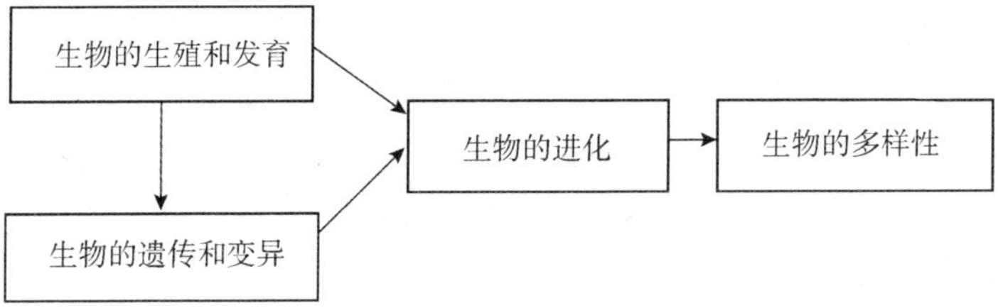

利用概念图策略将整章（整单元）知识点形成网络，利于学生弄清楚新旧知识的关联及每个概念的内涵和外延。对于初中阶段，生物的学习主要就是陈述性的知识，熟练掌握概念图的方式后，逻辑思维能力、推理能力，都会有很大提高，备考复习时也可以更快捷、更准确的归纳知识点，这对于今后高中生物的学习无疑是个很大的帮助。

第二方面：通过对“一讲三化”教学策略的尝试，让我感悟到：

1. “授之以鱼”不如“授之以渔”

古人云：供人以鱼，只解一餐；授人以渔，终身受用。叶圣陶曾说过“凡为教，目的在于达到不需要教。”“一讲三化”教学策略真正实现了学生自己会学习的目的，是教师给了学生点石成金的手指，只有这样学生才能够用自己的第一桶金创造出无尽的知识财富。

2. 教师要务实、精心钻研

在“一讲三化”教学策略的实施中，一个必要的前提就是学科知识系统归类，并在归类的过程中总结、提炼出解决同一类问题的图式，那么怎样拿出切实有效的分类方法就显得尤为重要，所以这就要求教师从学科教材出发，真正吃透教材，精心砖研教材，反复研究教材以及《课程标准》，琢磨、尝试，并研究相应的教学策略，而且在后续学习中，不断地为学生创设运用学习策略的情境，以便于学生实践固化、检测自学效果，让学生看到自己运用策略所取得的成绩，获得成功满足和喜悦，激发学生运用策略学习的兴趣，同时还可以反馈不足，正确归因。反复训练，养成习惯，学生就能够自如驾驭策略，融会贯通，达成自动化。

3. 教师的那份责任和爱心

习惯了专业带给我的美丽心境，不知不觉拥有了对孩子的那份爱心和责任，使我全身心地投入到教学中来，我知道教师肩负着社会发展所需人才培养的重任，教育是产生思想的流星花园，是一条流动的思想之河，教师的责任是让思想之河生生不息地流动起来，泛着粼粼的波光，涌动着不竭的活水，愈流愈远，愈流愈开阔。

总之，教师不仅是知识的传递者，而且是道德的引导者，思想的启迪者，心灵世界的开拓者，情感、意志、信念的塑造者。如何引领学生走进自然科学的殿堂，去体会生物科学的乐趣、感受生物科学的魅力，让智慧之光普照到每个学生的身上，这是生物学教师永恒的追求。希望以后通过不断的努力、探索、反思、总结，能够形成自己的教育思想并进行教育实践，使我们的高效课堂教学研究获得实质性的成效。

实践传真之九

“一讲三化”策略教学法的运用体会

宁江区建设小学 宋艳丽

“一讲三化”策略教学法是我区在高效性课堂教学研究中，经过课题组全体成员齐心协力，反复研究与实践，最后由教师进修学校鲁兵校长总结提炼出来的有关学习策略的基本教学模式。作为实验教师，在“一讲三化”策略教学法的运用中，我有如下体会：

1. “一讲三化”策略教学法从方法与策略的角度解决了学生如何学的问题，它从实践层面解决了如何做才能实现高效的问题。“一讲三化”策略教学法中的“策略”，既是教与学的知识，又是师与生解决问题的方法、手段。这个策略首先来源于教师在教材知识归类的过程中总结、提炼出的解决同一类问题的图式等方法策略，还可以是教师教学经验从学的角度的提升，也可以是引领、帮助学生对已有学习经验、方法的概括和精加工，这里的“教学”即：教学生学。所谓的“一讲三化”即：一讲：讲解策略；三化：强化策略、内化策略、活化策略。“一讲三化”教学法是针对学生的学，以“学会学习”为目的的策略教学法，体现了以人为本的理念。

2. “一讲三化”策略教学法有利于三维目标中“过程与方法”这一维度的落实和达成。例如我在教学《认识小数》一课时，首先运用了讲解策略。在教学理解“以米为单位的小数的实际含义”时，我用课件呈现了《认识几分之几》这节课的学习内容和学习方法，让学生明确“圈点阅读法”这种自学方法。学生形象地感知策略的内容及操作步骤。接着运用强化策略，引导学生自学。让学生明确学习时先做什么，再做什么，用什么方法做，做到什么程度等问题。这样，学生不仅真正地理解了以米为单位的小数的实际含义，而且自主地运用了“圈点阅读法”。使学生清楚学习策略的内容，然后引领学生以合作学习的方式完成学习任务，强化认识，掌握学习策略的实质。接着运用内化策略，引导学生对刚刚经历的学习过程进行回顾。在回顾中归纳、总结、提升出“圈点阅读法”步骤，使学生有个清晰、完整的理解与体验，达到对这个策略既知道是什么，又知道如何做，什么条件下使用，内化为自己的认识。最后运用活化策略，把本节习得的学习策略应用到新知识的学习中，让学生实现迁移运用，在尝试运用学习策略过程中，把学习策略转化为自己的学习能力。在全课总结内容，提升方法时教师引领学生回顾一下，我们是怎样学习例 1 的，以后我们还要用这种圈点阅读法学习其他的数学知识。这样，用具体细化的问题，帮助学生回顾所学知识，反思所学过程，强化学习方法，进行课外延伸。让学生看到自己运用策略所取得的成绩，获得成功的满足和喜悦，激发学生运用学习策略学习的兴趣同时还可以反馈不足，正确归因。反复训练，养成习惯，学生就能够自如驾驭策略，融会贯通，达成自动化。

3. “一讲三化”教学法，具有科学性和前瞻性的特点，使我对今后的研究充满了信心。科学性表现在：其一，顺应了从感知、内化、吸收到活化的心理认知规律。其二，符合建构主义思想。建构主义认为，知识不是通过教师传授得到，而是学习者在一定的情境即社会文化背景下，借助其他人（包括教师和学习伙伴）的帮助，利用必要的学习资料，通过意义建构的方式而获得，因此让学生掌握必要的学习方法有助于意义建构，提高学习效率。前瞻性体现在当前新课程改革的方向上，很多教改专家在各级会议上多次指出要重视学习方法和策略的研究，让我有信心把“一讲三化”教学法研究和落实下去。

在以后的教学中，我将加大对学习策略的探究，形成自己的研究特色，为提高自己的教育教学水平而努力。